不動産プロフェッショナル・サービスの理論と実践

仲介取引における価値共創のプロセス

不動産鑑定士
村木信爾
［著］

清文社

発刊に寄せて

＊　　　　　　　　　　　　　　　　　＊

「不動産プロフェッショナル・サービスの理論と実践」、まさにこの時代にこそ、改めて見つめ直すべきテーマの本が上梓された。

本書発刊の意義を、三つ挙げたい。

まず、デジタル化が進むビジネス社会において、何がAIではなくプロフェッショナルたる人間が提供すべき付加価値なのかを改めて浮き彫りにしていることである。

次に、社会的にも顧客からも求められるサービスの水準が高度化する現在において、プロフェッショナルとしてのベストプラクティスとは何であるかを具体的かつ詳細にまとめられていることである。

そして、不動産サービスに携わる全ての人々の寄って立つべきプロフェッショナルとしての視点や姿勢を、共有していけることである。

不動産プロフェッショナル・サービスに携わる全ての人々、そしてこれからこの道を目指す全ての若者のための「共有知」の発刊を心から喜びたい。

【野村不動産ソリューションズ 代表取締役副社長　榎本英二】

＊　　　　　　　　　　　　　　　　　＊

不動産仲介は目に見える商品ではないことから、サービスを提供する側が備えていなければならない能力や知識に曖昧な部分があり、また「どの知識がどのレベルまで必要か？」「プロフェッショナルと言われる人はどのような能力を有しているのか？」等、知識・能力にも個人差や専門性があることから、組織的な能力の向上や継承がとても難しいと感じていました。

そのような中、この書では村木先生は過去の実務経験、その後の研究や教鞭をとられたことで習得した各種理論、そして何より幅広い人脈より収集された情報を分析することで、顧客から信頼を獲得し、結果につながる営業や知識の要素を理論的に説明されています。

新たに業界に入った方、スランプに悩んでいる方、そしてニーズの多様化に対応すべく自己研鑽に励まれているベテランの方にも幅広く活用ができる内容だと思います。この書を読んだ方々が益々ご活躍し、不動産流通業界全体の発展につながることをこころから期待したいと思います。

【三井不動産リアルティ　執行役員　吉田　裕】

＊　　　　　　　　　　　　＊

　一般企業において不動産取引では、重要な資産を購入または売却するといった大きな決断を強いられる。個人においても、不動産は我々の社会生活において非常に密接な関係にあるものであり、その取引は決して単品での商売が成立するものでもないのであろう。

　不動産を取り扱う者として、不動産で収益を上げる事は非常に努力を必要とされるものであり、決して簡単なことではない。本書においては、この努力を非常にわかりやすく体系だって説明し、不動産取引における理論と実践をわかりやすく解説している。読み進めていく中で、私自身が関わってきた不動産取引の一つ一つを思い起こさせられた。

　村木先生の長年にわたる知識と経験をまとめたこの一冊は、不動産を取り扱う者としてまさに基本書となるべきものである。この一冊を手にした方は、同時に非常に多くの時間を得たことになるであろう。

　これから不動産のプロフェッショナルを目指す方には、是非とも本書を手に取っていただくとともに、人財育成の立場にある方にも指導書としてご活用いただきたい。

【りそな銀行 不動産ビジネス部 部長　柳原　大】

　私は、著者の村木さんの4年後輩として現在の会社に入社し、不動産鑑定士試験を受験後、不動産鑑定、土地信託の受託業務から社会人をスタートしました。そこではまず、信託受託者の基本的義務の一つである「忠実義務」、つまり自社（受託者）の利益とお客様（受益者）の利益相反を許さず、もしそれが生じた場合には自社利益よりもお客様の利益を優先する、ということを叩き込まれました。これは今の私の仕事に対する基本的な姿勢である「お客様本位」に繋がっています。

　本書の基礎編を、まさにその「信託の忠実義務」のわかりやすい説明として読み、実務編は、私の考え方と同じ点、違う点を確認することを楽しみながら、興味深く読み進めました。気が付くと、最初に書名を見たときに失礼ながら感じた「固そうな本だな」という印象が崩れ、引き込まれて一気に読み終わっていました。

　本書は、不動産業務の初任者、ベテランのみならず、他のサービス業に就いている方々にとっても、お客様と自分の関係を考え直し、仕事に対する視点が変わるきっかけになる貴重な本だと思います。

【三井住友信託銀行　常務執行役員　西本亮司】

はじめに

●環境の変化と現代のプロフェッショナル

　日本の社会、経済は、少子高齢化、人口減少、財政赤字、グローバル化、情報通信技術（ICT）・人工知能（AI）の発達という変化の真っただ中にあり、大きな変革を迫られています。

　不動産業界も例外ではなく、情報やデータを持っていることだけを強みに、単純な作業で報酬を得られていたサービスは、いずれはAIにとって代わられるといわれています。マーケティングの世界においては、高度成長期の良いモノを作れば売れるという「製品志向」から、バブルの生成とその崩壊を経て、顧客1人1人のニーズを探る「顧客志向」に変化しましたが、今世紀に入ってからは、激変するビジネス環境の中で、自らのビジネスのあり方を模索する顧客との「価値共創」がキーワードになっています。

　プロフェッショナルとは、古くは聖職者、医者、弁護士を意味し、近年は、公認会計士、税理士、不動産鑑定士などの士業を含めるようになりましたが、最近では、NHKの『プロフェッショナル　仕事の流儀』という番組で紹介されているように、さまざまな分野で能力を発揮する人、精通者などの意味に幅広く使われるようになりました。「プロフェッショナル」はある特定の専門分野に精通する専門家として、スペシャリスト、エキスパートと同義に使われることもありますが、近年の複雑なニーズを持つ顧客に対して、ある1つの分野の専門家1人で対応することは難しくなってきており、他の専門家との協働が必須になってきています。

　不動産プロフェッショナルとは、文字通り不動産関連のサービスを提供するプロフェッショナルです。本書では、専門資格を持っているか否かにかかわらず、企業等の顧客に対して外部からサービスを提供する不動産のプロフェッショナルと、企業組織内において企業が保有するすべての不動産であるCRE（Corporate Real Estate）の管理・運営・売買・賃貸借等を担当するプロフェッショ

ナルの、2種類の不動産プロフェッショナルを対象にします。

●本書の成り立ち

　本書は、筆者が社会人になった 1980 年代初頭に、不動産鑑定、不動産仲介などの業務を始めたときから積み重ねてきた実務経験を元に、多くの先輩や顧客の方々から教えられた社会人としての基礎や不動産サービスのあり方、教訓を踏まえて、ビジネススクールで学生として学んだ知識や、教鞭をとったことをきっかけに再学習したマーケティング、サービス論、キャリア論に光を当てて執筆したものです。

　また、2018 年、大手不動産仲介会社、信託銀行等において業務用の不動産売買仲介を扱うベテランの方々に、「プロフェッショナルとしてどのようなことに留意し、こだわってきたか」について、インタビューおよびアンケート方式でお尋ねする機会をいただきました。さらに、そのようなプロフェッショナルのサービスを受ける顧客の方々に、「次の取引でもぜひ依頼したい、と思えるような仲介業者、担当者は、どのような資質を持っているか」について、同様の手法でお尋ねし、そこで得られた成果も反映しています（巻末「参考資料」参照）。

　筆者が今までのキャリアの中で偶然出会い、不動産業務の「極意」を授けていただいたプロフェッショナルの方々、また本書執筆にあたりさまざまなアドバイスをいただいた諸先輩、同僚の方々にこの場をお借りして、お名前を個別にご紹介することはできませんが、深く感謝申し上げます。

　2022 年 5 月

村 木 信 爾

CONTENTS

第二部　　　　　実務編

第 **1** 章　不動産プロフェッショナル物語

第 2 章　価値共創プロセスの実践

I.　商品化プロセス　104

第3章　投資用不動産の仲介・コンサルティング

参考資料
業務用不動産の仲介従事者および顧客を対象とした調査結果

Column

※　本書の内容は、2022年4月1日現在の法令等によっています。

第一部

基礎編

第一部では、第二部（実務編）の内容をより深く理解するためのバック・グラウンドとなる基礎知識を、次の6つの項目に分けて解説します。

1. プロフェッショナルに限らず、一般のビジネスパーソンに求められる基本的なサービス品質とそれを確保するための方策

2. 不動産プロフェッショナルに必要な条件

3. プロフェッショナル・サービスを実践する際のサービス内容や市場の選定、プロモーション戦略などの考え方

4. プロフェッショナルとしてのキャリア形成に影響を及ぼす要因

5. 個人住宅仲介と業務用不動産仲介の特徴と留意点、証券化された信託受益権売買仲介や不動産テックの概要

6. 不動産仲介プロセスにおける顧客との価値共創（概説）

1 ビジネスパーソンに必要な 6つの視点

まず、プロフェッショナルとしての要件の基礎となる、一般ビジネスパーソンとして持つべき基本的な仕事への姿勢を、以下 5 つの視点で解説します。さらに 6 つめとして、不良サービスを提供してしまった場合の対応についても取り上げます。

1 視点1：信頼性〜堅実・確実なサービスの結果を提供すること〜

約束したサービスを、間違いなく、正確に、きっちり提供することです。

この信頼性（Reliability）は最も重要で、結果に対するファクターであり、視点 2 〜 5 の 4 つはサービスの提供過程に関するものです。

以下は、信頼性を実現するための基本動作です。

[1]　約束、期限の厳守

往訪日、意見書の作成期限、価格査定の期限など、顧客と約束したことは必ず期日を守らなければなりません。時間のルーズな人は信用されないため、大切な期限は徹夜してでもやり遂げて、期限を守ることが必要です。

やむをえず期限を守れないときは事前に連絡を入れて詫びるべきです。自己の都合によって期限やアポイントメントを変更することは「よほどのことがない限り許されない」と考えておいたほうが良いでしょう。

約束の期限を守れないことにより失うものは大きいものです。

[2] 念入りな事前準備

サービスはモノのように修理や交換することはできません。したがって、堅実・確実なサービスを提供するためには、オーケストラのリハーサルのように、本番前に念入りな事前準備が必要です。不良・不十分なサービスをそのまま提供すると、顧客をその場で失ってしまうことになります。

単純なミスをなくすには、自分自身の時間差によるダブルチェックと他人の目によるダブルチェック体制が必要です。

2 視点2：確信性～この人に頼みたいという確信を 与えること～

「この人に頼めば大丈夫だ」と、顧客に安心感と確信性（Assurance）を与えることです。

サービス提供者が、経験に裏打ちされた豊富な知識と誠実な態度をもって対応することで、「うちの事情をよく知っているのはあなただけ、うちの課題を解決できるのはあなただけ、安心して仕事を任せられるのはあなただけ」と顧客が確信を持ち、離れられない関係になって、いつも顧客からお呼びがかかるようになります。

そのためには、以下のような行動や態度が必要です。

[1] 真剣に熱意を持って積極的に取り組むこと

顧客は、自分の重要な課題について、サービス提供者が真剣に、熱意をもって取り組み、一緒に働いてもらえるかということを重視します。

不動産売買では、一生に何度もないような大きな資産を取引するのですから、顧客も真剣です。少しでも気を抜いた態度で接するとそれが相手にも伝わり、信頼が得られなくなります。

[2] 謙虚さ、誠実さ、正直さ

うそ、ごまかし、はったり（相手を威圧するために、大げさな言動をしたり強気な態度をとったりすること）は禁物です。それが見透かされたときは顧客の信頼を失い、関係を修復するのに多大な時間と努力を強いられます。

また、自分の専門分野について「知識とスキルは誰にも負けない」という自負を持つことは、専門家として当然のことと言えますが、それと同時に「自分はすべてのことを知っているわけではない」ということを認める謙虚さ、誠実さも必要です。

リスクを過大に伝え、うまくいかないことを強調することや、逆にリスクを過少に伝え、楽観的すぎることは禁物で、率直で正直であることが望まれます。そのためには、「自分は何がわかっていて、何がわかっていないのか」を認識することが重要です。自分の知らないことについては探求心を持つとともに、誰に聞けばよいのかを知っているだけでもよいのです。

[3] 自信ある態度で接し、自分の言葉でマーケットを語れること

サービス提供者の自信ある態度は、顧客に安心感をもたらします。たとえ取引に成功しても、不安で自信なさそうな態度で接していれば次につながりにくいものです。

顧客はリスク回避の心理から、売れていない営業マンより「売れている営業マン」「優秀な営業マン」から買いたいと考えます。自信のない態度は、それだけで顧客に不安感を与え、自分から遠ざけたくなるのです（見かけだけの自信はすぐに見破られますが）。

顧客から意見を求められたら、その商品・サービスについて、客観的データとともに自信を持って語れることが重要です。たとえ他人が作成したマーケットレポートや、人から聞いた話でも、その内容を咀嚼して自分の言葉で語れることが、顧客の信用を確実にするポイントです。

[4]　顧客の性格によって、柔軟、臨機応変に応対すること

　あまり不動産に関する知識を持っていない顧客であれば、わかりやすい言葉で一から丁寧に応対する必要がありますが、近年は専門家顔負けの専門知識を持っている人や、自社に弁護士などの専門家社員を抱えている不動産のプロである顧客も多くなっており、そのような顧客には、専門家としての詳細な説明が必要です。

　顧客の専門性の程度に応じて、サービスの内容を柔軟に工夫する適応力が求められます。

3　視点3：反応性
～近くにいてすぐに答えてくれること～

　反応性（Responsiveness）とは、積極的かつ迅速に、顧客（ときには上司）の求めに応じて行動することです。顧客にとってすぐ連絡がつく身近な存在となり、顧客の疑問、不満、関心事や状況の変化などを敏感にキャッチし、直ちに・柔軟に対応することが必要です。

[1]　常に連絡がとれること

　不動産取引に関する実務、特に法律や税務に絡む問題は、顧客にとっては不安が大きいものです。その不安を解消するためには、代わりのスタッフや部下などを通じてでも何らかの形で必ず、すぐにプロフェショナル本人に連絡がとれることが必要です。携帯、スマホが普及した現代においては、友人との間でも連絡がとれないと不安になるものです。

［2］　依頼されたことにはできるだけ早く反応すること

　仕事のできる人は、顧客に対しても、上司に対しても、何か頼まれたときに返答が早いといわれます。拙速にならないようにできるだけ早く（例えば１〜２日後）返答すれば、７割レベルの内容で済み、頼んだ人の目的は達してそれで済んでしまうかもしれません。また、その際、別の関連する質問を受け、それに対して回答することにより、次の展開に進めば、さらに自分を伸ばす機会になるでしょう。

　逆に、返答するタイミングが遅れてしまう（例えば１週間後）ことで、完璧な答えが返って来ると期待されてしまうこともあります。その返答が６割程度の出来ならば、「こんなに時間がかかってこれだけか」と思われ、回答した人の信頼に対するダメージは大きくなります。

　拙速は避けるべきですが、聞かれたことに対しては、できるだけ早く返すのが鉄則です（筆者自身のことを考えると偉そうには言えませんが…）。

［3］　報告の重要性

　サービスの品質は「結果良ければすべて良し」ということではなく、サービスを提供するプロセスによっても決まるため、その管理・統制が必要です。

　例えば、仲介、コンサルティング、不動産の評価等のサービスを提供するプロセスにおいては、マーケットの状況や活動状況など、途中経過であっても顧客に定期的に報告することが必要です。

　タイミング良く定期的な報告がなされていれば、依頼者は提供されるサービスへの参加意識が高まり、その報告内容を受け入れやすくなります。例えば、依頼者が売主の場合、仲介業者から「この売却物件はマーケットでまったく反応がありません」というような良くない報告であっても、事実であれば依頼者は受け入れやすいものです。

　逆に、ふだんは依頼者に何の報告もせず、遅れたタイミングで悪い知らせを

報告し、十分な時間を与えずに何らかの判断を求めると、依頼者の怒りに触れ、トラブルに発展することも多くなります。

　依頼者は、報告の内容そのもの以外に、「報告がないこと」に腹を立てているかもしれない、ということを常に頭においておくべきです。

［4］　返事が遅れたときの対処

　かかってきた電話やメールにはできるだけ早く返答し、返信が遅れたときは遅れたこと自体を詫びることが必要です。

　連絡をした側としては、1〜2回目は「相手の担当者も忙しいんだな」と許せるかもしれません。しかし、3回以上無視されると、内容の重大さは関係なくなり、大げさに言えば自尊心が傷つけられ「無視された」と感じるものです。その場合、無視した相手に苦情を言うことは少なく、ただ心の中で「あの人とはビジネスをしたくない」という感情が残ります。

　返信しなかった側は（連絡内容がたいしたことでなければなおさら）、まさか相手がそんな感情を抱くとは夢にも思っていないかもしれません。

4　視点4：共感性
〜ともに課題を解決しようとする姿勢〜

　顧客を理解するためには、まず顧客に関する知識を貪欲に吸収することが必要です。

　良好な関係ができているサービス提供者との取引では、顧客にとっても、自社の状況や意図するところをはじめから説明しなくてもよく、時間が節約できるメリットがあります。つまり、顧客とサービス提供者との価値共創の過程において「知識価値」「感情価値」が生まれるということです（6.1「［2］仲介において共創する顧客価値」⇨ 69 ページ）。

　顧客の共感（Empathy）を得るための姿勢、心構えとしては次のようなもの

があります。

[1] 顧客に敬意を払い、自尊心を尊重する

　顧客の個人的問題や気持ちを理解し、問題をともに解決しようとする姿勢です。

　顧客を1人の特別で、大切な人として扱います。知ったかぶりをする顧客、教えたがる顧客に対しては議論せず、面目を失わせないようにしなければなりません。自尊心を傷けられた記憶は長く残ります。

　顧客の主張はまず受け入れ、否定することなくビジネスライクに正しい情報を提供し、判断は顧客に任せることです。

[2] 傾聴の姿勢

　共感を得るためには、「教えてあげる」という一方的態度ではなく、顧客の意見を聞こう、という姿勢を持つ「聞き上手」であることが求められます。顧客が本音を語ることができるような雰囲気を作れない「聞き下手」なサービス提供者は、最初からハンデを負っているといえます。

　ミーティングの冒頭、本題に入る前には、話しやすい雰囲気を作るために、最近のトピックス、エピソードなどを話すことにより、いわゆる「アイスブレーキング」行います。その後は、相手の話の結論と根拠を、相槌を打ちながら積極的に聴きます。顧客はサービス提供者との会話の中で、その会話を自分がリードしていると感じると、進んでいろいろな情報を話したくなるものです。

　サービス提供者は多くを語らず、簡潔な質問を挿入するにとどめ、ゆとりと忍耐力を持って接することが要求されます。

［3］　専門用語はできるだけ使わない

　ふだんの接客においては、顧客の理解できる言葉で話し、相手があたかも専門用語を知っているようには使わないことも重要です。

［4］　質問の整理、納得の確認

　打ち合わせ（ミーティング）の場では、質問があれば謙虚に受け止め、丁寧に対応します。難しい質問でもその意味を噛み砕いて整理し、それに答え、納得してもらったかどうかを確認しながら進めます。

［5］　センスあるユーモア

　以上のやり取りを、センスのあるユーモアや冗談を使いながらできれば、より一層暖かく、活発なコミュニケーションができるでしょう。

5　視点5：物的要素と日常の基本動作

　サービス提供者は、少なくともそのサービスにふさわしい外観、つまり店構え、部屋の造り、備品、従業員の服装、カタログ、パンフレットなどの物的要素（Physical Evidence, Tangibles）を備えることが必要です。また挨拶は、コミュニケーションを始める際の基本動作として重要です。

［1］　外見・見映えで損をしない

　見た目を良くして得をしようという狙いもあるかもしれませんが、少なくとも外見・見映えによって損をしないようにしたいものです。

　例えば、高額な金融商品を扱う欧米の金融機関の店舗の高級な調度品、大部の法律全書が並ぶ弁護士事務所の応接室などは、そこを訪れた顧客に高級感、信頼感ある印象を与えます。逆に、コンサルティングレポートや不動産鑑定評価書の紙が粗末な汚れたものであれば、その提供者が仕事においても細かな配慮ができないという印象を与えます。

　病院では、医師は T シャツやジーンズではなく、やはり白衣を着て診察してほしいものです。店構えや服装は、奇をてらわず、専門家にふさわしい、信頼感を増すような見映えを心がけるほうが良いといえます。

[2]　日常の挨拶

　「おはようございます」「こんにちは」といった、日常の挨拶などの基本動作が当たり前にできることは、コミュニケーションの第一歩です。

6　視点6：不良サービス提供時の信頼回復（サービス・リカバリー）

　結果的に不良サービスを提供してしまった場合、顧客は不満を覚えても、ほとんどの場合、苦情を申し出ることはありません。「もう二度とこの店、この人は使わない」ことにすれば気が済むからです。苦情への対応は大切です。

[1]　顧客からの苦情の意味、その対応

　顧客から苦情や提案があれば、それは良かれ悪しかれサービス提供者に対して顧客が思い入れを持っている証拠です。苦情が申し立てられず、潜在的なクレームが残ることにより、サービス提供者にとってのマイナスの口コミが広がり、将来の潜在顧客は遠ざかって行きます。

　インターネットや SNS の普及は、サービス提供者にとって脅威になりまし

た。これにより顧客が今まで持っていた企業に対する信頼感、ブランドが一挙に崩れ去る可能性があるからです。

　正当な苦情はできる限り受け入れるために、自社のホームページ等に顧客との窓口を設けておくことが必要です。サービス提供者側にミスがあることが明白であれば、隠し事をせず、弁解や責任転嫁は避けてそれを認め、誠実に、顧客の言い分をすべて聞き、相手が期待するより地位の高い責任者が単刀直入に謝るべきです。

　ただし、苦情マニアの方であると判断される場合は、それなりの対応をします。

[2]　善後策は顧客の期待以上のものを、プロセスを説明し、最短で提供する

　善後策は、顧客が期待する以上の「そこまでしてもらわなくても」と思ってもらうレベルまで行うことが必要です。苦情を申し立てた顧客は、支払った金銭的対価以外に、時間的コスト（費やした時間、他の選択をあきらめた機会費用）、肉体的コスト（疲労感、不快感、けがなど）、心理的コスト（努力、違和感）等のコストを支払っているからです（右ページコラム参照）。

　その際、解決までのプロセスを説明し、その時間を最短化するよう努力します。

[3]　苦情から学ぶ

　顧客からの苦情から学ぶことは多く、改善して、今後のサービス内容や商品開発に活かすべきです。花王などのメーカーは、顧客からの苦情や意見を広く受け入れる窓口を作り、それを製品の改良や開発に活かしています。

Column **サービスの基本的特徴**

　モノとサービスの違いは一般に、サービスは目に見えず（無形性）、生産と消費が同時に起こり、同じサービスは 2 度と提供できない（異質性）、在庫ができない（非貯蔵性）、人手がいる（労働集約的）、需要の時期が集中する、などの特徴があることです。

　このような特徴から、その品質の評価は、サービスを受ける顧客が行うものであり、かつサービスの多くは顧客による評価が困難です。事前の評価は特に困難で、購入後やサービスの提供を受け、消費する過程で初めてどのようなサービスであったかがわかります。

　提供されたサービスに対して顧客が受ける価値を式で表すと、以下のようになります（価値＝効用／コストという指標で表すこともできます）。

| サービスの顧客価値 | ＝ | 顧客にもたらした直接的な結果 ＋ サービス提供過程の品質 | － | 顧客が支払った金銭的対価 ＋ サービスを消費するための、○時間的コスト（費やした時間、他の選択をあきらめた機会費用）○肉体的コスト（疲労感、不快感、けがなど）○心理的コスト（努力、違和感）等 |

13

2 不動産プロフェッショナルの要件

　まえがきで述べたように、最近は「プロフェッショナル」という言葉の意味が変化し、さまざまなケースで使われています。

　ここでは、現代における不動産プロフェッショナルとして、筆者が必要と考える11の要件を「サービスの内容」と「仕事・キャリアへの姿勢」に分けて説明します。

●不動産プロフェッショナルの要件

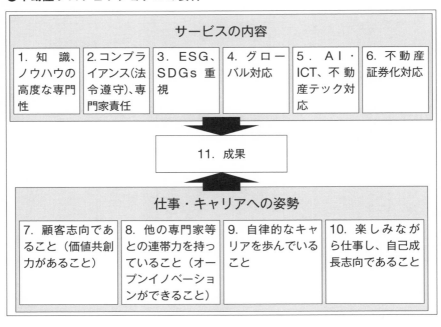

1 サービスの内容

[1] 知識、ノウハウの高度な専門性

　法人向け・個人向けを問わず、現代の不動産市場において業務に携わるためには、不動産に関する金融、税制等の基礎知識を持つとともに、仲介、鑑定評価、開発、プロパティマネジメントなどに関する深い専門的知識と実務的応用能力が求められます。例えば、不動産仲介業務においては、基本サービスとして、調査、契約締結、買主のローン、実測、残代金決済などの業務を堅実・確実・円滑に実施し、トラブルなどイレギュラーな事態にも対応でき、取引を自己完結できなければなりません。

　また、このように自らの専門性を深化させると同時に、他の専門家とのネットワークを広げることで、顧客とともに付加価値をより多く創造し、専門家として成熟していくことが必要です（下記**[8]**⇨27ページ、第三部2「2. 専門性の深さと広さ」⇨298ページ）。

　社会経済の大きな変化の中で不動産利用のあり方が変化してきたことに伴い、プロフェショナルとして求められる基本的な知識や専門的スキルも変化してきているため、最新の知識とスキルにキャッチアップし、常に深化させていく姿勢が求められています。近年のコロナ禍などをきっかけに、このような傾向は強まっています。

[2] コンプライアンス（法令遵守）と専門家責任

　上記**[1]**の専門性は、遵法性を踏まえたものでなければならず、社会人としての基本的義務とともに、宅地建物取引業法等の法律・規則等、専門家としての独自の責任を果たさなければなりません。

1 一般的義務と責任

　反社会的勢力との取引禁止、情報漏洩、利益相反取引、インサイダー取引の禁止、ハラスメント等に関するコンプライアンスなどは、どのような組織においても当然必要なことです。

　2008年に施行された日本版SOX法（金融商品取引法と会社法が規定する内部統制法）では、業務マニュアルの作成、広告審査、一般投資家への勧誘の際の適合性の原則適用、顧客審査、契約審査、帳簿書類の作成、保存義務、事業報告書の提出、説明書類の縦覧等が規定されています。

　また、2014年に制定された金融庁により制定されたスチュワードシップコード（機関投資家の遵守すべき行動規範）、2015年に制定されたコーポレートガバナンスコード（上場企業が行う企業統治においてガイドラインとして参照すべき指針、規範）等に従って行動する必要があります（下記**[3]** ⇨ 18ページ）。

2 資格制度に基づいた専門家としての義務・責任

（1）特別な義務・責任

　資格制度に基づいたプロフェッショナルには、特に専門家特有の義務や倫理的義務があると考えられています。

　専門家に共通する義務として**説明・助言義務**があります。専門家は、一般人より高度の知識と技能を持ち、公正で誠実であることが求められているので、依頼者から明示的な指図がなくても、通常人以上に慎重な配慮を行い、必要な範囲で自主的な調査・確認を行い、依頼者に適切な説明・助言を与える義務があります。

　一般的な説明・助言義務を超える義務としては、例えば、人の生命・身体にかかわる医者には、最善の**注意義務**があり、また弁護士には通常の善管注意義務より重い**誠実義務**があります。

　宅地建物取引業法、不動産鑑定法、弁護士法、司法書士法、税理士法などには、それぞれの専門家としての義務と責任が詳細に定められており、その義務違反に対しては、対応する業法とともに、民法上の債務不履行責任や不法行

為責任が問われます。

（2）独占資格が与えられている理由

このような専門家に独占資格が与えられる理由としては、資格者は、資格試験と研修により業務に必要な専門知識を習得していること、その専門内容は、素人である顧客にとって理解が難しいものであること、依頼者と専門家の間には圧倒的な情報格差・能力差があり、依頼者が専門家を信頼して契約関係に入らざるを得ないこと、専門家の業界団体には、倫理規定、懲戒制度など自浄作用があること、などが挙げられます。

（3）義務・責任の例

宅地建物取引業法には、故意に事実を告げず、または不実のことを告げる行為（宅建業法47条）、断定的判断の提供（将来の環境・利便に関するもの）、顧客に判断する時間を与えることを拒む行為、長時間の勧誘等、顧客を困惑させる行為、預り金の返還を拒む行為、手付放棄による解除を拒みまたは妨げる行為の禁止が定められています。

また、契約が成立するまでの間に、宅地建物取引士により、宅地建物取引士証を提示して、重要事項説明書、契約書を交付・説明し、記名押印する等の義務があります。重要事項説明書には、説明すべき重要事項がリストアップされており、これに従わなければ処分を受けることになります。

税理士に関しては、節税機会を顧客に説明しなかったことで損害賠償請求を受けた判例がありました。

顧客からの預り金を着服・横領するなど、一般的な刑法上の破廉恥罪は論外です。そのような例として、弁護士であれば犯罪者である被告人を弁護する場合を除いて悪の味方となってはいけないとか、公認会計士は粉飾決算を承認してはいけないとか、不動産鑑定士は依頼者の言いなりになって評価額を出してはならないということなどが挙げられます。これらは当たり前の職業倫理ですが、残念ながら窮すれば甘い誘いに乗る人も中にはいます。

各専門家団体は、倫理委員会等を作って問題となる案件を審査し、懲戒、除名、資格剥奪等の処分が少なからず行われており、裁判になるケースもありま

す。資格制度に基づいた専門職業家としては、仕事の進行中にこのような義務違反に気づいた場合でも、毅然とした態度で事態に対処しなければなりません。

[3]　ESG・SDGsへの配慮

　現代においては、企業のみならず、すべての組織・個人が社会的責任を果たすために、ESG投資やSDGsに適った活動を行うことが求められています。したがって、その企業にサービスを提供するプロフェショナルの活動にも同様にESG、SDGsへの配慮が求められています。

■1 ESG重視の背景

（1）ESG・SDGsとは

　ESGとは、環境（Environment）、社会（Social）、ガバナンス（Governance）の頭文字をとったもので、企業が持続可能な社会の形成に寄与し、長期的な成長するために配慮すべき3つの重要な要素です。

　2006年国連により公表されたPRI（責任投資原則）において、E（環境）、S（社会）、G（ガバナンス）、の考え方が初めて示され、欧米諸国が先行してこれに取り組んできました。さらに2015年国連サミットにおいて、SDGs（持続可能な開発のための2030アジェンダ）が採択されたこと、および同年気候変動に関するパリ協定が締結されたことがきっかけでこれに弾みがつきました。

　日本でもこの頃からESG投資が増えはじめ、2017年にGPIF（年金積立金管理運用行政法人）が、投資に「ESG指数」を採用し、同年インフラ、不動産等のオルタナティブ投資にもこれを採用したことにより、J-REIT、大手不動産会社もESG投資に力を入れるようになってきました。

　自社の原材料の輸入先などサプライチェーンを含めて、これらを配慮しない企業は、大きなリスクを抱え、長期的な成長が難しく、淘汰される時代になりつつあります。

　一方、企業の株主である機関投資家や金融機関、監査法人等も投融資の意思

決定や監査において、従来の財務情報だけではなく非財務情報である ESG を重視してきています。企業活動においてこれらに配慮し、ステークホルダーへその活動の開示が少なければ、顧客のみならず投資家、金融機関から見放されて、資金調達、事業継続が難しい時代が来ているといえます。

(2) ESG関連のリスク、リターン

ここでのリスクとは近年大きな問題になっている自然災害などにより被害を受ける物理的リスクとともに、ESG に関する法律や規制が変わるリスク、技術革新により、省エネ技術等が陳腐化するリスクなど、移行リスクと呼ばれるリスクが含まれます（コラム「不動産におけるリスクとリターン」⇨ 271 ページ）。

ESG 投資は、財務リターンが低いと見られがちでしたが、ESG に配慮する企業は顧客から支持されて売り上げが伸び、また資金調達コストが下がることにより、企業価値が上がりうること、また不動産投資においては、ESG の配慮が賃料や空室率に好影響を与えて収益の増加に貢献し、キャップレート（還元利回り）の低下にも影響を与えているという実証研究も公表されており、不動産の価値を上げる要因にもなり得ます。

(3) ESG投資の伸び

日本において、ESG に関連するサステナビリティ投資は急激に伸びてきています。全世界のサステナビリティ投資に占める日本の割合は約 8％とまだ多くありませんが、日本の全投資に対するサステナビリティ投資の割合は、2016 年 3.4％から 2020 年には約 25％になりました（「Global Sustainable Investment Alliance 調査 2020」より）。

(4) サービスにおける社会性重視

本書のテーマである不動産プロフェッショナルの提供するサービスに限らず、あらゆるサービスのマーケティングを考える際に、近年、サービス提供企業、顧客、そして実際に接客する従業員の三者の関係において「社会性」という要素が、重視されるようになりました。この「社会性」は、今日の解釈では ESG、SDGs の実践を表すと考えられます。

2 不動産関連ESG項目

建設・不動産関連では、以下のような項目がESGに関連します。

環境要因（E）として、省エネルギー性の向上、再生可能エネルギーの使用、カーボンオフセットの導入、資源循環、生物多様性と生態系の保全と回復等、**社会要因（S）**としては、健康、快適性、安全性等の性能、災害対応、地域社会・経済への寄与、超少子高齢化対応等、**ガバナンス要因（G）**としては、一般に企業が守るべきESGを推進する基盤として、コンプライアンス、反社会的勢力の排除、内部統制の確保や、ESG・SDGsに関する活動の開示を有価証券報告書や統合報告書で行うことなど、また個別の不動産に関してはプロパティマネジメント・ファシリティマネジメントの体制整備などが挙げられます。

不動産に関連する総合環境性能認証制度では、CASBEE、LEED、DBJ Green Building認証などがあります。また、不動産会社、不動産ファンドに対する国際的な認証にはGRESBという認証制度があって、多くの日本企業、不動産ファンドも参加し、2020年には、J-REITの時価総額の92％の不動産がGRESBに参加しています。

S（社会）に関する認証制度では、WELL、CASBEE-WO（ウエルネスオフィス）、G（ガバナンス）に関する認証制度では、ISO14000（環境マネジメント）、ISO41001（ファシリティマネジメント）等があります。

〈参考文献〉国土交通省『不動産鑑定評価におけるESG配慮に係る評価に関する検討業務報告書』令和3年3月

3 SDGs

全世界において飢餓、貧困をなくし、平和、平等、安全ですべての人に福祉が充実し、健康で質の高い教育が受けられる社会、技術革新を起こし経済成長を続け、労働者の働きがいのある社会、クリーンで地球環境に優しい社会を作ることは世界の喫緊の課題とされています。2015年、国連でSDGs（持続可能な開発目標）が採択され、17のゴール・169のターゲットが公表されて以降、日本でも政府が推進して普及し始めました。

SDGs などの持続可能な社会へ向けての目標に賛同し、社会的な課題を解決するという共通価値を創造する企業やそのような企業への投資を推進する運用会社への投資を、GPIF では ESG 投資であると考えています。

4 建築・不動産とSDGs

不動産業や建築業に携わる事業者、プロフェッショナルにとっても他人事ではありません。顧客企業が SDGs などの活動に力を入れているのであれば、その趣旨に沿った提案ができないとそれが採用されることは難しくなります。

投資運用やデューディリジェンスに ESG を反映させることだけではなく、建築・不動産関係では、以下のような活動が SDGs の 17 の目標に沿った活動として考えられます。

SDGs の経済的な目標に対しては、知的生産性・健康性の高い建物を建築することや、長寿命建築の推進、ビルオーナーとテナントが協働し省エネ等によるメリットをともに享受するグリーンリースなどが挙げられます。

社会的目標に対しては、女性が活躍しやすい建設現場環境を整備することやサプライチェーンにおける調達において公正な取引を徹底することなど、環境関連の目標に対しては、新興国へ水処理・排水処理施設を展開していくことや、生物多様性に配慮したまちづくりに貢献することなどがあてはまります。そして、これらの活動をできるだけ開示していく努力も必要です。

以上、上記 2 の ESG の項目がすべて SDGs に当てはまる、といってよいと考えられます。

[4] グローバル対応

インバウンド、アウトバウンドの動きは、コロナ禍によりストップしてしまいましたが、これが収まれば必ずグローバル化の流れは復活すると考えられます。日本国内の労働力不足や情報化の進展によって、グローバルなお金、情報、人の流れは止めることはできないからです。上記[3]で見た ESG・SDGs への

配慮を含め、国際会議で決まったことが、日本の政治、経済、社会に大きな影響を与えています。

　日本の株式市場、J-REIT の市場においても外国人投資家の存在感はかなり大きくなってきており、外国人株主が 30％を超えています。また、2019 年 4 月から入国管理法の改正により特定技能者の枠を広げ、その後 5 年間で 34 万人増加させるという計画を立てました。これはコロナ禍で実現していませんが、政府は外国人労働者を増やすため、特定技能者の職種の転換の制限を緩め、また熟練技能があれば事実上在留制限を無くして更新を何度でも認め、家族帯同を認める方向で検討しています（2021 年 11 月 19 日付 日本経済新聞より）。

　以上のような背景から、外国人による対内投資や海外不動産を扱うための語学力や知識がますます必要とされています。現代においては不動産関係の業務に従事する人も、グローバルに通用する知識、発想を持ち、少なくとも英語による外国人とのコミュニケーションができることが求められています。

[5]　AI・ICTリテラシー、不動産テック

　現代社会のビジネスパーソンは、情報機器や情報システムをある程度自分自身で扱えることを要求されていますが、それが当たり前になりすぎて ICT リテラシーが必要である、ともあまり言われなくなりました。

　現代は、AI、ビッグデータを用いた不動産テックが急速に日本においても台頭してきているため、不動産業界もそのビジネスモデルの変革を急激に迫られています。この動きにキャッチアップし、必要に応じてこれを取り込んで、利用していくことが今後の不動産関連ビジネスでは必須となりました（第三部 1「1. 不動産テックの概要」⇨ 281 ページ）。

[6]　不動産証券化対応

　投資用不動産については、証券化、流動化されることも多いため、受益権の

売買等に対応できることが要求されます。

これには、宅建免許のほか、金融商品取引法上の二種免許が必要になります。同法では、勧誘における、適合性の原則、説明義務、契約前、契約時交付書面の交付義務、内部管理態勢などが定められています（3「[6] 受益権売買と現物不動産売買の比較」⇨ 64 ページ）。

2　仕事、キャリアへの姿勢

[7]　顧客志向（価値共創志向）であること

■1 価値共創とは

大量生産、大量消費の時代から、バブルが崩壊し、顧客の持っている個別のニーズが重要視される時代になり、さらに現在は、社会・経済の急速な変化により、顧客である多くの企業が、将来の方向性に確信を持てず、自社の本当の進むべき道が明確にはわからなくなってきたのではないでしょうか。

このような社会情勢を背景にして、サービスの提供者が顧客との長期的な関係性を重視し、顧客が潜在的に持っている価値を共に創造していく「価値共創」という考え方が、マーケティングにおいて強調されるようになってきました。

サービス提供者は、顧客に寄り添い、意見をよく聞き、自分の譲れないところを持ちつつも、柔軟に相手の意見の良いところを認める姿勢で、顧客の持っている潜在的な真のニーズを満たすために、顧客の課題を明確にし、解決策を提案することが必要です。

ただし、顧客の意向を聞きすぎると、自分が進むべき方向を見失うこともあるため、バランス感覚が必要です。

価値共創の場においては、サービス提供者と被提供者という概念の境界線は明確ではなくなります。

（注）GDP の 7 割以上がサービス産業であり、経済のサービス化が進んでいる近年、従来のモノが主でサービスが従だという考え方（グッズ・ドミナントロジック）から、モノが主ではなく、サービスが主であるという考え方（サービス・ドミナントロジック）が主流になってきました。

　　サービス・ドミナントロジックは、2004 年に Stephen Vargo、Robert Lusch が主張したものです。従来サービスの特徴として、サービス提供時の「顧客の参加」ということは認識されていましたが、さらに進んでサービス提供者と顧客との「価値共創」が強調されています。

2 顧客によるサービスへの参加

（1）顧客の事前期待と事後評価

　サービスは目に見えない（無形性）ために、顧客はそのサービスを買う前にはその価値を評価できません。顧客は事前に提供されるサービスを期待し（**事前期待**）、提供されてからそれを評価します（**事後評価**）。

　顧客が期待通りのサービスを受けることを「**顧客満足**（Customer Satisfaction）」と呼び、ライバルがなければ取引は継続されることが期待されます。

　顧客にとって期待以上のサービスを受ければ、顧客は、**喜び、驚き**、大きな満足感によって顧客はリピート客になり、さらに他人に推奨し、宣伝までしてもらえる可能性が高くなります。逆に、期待したサービスが容認の限界を下回ると満足せず、**失望**し、顧客は離れていきます。

　事前期待は、このような顧客自身の経験と同種の他のサービス提供者から受けた顧客の経験、口コミ、およびサービス提供者が事前に流した広告などの明示的・非明示的約束によって影響されます。

　新規開拓などの際の説明や広告などで、顧客に対して必要以上の約束をし、過度の期待を抱かせることは、顧客の事前期待レベルを高めることになり、実際良いサービスを提供しても顧客にそれなりにしか評価されず、期待以下のサービスだと評価されてしまう恐れがあります。そして、顧客の「失望」を生み、将来の顧客まで失うことになります。

（2）サービスの品質を向上させる方法

　提供するサービスの品質を向上させる方法としては、努力して品質そのもの

を上げることはもちろん、顧客の不安が大きい部分には保証をつけることや、物的要素、価格、提供プロセスなど、目に見えるところでの品質判断要素の向上に努めることが挙げられます。

(3) 顧客の事前期待をコントロールする方法

顧客の事前の期待をコントロールする方法としては、顧客に必要以上の**無理な約束はしないこと**、すなわち広告などで事前に自社や競合者の情報を提供して過大・過小な期待を抱かせないようにすることが挙げられます。また、顧客とのコミュニケーションを良くし、特に状況が悪い方向に向かっているときなどに、サービス提供者側から報告をまめにするとともに、顧客にその状況にどう対応したいかについてできるだけ多く語ってもらうこと等により、**顧客によるサービスへの参加意識を高めること**が挙げられます。

顧客自ら提供されたサービスにかかわることによって、サービスの結果に対して納得する度合いが高まります。この観点でも「価値共創」は重要です。

3 共創する顧客価値とは

顧客と共創する顧客価値は、以下のように分類できます。

(1) 機能価値（Fundamental Value）

企業がそのビジネスにおいてコアビジネスとして提供することを事前に約束し、顧客が対価を払って購入する基本的な価値です。製品やサービスの物理的性能や機能からもたらされる価値といえます。

(2) 知識価値（Knowledge Value）

知識や好奇心によってもたらされる価値です。サービス提供者の活動が顧客の知識やスキル向上に作用し、逆に顧客に関する知見がサービス提供者に蓄積し、価値共創に結びつきます。

取引関係が続けば、お互いのことをよく知るようになり、新規取引より取引コストが低減されるだけではなく、顧客の背景にある真のニーズを知ることにより、顧客満足度の高いサービスや新しいサービスの開発が可能になり、お互いの長期的な利益に結びつきやすくなります。

(3) 感情価値（Emotional Value）

　気分や感情によってもたらされる価値で、企業や従業員の活動が顧客の感情に作用し、これも価値共創に結びつきます。

　感情とは、短期的な喜び・興奮だけでなく長期的な安心、信頼感まで含まれ、口コミを広め、リピート購買に非常に大きなインパクトを持つと考えられます。

　価値共創のプロセスで、以上の３つの価値が生まれることにより、顧客の持っている潜在価値（背景に持っている真のニーズ）が引き出され、サービス提供者の真のニーズも引き出せるようになります。

　（注）共創する価値をこの基本機能価値、知識価値、感情価値の３つの価値で説明したモデル（FKEバリューモデル）を、明治大学ビジネススクール戸谷教授が提唱されています。このモデルを用いて銀行における価値共創活動が信用ランクの向上にどのような影響を与えたかについて行われた調査があり、知識価値の１つである「顧客からの知識・情報の収集」ができているほど銀行の信用ランクを向上させること、等が明らかにされています。

❹ 価値共創が持続的に行われるために

　価値共創関係が持続的に行われるためには、サービス提供者と利用者（顧客）両者の払うコストとリターンがどちらかに偏らずバランスし、かつその両者のリターンの総計がコストの総計を上回る必要があります。当事者が払うコストが、市場における経済合理性に反するものであれば、サービスは持続できません。

　以上の条件を満たすことを確認するためには、共創する価値を、顧客の長期的な生涯価値（ライフタイム・バリュー）として、客観的に測定することが必要です。

　なお、不動産仲介サービスにおける価値共創プロセスについての詳しい説明は、第二部「第２章　価値共創プロセスの実践」を参照してください。

Column	自社の商品やサービスを無理に売り込まないこと

　接客の場での価値共創に反する例としては、顧客に商品・サービスを一方的に押し付けることが挙げられます。

　売り込むために「何でもします」というお願いセールスをするサービス提供者より、良さをよく理解して買ってほしい、その良さは自分が自信を持って説明するという姿勢で顧客に接し、質問にはしっかり答え、できないことはできないとはっきり言う人のほうが信頼され、「この人と仲良くしたら得だ」という印象を与えます。

　顧客から相談を受けたとき、報酬がのどから手が出るほど欲しいときにも、必要があれば「止めときなさい」とアドバイスでき、そのアドバイスが顧客に受け入れられたら揺るぎない信頼を得ることになるでしょう。

　顧客の言うことを常に否定しない営業マンは、顧客からは、「調子が良い人だが、信頼できない」と思われていることも多いのではないでしょうか。

[8] 他の専門家等との連帯力、オープンイノベーションを起こせること

1 他の専門家との協働

　環境の変化により、顧客自身も理解していない顧客の真のニーズに対応するためには、いかにある分野の専門家とはいえ、自分の力量だけでは足りない場合があります。

　不動産の分野では自分自身が専門家であると同時に、組織内の他の部署や外部の司法書士、土地家屋調査士、不動産鑑定士、弁護士、税理士等の専門家との連帯できるネットワークを持ち、その専門家等と協働し、イノベーションを起こすことが期待されています（一種のオープンイノベーション）。

　また、自分自身に深い専門性がなくても、提供するサービス全体の概要を把握し、強力なリーダーシップで、他の専門家をまとめて引っ張っていくような

「専門家」も存在します。

2 自らの専門性の深さと広い知識

　ある分野において、自分自身の専門性が高くないと、ネットワークを組みたいと思っても他の専門家から相手にされません。誰も頼りにならない人とは組みたくないからです。そのためには、自分の実力を評価してもらえる社内外の人と親しくなり、その人の専門性も評価するような、相互の信頼関係を作る必要があります。

　また、自分が顧客への窓口であり続け得られるように、協働する他の専門家の分野について、ある程度の理解が必要です。他の専門分野への理解がなければ、顧客にその専門家を紹介するだけで、自分は両者の蚊帳の外に置かれて、両者が直接やり取りするだけになります（第三部2「2.　専門性の深さと広さ」⇨ 298 ページ）。

[9]　自律的なキャリアの歩み

　「キャリア」とは、一般に全生涯にわたる仕事上の経歴、経験、専門職業などを表します。過去の仕事の経歴を振り返りつつ、今後の進む道を自分自身で考えて、自分らしい道を切り拓いていくプロセスです。それは、自分が大事にしたいものを仕事やプライベートライフの中で実現しようと、限られた時間の中で楽しみながら求めていくプロセスそのものともいえます。

　自律的なキャリアとは、人の意見を参考にしつつも、自分自身で考えてやりたいことを見つけ、それを主体的に実行し続けることです。それは、何か行動を起こすかどうかを迷ったときにも、大勢に流されることなく、自分で納得し、判断して進むか、止めるかを決めることができることです。精神的に独立し、自らの時間の使い方を自己管理できること、ということもできます。

　完全に自律的であろうとすると、独立して1人でビジネスをするしかありません。自律的であろうとしても組織に属していれば、自分らしさを活かして自

律的にふるまうのは難しい場面も多いでしょう。個人としては、属する組織との関係をうまく保つ必要があります（おわりに「2. 所属する組織との距離感、関係性」⇨ 310 ページ）。

〈参考文献〉「キャリアとは、仕事を通じて志を実現する成長プロセスである。」（伊藤真・野田稔『あなたは、今の仕事をするためにいきてきたのですか』日本経済新聞出版社、2015 年、p.47）

［10］ 楽しみながら仕事し、かつ自己成長志向であること

　自己成長志向の人とは、本当にやりたい仕事、面白く意義のあるものと思える仕事を、厳しくかつ楽しく遂行することにより、自己が成長し、変化していくことに喜びを感じ続けられる人だと思います。

　面白いと思う仕事は、疲れを知らず夢中になって打ち込むことができ、エネルギーをもらえますが、「やらされている」と感じる仕事では、疲れると力を奪われ、精神衛生も悪くなります。

　社会人は自ら課題を設定し、能動的に学ばない限り、日々のルーティーンワークの忙しさに負けてしまいます。良い先輩をモデルとして、案件ごとに自らの考えを持ち、意思表示し、多くの質問をして理解を深めていくことが必要です。

　また、仕事を自分のものとして主体的に取り組む姿勢を続けていると、万が一、会社が倒産したときや転職するなど環境が変わっても、「自分はどんな仕事でもやっていける」という自信になります。

　不動産業務では 1 つとして同じ物件はありません。また、依頼者の事情も同じものはありません。何十年も経験がある人でも 1 つひとつの案件で異なった苦労を経験し、そこから教訓を得ることにより自分が成長したと感じることができます。

　以下、自己成長のための学びの留意点をいくつか挙げます。

■1 面白くない仕事からも学ぶ

　単純作業に近いと思われる部署に配属され、仕事への意欲が落ち「自分にこ

の仕事をやらせるのか」と反感を覚えるときもあるでしょう。しかし、面白くない仕事も、自分が本当は何がやりたいかを実感できる機会であるといえます。変な上司に当たって仕事が面白くないときも、その上司を反面教師として学べるところはできるだけ学びましょう。

　面白くないと思う作業を与えられたら、それをもっと効率的にできないか考え、また、その単純作業の背景にあるものを深く勉強すれば、自分の成長につなげることができます。例えば、証券化対象不動産の事務を担当しているときに、将来きっと役立つときがあると信じて、不動産証券化の意義や課題を研究することなどです。

　要するに、何も考えず工夫する機会もない単純な「作業」に追われて疲弊するのではなく、自分自身でその時間の質を高めて楽しみましょうということです。

❷ 興味を持った本はすべて買う

　ある分野について興味を持ったら、そのテーマで出版されている本を10冊でも20冊でもすべて購入し、インターネットで関連記事を調べ尽くせば、その分野の問題点はおおよそわかります。

　特に新しい動きには注意を払います。最近の不動産関連であれば、民法改正、まちづくり、災害関係、ESGを配慮した不動産、空き家に関する規制、マンション建替えなどについて、法令や規制まで丁寧に、徹底的に調べるのです。購入したすべての本を同じ時間を使って、同じ密度で読む必要はありません。基本にできる本を中心に、残りは重要な箇所の拾い読みでよいのです。こうして読み、それをまとめた文章を、何回も勉強会などで発表する機会を持てば、将来の大きな財産になります。

　人との偶然の出会いと同様、書店でたまたま見つけた本が人生を変えることもあります。どんな良書でも、書店で売り切れてしまえばネットで自ら探しに行かない限り偶然に出会うことはありません。大手の書店が近くになければ、定期的に自分の持っているテーマの本を探しにアマゾンなどのウェブサイトで

ネットサーフィンをしましょう。

本の費用は、飲み食いの費用に比べたら安いものです。本との「出会い」を楽しみたいものです。

3 書く癖をつけること

人に見せることが前提でなくても、考えたことや調べたことを書くだけでも人は成長します。ミーティングのメモを書いてみたら、何がわかっていなかったに気づくことがあります。その内容を次回ミーティングの前に確認しておくと、会議を効率的に運営し、密度の濃いものにできます。

自分にとっての新しい言葉、用語は、先輩に質問したり、ネット検索したりして意味を調べ、ボキャブラリーに加えていきます。それを不動産業務におけるポイントやノウハウ集などに発展させることができれば、いつか部下を持ち、指導する立場になったときにも役立つでしょう。この本も、約四半世紀前から書き留めてきた教訓集が元になっています。

3　成果を上げること

不動産のプロフェッショナルは以上の要件を満たし、かつ、「成果」を上げることが求められます。

ここでいう成果とは、

・仲介報酬などの実績として上げた売り上げ・収益性

・同僚の業務獲得ための貢献やスキル向上への貢献

・ナレッジマネジメントへの貢献

・組織内での効率化など業務改善の提案およびその実行

・ジュニアの人材育成

・出版や講演、社会貢献等により所属する組織の顧客への評判、ブランドイメージを向上させること

等が挙げられます。

　また、これらの項目において業績を上げるための能力には、「富裕層個人へ
の資産相談が得意」等、特定の顧客や特定のサービス領域における能力や、顧
客へのカウンセリング力、他人に技術を教える能力、新しい仕事を立ち上げる
能力、他人の仕事を管理し、業務遂行させるマネジメント力（プロジェクトマ
ネジメント）等が挙げられます。

　以上は、プロフェッショナルの人事評価の項目でもあります。

3 不動産プロフェッショナル・サービスの基本プロセス

　ここでは、前項で述べた要件を備えたプロフェッショナルが、実際にどのように サービスを実践するかについて、マーケティングの考え方を参考に、基本的なプロセスの概要を説明します。

　社会環境や競争環境の大きな変化によって選択した事業が順調ではなくなったときには、以下のように原点に戻って自社のサービスの内容、プロセスを見直すようにしたいものです。

1 提供するサービス内容の選択

[1] 職種の選択

　初めて社会人になり職業を選択するときや転職の際、あるいは事業を設立するときには、まず自分は何をしたいのか、何に向いているのかを考え、その際自分の性格や持っている資産の強み、弱みや社会・経済などの事業環境などを検討されたと思います。

　ある職種、例えば不動産関連のサービスについて関心を持った際には、自分が土地・建物を扱うことに向いているか、興味を持てるか、顧客としては個人を相手にしたいのか、法人を相手にしたいのか、そしてそのニーズとしては売買、賃貸借などの仲介取引なのか、鑑定評価なのか、管理なのか、などについてより深く検討していくことになります。また、その職種に将来性あるのかど

うか等を検討して、進むべき大きな方向性を考えます。

　不動産関連のサービスの将来性については、「導入期→成長期→成熟期→衰退期→イノベーションによる新たな展開（あるいは撤退）」という、製品・サービスのライフサイクルを考えると、現在は、成熟期にありながら、イノベーションによる新たな展開が求められている時期であると思われます。

[2]　サービス内容の決定

　業種と同時に提供するサービスの品ぞろえとして、ある専門性に深く特化したサービスを提供するか（専門特化）、総合的に多くのメニューをそろえるか（フルライン化）、という選択を行います。

　どのようなサービスを組み合わせて提供するか（サービスミックス）を考える際には、単純に各サービスの採算性だけではなく、各サービスが組織全体にどのように貢献するかを考える必要があります。

　例えば、顧客に業務用不動産の仲介サービスを提供する際は、社員の教育や組織のブランド維持のために、たとえ単独の業務としては採算性に問題があっても、不動産鑑定評価や権利調整等のコンサルティングサービスは欠かせないのではないでしょうか。つまり、業務同士のシナジー効果を考慮すべき、ということです。

2　標的とするマーケットの選定

　自社がどのようなサービスを提供できるかを検討した上で、分類した市場（セグメント）の中で、競合先のポジションを認識し、競合先から差別化し、自らの優位性を十分に発揮するために、標的とする市場を選定します。

　不動産仲介業においては、顧客ニーズ（住宅、オフィス、ホテル、商業施設それぞれの）賃貸、売買のマーケットの区別を行った上で、地域マーケット（特

定の駅前、路線、首都圏全域、あるいは全国）等の選択肢について、単一または複数の組み合わせを選択します。例えば、賃貸仲介業者には特定の駅前に店を構える住宅賃貸専門の仲介業者（個人商店）や、オフィスの賃貸仲介業者で全国的に支店を持つ会社（例：三鬼商事、三幸エステート等）があります。

　さらに、その組み合わせごとに、仲介業と建設業、不動産鑑定業、税理士業、保険業等、関連する他の業種と兼業されている会社も数多くあります。

　標的とするマーケットの選定においては、ターゲットを、自社にとっての既存のマーケットか、新規マーケットか、また既存のサービスを深化させるか、新規サービスを提供するか等を検討し、今後いかに自社を成長させていくかという戦略（**成長戦略**）を立てることや、自社を取り巻く競争環境を検討し、効率化を求めるコストリーダーシップで行くか、競合他社から自社の独自性で差別化する差別化戦略でいくか、あるいはそれらの特定の戦略に集中するか、併用するか（**競争戦略**）などを検討することも必要です。

3　サービス提供の方法、手段

　サービスを提供するマーケットおよびセグメントが選定できれば、広告、パブリシティ、紹介活動などのプロモーション活動や、サービス内容にふさわしい店舗立地、ウェブサイトの充実などの顧客チャネルの工夫により、自社が提供するサービスに、顧客がいかに容易に到達できるかということを検討します。

［1］　情報入手の場（チャネル）

■ 店舗、事務所の立地条件（Place）

　不動産業者にとって、店舗、事務所の立地は非常に重要です。顧客にとっての利便性、扱う物件の立地への利便性とともに、頻繁に利用する施設（市役所や法務局への近さ）や主な情報入手先である金融機関等への接近性などが重要

な立地の要素として挙げられます。

　従来型の住宅仲介業の場合、顧客の利便性を考慮し、一般的には鉄道の駅前が有利で、実際多くの店舗は駅前にあります。不動産仲介業の立地としては、人口が増加し、売買や賃貸が活発に行われ、成長している都市のほうが望ましいことはいうまでもありません。

2 他の専門家、金融機関等からの情報入手チャネル

　情報入手のチャネルとしては、顧客の経営の重要な意思決定に関わり得る他のプロフェショナル（弁護士、税理士、公認会計士、経営コンサルタントなど）や金融機関等が考えられます。不動産仲介業や不動産鑑定業など営業・経験重視型サービスにおいては、他のプロフェッショナルと提携関係を結んでいる場合も多くあり、これらの業種の場合、情報入手のチャネルが極めて重要です（第三部2「1.　プロフェショナル・サービスの質的分類」⇨296ページ）。

3 サービス業の店舗展開－フランチャイズなど

　住宅仲介業などでは、信頼のおける地元業者に情報、仲介技術と大手企業の「信用」の提供するフランチャイズチェーンの形態を使った店舗展開をしている例があります（例：三井のリハウス提携店、センチュリー21など）。

　不動産鑑定業では、個人の鑑定業者が組合等の形態で、事務所を全国的にネットワーク展開している例があります。

4 インターネットチャネル

　不動産業でもほとんどの企業がウェブサイトを持ち、そこで会社と商品・サービスの説明を行い、また、インターネットにより、メールマガジンを発行してプロモーションを行うことも、非常に低コストで可能になりました。特に住宅仲介の世界においては、今やインターネットチャネル抜きでは、不動産業は成り立たないといっても過言ではありません。

（1）顧客の情報探索方法の変化

　以前は顧客が、まず好みの街の駅前にある不動産会社に飛び込んで売り物件情報や賃貸情報を集めることが多かったのですが、現在は実店舗に行く前にインターネットで物件を調べて候補を選び、そのあとネットで広告を出している仲介業者に接触することが普通になってきています。

　また、第三部（イノベーション編）で見るように、大手の仲介業者の査定額を比較するようなサイトも複数存在するようになりました。さらに、物件を見ずに投資用の不動産を購入する個人投資家も増えてきているといわれています。

（2）ウェブサイトのメリット

　インターネットによるウェブサイトへのアクセスの顧客側のメリットとしては、直接販売会社の人と接触せず、チラシや広告を手にするのと同様に商品の確認や情報入手ができるので、心理的な抵抗感なく情報を入手できることがあり、また物件内覧も実際の空室だけではなく、退去届は出ているがまだ入居者が住んでいる物件でも、その室内が録画されていれば、VR（Virtual Reality）でビジュアルに見ることができる等、利便性が高まっていることが挙げられます。

　仲介会社側のメリットとしては、不特定多数を対象に24時間情報発信が可能で、地理的制約がなく、双方向のコミュニケーションが可能で、瞬時に情報伝達されるため、顧客の意思決定のスピードが向上することです。

（3）ウェブサイトの課題

　インターネットでは顧客のプライバシーやセキュリティの問題など、信頼性の問題をクリアする必要があります。また、インターネットチャネルでは、顧客が第一次情報を選別し、実在の店舗・事務所に接触するきっかけにはなりますが、これに頼り切っていることには問題があります。

　顧客との人的関係づくりや本人確認、当事者の行為能力の確認等、後のトラブルを避けるためにも、実際の店舗における接客は重要です。また、近隣の状況などはしっかり確認してもらう必要があるので、現地案内の重要性も変わら

ないと思います。

[2]　プロモーション戦略

　広義のプロモーションには、広告、パブリシティ、人的販売、セールスプロモーション（狭義の販売促進）があります。そしてこれらの組み合わせをプロモーションミックス（コミュニケーションミックス）と呼び、効果的にこれらを構成することが課題です。

　プロモーションは、広告やパブリシティ等により、顧客側からやってきてもらうように誘導するプル戦略と、人的販売、セールスプロモーションのようにサービス・製品を流通チャネル上でプッシュするように販売するプッシュ戦略に分類できます。

1 広告（Advertisement）

　広告とは、掲載の依頼主が明示されている、テレビ、ラジオ、新聞、雑誌、インターネット、屋外広告、ダイレクトメール等の有料の媒体によるコミュニケーション手段です。

　広告は短期間に広域の人を対象にできるメリットがありますが、対象を絞りこみにくく、顧客が「広告主が自社にとって不利な宣伝をするはずがない」と感じるデメリットもあります。また、広告は広告主の認知度、好感度をアップして購買に導くこと、信用力を強化すること、特定の主義・主張を述べること等に用いられます。

　広告を行う際には、予算の制約のもと、まず、ターゲットの市場は何か、そしてそのターゲットはどのように、どのくらい反応するかを検討し、広告する専門性の内容にふさわしい信用力があり、好感度が高い媒体を選択します。例えば、経済関係の本の広告を日本経済新聞に掲載する場合など、広告媒体への信頼がそこに掲載されている内容だけでなく広告主にも波及するため、広告媒体の選択は重要な課題です。これを情報源効果といいます。

　また、テレビや雑誌に会社の広告が載れば、その従業員は誇りと自信を持つようになるという効果もあります。

2 パブリシティ（Publicity）

　パブリシティとは、テレビやラジオなどマスコミ等に報道してくれるようにプレスリリース等で働きかけることや、新聞・雑誌など顧客が目にしやすい媒体に、原則無料で記事スペース等を得ることであり、掲載の意思決定は媒体側にあります。

　パブリシティは媒体が第三者の立場で取材するので、一般に広告に比べて客観性が高く、信頼性がより高いといわれ、情報源効果はいっそう強化されます。

　ただし、情報の細かなコントロールは困難です。また、ニュースの場合、読者の関心を引くために、記者がうまく脚色することもあります。それは利点でもありますが、違うイメージを読者に与えてしまう可能性があるので要注意です。創業者の自伝や自社の研究・調査部門の成果物を出版し、自社でかなりの部数を買い取って、顧客に無償で配布する場合もありますが、これは実質広告に近いものです。

　プロフェッショナル本人、あるいは広報担当者はできるだけ多くの記者や編集者と良好な関係や人脈をつくり、自社のイメージを正確に伝えるような記事の題材の提供に努めるべきでしょう。

　プロフェッショナル・サービスにおいては、次のような方策が有効です。

(1) セミナー

　プロフェッショナルにとって特定の分野で専門性があり、小規模で、かつ密度の濃い「セミナー」の費用対効果は大きいといえます。新聞広告のほか、すでに的を絞れている企業や個人に対して、ダイレクトメール等でアプローチして集客し、後にアンケートをとり、興味ありと反応した人に対して主催者側から電話やメール等で接触することを目的に、セミナーがよく行われています。

　最近では、アンケートの回収率を上げるため、セミナー当日は紙のレジメは配布せず、アンケートも行わず、後に主催者宛にメールでアンケートに答えて

もらった人にのみ当日のレジメを送る方法など、工夫がされています。アンケートに答えてもらった人の中で、関心の非常に強い人を、少数に絞り込み、個別対応していけばさらに効果的です。顧客の属する業界団体でのセミナーなどは特に有効であると考えられます。

(2) 論文掲載

　新聞や雑誌での論文の公表でも、専門性をアピールすることができます。不動産業界でいえば不動産学会誌などの学会誌や、『土地総合研究』（土地総合研究所）、『月刊　不動産鑑定』（住宅新報出版）、『月刊　プロパティマネジメント』（総合ユニコム）、『Evaluation』（プログレス）など、業界紙に論文を掲載することです。論文の記事は、セミナーなどで話をするとき切り抜いて使えるし、いくつかの論文を集めれば1冊の本になり得ます。また著書を出版すれば、意見を表明する機会も多くなります。

　プロフェッショナルといえる人であれば、書くべきコンテンツは持っているといえますが、制約になるのは執筆する時間であり、書くことへの抵抗感です。これを克服する必要があります。

(3) 独自調査の実施と公表

　競合他社が持っていないような情報を独自調査により収集し、公表することは専門性を示す上で有効です。顧客の業界団体や、それを代表する企業による公式調査であれば、業界の第一情報源として位置づけられます。例として、日本不動産研究所の市街地価格指数、投資家調査等が挙げられます。

　また、公表されている情報を集約し、コンパクトに読者にわかりやすく提供する不動産マーケットレポートや定期的なニュースレターも、独自性ある内容を含み、質が落ちないように注意すれば、十分読者の興味、関心を満たします。

　その他、このような独自調査による情報提供を、重要顧客に対する無料勉強会の際や、顧客を紹介してくれる可能性ある他の専門家等とのネットワーク構築に利用することが考えられます。

3 セールスプロモーション（Sales Promotion：狭義の販売促進）

　セールスプロモーションとは、購買や販売の意欲を高めるための短期的なインセンティブで、広告などにより店舗に引き寄せた消費者に、値引き、おまけ、リベート、などにより、購買を促すことです。消費者の初回の購入リスクを減らします。

　広告がブランドロイヤルティを造ることを目的とするのに対し、セールスプロモーションは顧客の持っているブランドロイヤルティを打破するためのものです。

　ただし、インセンティブの規模は小さすぎては効果がないし、大きすぎては無駄になり、提供するタイミングも重要です。また、金銭でのインセンティブは賄賂、不正行為にならないことに注意する必要があります。

4 人的販売（Personal Selling）

　人的販売とは人的な接触による製品の販売促進活動をいい、具体的には、紹介による顧客往訪活動や口コミ等を利用することです。上記 2 のパブリシティとともに、プロフェッショナル・サービスにおいて人的販売は重視されます。講演や執筆のための調査の際、直接コンタクトした企業や専門家との出会いがきっかけで、その人が重要顧客になることもあります。

　顧客が一番望むのは専門家であるプロフェッショナル自身が接触することで、本来それが一番効果的なのですが、専門家は研究や実務と新規顧客開拓とのバランスをとり、労力を配分する必要があります。そこで、組織としてはターゲット市場あるいは顧客ごとにサービス提供を行う専任スタッフを任命することがあります。

　実際に面談でサービスを提供している過程では、別のサービスを販売するチャンスも訪れます。不動産仲介の担当者がリノベーションやローン等の相談を受けるときなどです。担当者がそのような自分の担当ではない顧客のニーズにも誠実に対応するためには、何らかのインセンティブが必要でしょう。

　人的販売では、顧客の話をよく聞くスキルを身につけることが重要ですが、

専門家にはそのようなスキルを身につける訓練を受けた人が少ないということが問題です。

4　プロフェッショナル・サービスの提供体制
（従事者の人数と能力）

　以上のような戦略を実行するためには、それに従事する人数と能力の適正化を図る必要があります。

　近年、事業のライフサイクルが短くなっているため、最適なタイプの顧客をターゲットとして選んで人員配置をしてもすぐに陳腐化し、要求されるサービスの質と人材の数のバランスが崩れることになります。そうなれば顧客の苦情が多く発生し、コスト高になり、また有能な従業員のモラルが低下する可能性があります。

　理想的には、経験が浅く給料は安いが有能なジュニアスタッフを雇い、プロフェッショナル個人の経験とノウハウを伝えながら、そのプロが持っている生産性の高度な仕事の一部をジュニアに任せて効率化することが望まれます。これはジュニアスタッフに対する貴重な教育機会になります。

　また、どのような組織でも、組織内のさまざまな業務を正社員で内製化するのか、アウトソーシング（外部戦力化）するか、外部と提携するのかという課題があります。

　一般にアウトソーシングのメリットとして、外部の専門性を活用することで安定した質の高いサービスを安くタイムリーに利用できること、正社員は、生産性の高い得意分野に集中できること、人件費などの固定経費を流動費化できること等が挙げられます。

　デメリットは、情報漏洩の危険や、技術やノウハウが自社に蓄積しにくくなることです。一般的には、中核人材は正社員として採用し、それ以外はアウトソーシングするなど、内部戦力と外部戦略のベスト・ミックスをめざすべきだといえます。

　プロフェッショナル・サービスにおいても、需要の増減にあわせて、共同事業者（協力業者）としてすぐに対応してもらえる同業者あるいは他業種の専門家等を組織化しておく必要があります。

4　成長に必要な要因

　組織に属するか、独立しているかにかかわらず、すべての労働者にとって自分のキャリア形成は大きな関心事です。

　ここでは、不動産プロフェッショナルの成長・発達に影響を与える要因として、顧客や組織内におけるさまざまな経験、教育・研修、資格取得等に焦点を当てます。

1　その1：さまざまな経験

　不動産のプロとして成長する上で大きなきっかけになるものに、顧客との具体的案件を通じての経験、組織内での経験、およびプライベート上の経験があります。

［1］　顧客との仕事上の経験

　大規模なリストラのための不動産売却など、顧客の大きな課題を解決したプロジェクトへの参画により、顧客の期待に応えた経験は人を成長させます。また、顧客である経営者の経営理念、生き方から多くを学ばせていただくこともあります。

　自分の能力をはるかに超えるプロジェクトではなく、個人の能力を若干超え、頑張れば何とか手の届くような挑戦的な課題を任され、それにチャレンジし、苦労して結果を出せば、知識とスキルは強化・増強され、個人は成長します（「第

二部　実務編」参照)。

[2]　組織内での経験

　組織内において挫折を経験し再出発した経験、事業の立て直しを任された経験、トラブル処理の経験あるいは、難しい新規プロジェクトのリーダーを任される経験などは、人を大きく成長させ、個人のキャリアに大きな影響を与えます。

　また、就職してからは、最初の部署に配属されたあと、営業現場から本部ラインへの異動、逆に本部ラインからスタッフ職へ異動、遠隔地への転勤、新製品開発プロジェクトチームへの参加など、組織の中ではさまざまな人事異動の機会があります。

　これらの転勤によって得られた知識・ノウハウ、失敗によって得た教訓は個人が成長するきっかけになりますが、その時にめぐり合わせた職場の上司、部下や取引先等との出会いにより、その人から聞かされた仕事上の教訓や価値観も、自分のキャリアにおける成長・発達に影響します。

　特に、海外転勤は、異なったカルチャーを持つ外国人と働くことで異質な経験ができ、日本にいたときとは異なった目線で物事を見るきっかけになります。グローバル化が進んでいる現在、国内でも外国人の顧客や同僚と仕事をする機会も増えてきているのでこれは貴重な経験です。

　顧客の会社への出向や顧客の会社からの出向受け入れは、両組織の結びつきを強めるとともに、サービスの質を大幅にアップさせます。専門性が深まるとともに、お互いの意思決定の過程がわかるようになるからです。

　昇格・昇進は、個人の成長の証としての側面があり、管理職への昇格によってマネジメント能力をつけるように頑張ろうという気持ちが起こります。逆に、管理職になるのが遅れたり、降格したりすると意気消沈するかもしれないし、悔しい気持ちがバネになって発奮し、新しい道を真剣に考えるようになることもあるでしょう。

［3］　家庭等プライベートの経験

　進学、結婚、子供の誕生、子育て、離婚、死別、転勤による転居、50歳・60歳などある節目の年齢への到達等、プライベートでの環境にキャリアは影響を受けます。

　プライベートで心配事があれば良い仕事はしづらく、逆にそれが安定していれば、時間を切り替えて思い切って仕事に打ち込むこともできます。本書末尾参考資料の、筆者が実施した不動産プロフェッショナル向けのインタビュー、アンケートにおいても、多くの人が、家族の存在があるから頑張っている、という趣旨の回答をされていました。

　働き方改革により、ワーク・ライフ・バランス（ワーク・ファミリー・バランス）も日本において注目されてきました。また、コロナ禍により在宅勤務が増え、自宅で過ごす時間が多くなったため、家庭と仕事との関係はますます重視されてきています。

2　その2：研修・コーチング・ナレッジマネジメント

　組織内外における教育、研修、資格取得などは、経験と結びつくことにより大きな効果があると考えられます。

［1］　研修

　組織では、新人はまず仕事の基礎やビジネスマナーなどの基礎が叩き込まれます。そして、課長レベル、部長レベル、役員レベルに応じて、特定の分野の最新の専門的知識やマネジメントスキルなどを絶えずブラッシュアップしていく必要があります。

[2]　コーチング

　プロフェッショナルがやる気を保ち、スキルを伝承、発達させるためには、自主性に任せきるよりスポーツ選手のように、経験豊かなプロのコーチや上司による具体的な案件を通したコーチングが効果的です。

　有能なコーチは、例えば、大量の単純な作業を指示するときに「つまらない仕事であるがあなたを担当にした」と言うのではなく、「完璧にできると思う仕事でも改良の余地があるからそれを考えながらやってほしい」と言って、意味を持たせるような指示を出します。

[3]　ナレッジマネジメント

　ナレッジマネジメントとは簡単にいえば、個人が経験したことや近くにいる人が経験したこと（間接経験）を教訓として自分自身の言葉でまとめ、それを体系化し、体系化したものを他人に教え、その教えを受けた人が業務の現場で使い、そこで新たな発見、教訓得て、またその人が文章化してまとめ…、というサイクルを組織的に回していくことです。

　ナレッジマネジメントは、一般論としては支持されるのですが、その実践には多くの場合困難を伴います。参加者に何らかのインセンティブがない限り、自分の強みである知識・ノウハウを喜んで無償で他人に提供することは期待できないからです。

　実践例としては、以下のようなものがあります。

[例1]

　あるコンサルティングファームでは、CKO（チーフ・ナレッジ・オフィサー）を設置して、情報共有を促し、顧客に提供するプラン、資料のモデル化を行うことにより、分析作業の重複を回避し、専門的知識へのアクセスを自由にすることで、顧客への対応までの時間の短縮、サービス品質の底上げ、コスト削減

などを狙っています。

[例2]

　別のコンサルティングファームでは、毎週シニア・ジュニアの全スタッフが順番に1時間、扱ったケースについて、どのようなケースで、どのような手法を用いてクライアントの課題を処理したか、そして簡潔にそこから何を学んだか、ファームにとって有益な活動だったかについて知識を共有する会議を開いています。

　知識の共有化、体系化することをプロジェクトリーダーに義務づけて、ルーティーンワークとして行う仕組みを持っている組織もあります。

[例3]

　ある不動産会社では、営業成績などがトップグループの人を何十人か集めて認定し、その人たちが行っている、取引の最初の情報入手から、取引を成功させてから再度・再々度その顧客から指名されるようになるまでの行動パターンを抽出し、マニュアルを作成しています。そのマニュアルを中途入社の営業マンに、まず入社後の合宿研修で徹底的に叩き込んでいるということです。

(注)　ナレッジマネジメントの理論としては、野中郁次郎（一橋大学名誉教授）と竹内弘高（ハーバード大学ビジネススクール教授）により提唱された知識変換スパイラル "SECI" があります。

3　その3：学校教育

[1]　高等教育機関における不動産教育の必要性

　企業活動において、生産・販売・物流拠点、本社・社宅等、CRE（企業不動産）として不動産は活用されており、また投資対象としても、不動産は重要な経営基盤であり、社会的基盤でもあります。したがって、企業の総務、不動産担当者のみならず経営者にとっても、不動産に関する基礎知識を身につけておくべ

きだと考えます。

　また昨今、金融・ファンド業界や公的不動産（PRE）の活用、地方の街づくりなどにおいても、不動産管理、仲介、鑑定、建築等に携わって活躍する人は数多く、建設・不動産業は、産業界において大きな雇用の供給源となっており、一大勢力になっています（※）。

　このように、不動産に関連する業務に大きな社会的ニーズがあるにもかかわらず、学問として不動産について扱う講座がある大学や大学院などの高等教育機関が数少ないことが、日本の課題の1つだと思われます。

　※　不動産業界全体では、法人数は337,934社（全産業の12.0％）（平成30年度）であり、建設業（同16.8％）と合わせると全産業の3割弱（28.8％）と一大勢力です（「2021不動産業統計集（3月期改訂）」公益財団法人日本不動産流通推進センター）。
　　また、宅地建物取引業者は127,215業者、従事者数は590,156人、宅地建物取引士資格登録者数は1,099,632人、宅地建物取引士の就業者（宅地建物取引士証の交付を受け、かつ、宅建業に従事している者）数は331,095人で、教育ニーズのある大きな集団であることがわかります（不動産適正取引推進機構資料2021年3月末）。

［2］　不動産教育を実施している大学の現状と課題

　日本の大学において、総合的に不動産関連課目を設置している学部、大学院は、明海大学不動産学部、日本大学理工学部、経済学部、大学院では、明治大学ビジネススクールのほか、早稲田ビジネススクール（不動産ファイナンス）等があるだけで、数少ないのが現状です（※）。

　日本の大学の既存の学部の講義内容の中で、不動産に関連すると考えられる科目は、例えば、法学部においては民法、借地借家法、一部の行政法規、経済学部ではマクロ、ミクロ経済学、商学部や経営学部では、会計学、不動産ファイナンス、まちづくり、経営戦略等、工学部建築学科では、建物の建築、設計、数理学科では、不動産に関するビッグデータ解析、などがありますが、これらの内容が、総合的、体系的に学べる場がほとんどありません。

　このような現状において、経営学部などの既存学部、または大学院の既存の講座に若干の新しい不動産関連の専門講座を加えて、不動産コースを設置して

学部間連携すれば、大学の組織に大きな変更なく、不動産、建築の専門性があってかつ顧客の経営に通じたプロフェッショナルの卵を輩出する、特色ある不動産教育が可能になり、学生数が減少する中で大学の差別化にも資すると思われます。

　これが実現すれば、学生にとっては、下記「その4」の不動産関連の資格試験の準備にもなります。特に、在学中に宅地建物取引士、不動産鑑定士等の資格取得を支援するような講座を設置すれば、学生の就職、職業選択にも大いに貢献すると思われます。

　ヨーロッパ諸国、アメリカ、中国、シンガポールでは、数多くの大学、大学院において充実した不動産の講座、コースを設けています。これら世界の著名大学の不動産学部との関係を深め、また、全世界的な不動産の評価基準（通称：REDBOOK）を持つ英国王立チャータード・サーベイヤーズ協会（RICS）等の国際的組織と提携し、MRICS、FRICS等の資格取得過程を持つことにより、グローバル企業で活躍する不動産や金融のプロフェッショナルを養成でき、大学のグローバル化にも貢献できると考えられます。

　　※　不動産鑑定評価に関しては、最近各府県の不動産鑑定士協会等が中心になり、大学において不動産鑑定評価や不動産全般についての寄付講座等を始めており、関西学院大学、滋賀大学、早稲田大学などで不動産学の講座が実施されています。

4　その4：専門資格取得などの自己研鑽

［1］　不動産関連資格の種類

　不動産関連専門資格は、公的資格・民間団体を合わせると数多くあります。

　主な資格には、仲介業関係の宅地建物取引士、評価関係では不動産鑑定士、コンサルティング関係では、不動産コンサルティングマスター、不動産カウン

セラー、証券化関係では、不動産証券化マスター、再開発関係では再開発コーディネーター、測量関係では土地家屋調査士、建築関係では、一級建築士、二級建築士、ファシリティマネジメント関係では認定プロパティマネージャー等があり、さらに司法書士、税理士、弁護士等も不動産関連資格であるといえます。

　また、国際的な不動産資格としては各国のブローカーのライセンスの他、RICS の MRICS、FRICS、米国の AI（Appraisal Institute）の MAI、米国の CRE（Counselors of Real Estate）、CoreNet Grobal の MCR（Master of Corporate Real Estate）等があり、これらの資格は日本でも取得することができます。

［2］　資格取得の意義

　資格さえあれば、外部の人に評価され、転職、独立時は絶対に役に立つという資格信仰は間違っていますが、自ら携わる業務に直接、間接的に結びつくものであれば、その資格の価値は大きいといえます。

■1 資格本来の意義

　仲介実務における重要事項説明書の説明、契約書への署名は、宅地建物取引業法により宅地建物取引士でないと許されておらず、不動産鑑定評価書の発行は不動産鑑定士の資格者の独占業務です。

　不動産鑑定士の場合、専業の不動産鑑定士としては、地価公示、地価調査、固定資産税や相続税路線価のための評価などの公的評価のほか、民間会社、金融機関等からの鑑定評価、担保評価や裁判所関係の評価などで活躍できます。

　特に女性に限りませんが、1件の評価が数日で完結し、仕事する時間帯が比較的自由に選択できる鑑定業務は、出産、子育てなどと両立できるプロフェッショナルの業務として魅力的な業務と思われます。

2 さまざまな分野での活躍機会

　以上が資格取得本来の意義ですが、資格をとる過程で得た知識をベースに、実務で専門のノウハウを身につけた上で、金融、街づくり等、他の業務においてそれを大いに活かすことができます。

　例えば、不動産鑑定士は、不動産の価値評価のスキルを持つことにより、自社の不動産関連業務やコンサルティング業務に活かせます。一般事業会社における財務担当、金融機関における不動産ファイナンス担当者が担保評価を行うときにはプロとしての評価目線が必要です。特に、不動産開発業者や金融機関の担当者は、借地、借家、底地、継続賃料についての深い見識を持ち、また、ホテル、商業施設、ヘルスケア施設などの事業用不動産の開発や金融において、資格者が持っているレベルの不動産の基礎知識とその事業経営についての深い洞察力を持ってプロジェクトを推進する必要があります。

3 学生、サラリーマンにとっての魅力

　その他、将来不動産関連のプロをめざす学生にとっては就職が有利になることが挙げられ、非常に狭き門である大手の不動産会社への就職活動においても、少なくともその入社の門は広がると思われます。ただし、企業に入ってからは、その人が資格だけで重宝されることはなく、この資格の名に恥じない能力を使って、いかに企業に貢献できるかが問われるのは当然です。

　また、所属する組織の中でその専門性を発揮したいのに発揮できない場合には、それを求める会社への転職、あるいは独立できるという選択肢を持てます。これから20〜30年後の制度は保証できませんが、ある企業を定年などで退職したときに、独立開業する道があるというのはサラリーマンにとって大きな魅力です。

　特に、地方在住の不動産鑑定士の場合、地価公示や地価調査等の公的評価の評価員の定年は70歳から75歳になりつつあり、健康である限り仕事が続けられるため高齢社会に合った職業であるとも考えられます。

[3]　ダブル資格の強み

　2つ、3つと複数の有力な資格を持てば、その魅力、強みは掛け算で倍増します。例えば、税理士と不動産鑑定士の両方の資格を持っている人の多くは大変活躍されています。

　税務の相談の際に出た不動産評価に関する相談を、不動産鑑定士の観点で評価でき、適切なアドバイスを行えば、顧客の信頼も深まり、自らの鑑定事務所で鑑定評価を受注することも可能です。逆に、鑑定評価の顧客から税務相談を受けることもあるでしょう。

　公認会計士でかつ不動産鑑定士の人も、監査法人やコンサルティング会社などにおいて、不動産会社、不動産ファンドの監査、コンサルティング業務などで活躍している人が多く、宅地建物取引士、建築士と他の資格とのダブル資格の人も数多くいます。

　ただし、2つの業務が利益相反にあたるような場合は、両方の業務を同時に行うことはできません。また、2つの専門性を追うことによってどちらも中途半端にならないように、ぶれない軸を持つ必要がありますが、ダブル資格を持つことはプロフェッショナルであるサービス業として大きな強みといえます。

[4]　AI時代の専門資格

　AIにより近い将来なくなるのではないかと研究者に指摘されている職業として、公認会計士、税理士などとともに宅地建物取引士、不動産鑑定士なども含まれています。AIは、サービスの効率化、情報の透明化を進めることに役立つので、おそらく専門資格者の業務のうち、単純な労働集約的な作業や計算業務、申告業務等は確実にAIにとって替わられるでしょう。

　しかし、人間の感性を使って人間が判断することが必要な業務も少なくありません。AIをできるだけ利用して専門性を極めつつ、人間として社会、経済の新しい動きを解釈し、他の複数の専門家と協働して、複雑なニーズを持つ顧

客のワンストップの窓口になることができれば、これらの専門資格者も生き残ることができると思われます（第三部1「3.　不動産テックの今後」⇨292ページ）。

5 不動産仲介サービスの分類と特徴

1 不動産仲介サービスとは

［1］ 対象不動産の種類、業態

1 対象不動産の種類

　住宅（戸建て住宅、コンドミニアム）のほか、オフィス、ホテル、商業施設、介護施設、病院、アミューズメント施設などがあります。

2 業態

　業態としては「売買仲介」と「テナント賃貸仲介」の区別があり、仲介の形態としては「**媒介**」と「**代理**」があります。

　媒介の場合、取引自体は売主・買主の当事者間の契約ですが、代理の場合、仲介業者が売主・買主どちらかの代理人として契約の当事者となり、その効果は本人に帰属します。売主・買主双方の代理人にはなれません（「**双方代理の禁止**」）。

3 対象の権利の種類

　売買の場合、他人の権利が付着していない完全所有権のほか、借地権付き建物、貸家、底地等の売買があります。

　賃貸借契約には大きく普通借地・借家、定期借地・借家契約の区別がありま

す。

[2]　不動産以外の仲介サービス

　土地、建物、付帯設備などのほかに、工作物やホテルのベッド、病院の医療機器などの設備、動産をあわせた売買や賃貸借の対象にされる場合があります。また、証券化された不動産受益権が仲介サービスの対象になることがあります（「3.　不動産現物の仲介と信託受益権仲介」⇨ 60 ページ）。

2　業務用不動産仲介と個人用住宅仲介

　読者の皆さんの中にも、アパートやマンションを借りたり、自宅を売買したりした方は多いと思います。そのような際に不動産業者が行うサービスを、以下「個人用住宅仲介」とします。

　一方、賃貸マンション一棟、オフィスビル、ホテル、商業施設などの所有権の売買、あるいは借地権付き建物や底地の売買などの仲介を行うサービスがあります。これを以下「業務用不動産仲介」とします。

　基本的には、同じ宅地建物取引業法で規制されているのですが、個人用住宅仲介は「BtoC 取引」、業務用不動産仲介は「BtoB 取引」であり、ある意味では異なる種類のビジネスともいえます。

　以下、その主な差異を比較します（なお、この比較は筆者の経験に基づく私見で、特に定義されたものではありません）。

● 業務用不動産仲介と個人用住宅仲介の比較

	業務用不動産仲介	個人用住宅仲介
対象顧客およびその性格	・一般事業会社、国、地方公共団体、不動産投資家、不動産投資ファンド等。 ・厳密な機関決定を行う大会社から個人オーナーの意向が強く反映する中小企業まで。 ・継続的取引先が多く、案件の活動が長期化する傾向あり、長期フォローが必要。 ・顧客の信頼を得て、親しくなれば以後の成約率は高くなる。	・自用のマンション、戸建て住宅などを売買する個人。 ・個人顧客は、仲介担当者との相性が合えばグリップは容易になる。住宅に長時間滞在する主婦の目線が重要。 ・取引は単発的で、継続顧客にはなりにくい。 ・取引は原則1回限りで、短期的に決着する場合が多い。 ・個別取引での営業努力が顧客の意思決定を左右する。
取引金額、件数、報酬等	・取引金額は数千万から数億円、数十億円までが多いが、数千億円以上の取引もある。 ・取扱件数は少ないが、報酬額は大きい。 ・ただし、法定手数料上限の3％＋6万円＋消費税は実現しにくい（高額物件で、特に売側仲介の場合は減額請求を受けやすく、手数料決定は売買の諸条件の決定時にずれこむこともよくある）。	・取引金額は数百万円台から数千万円の取引が多い。 ・取扱件数は多いが報酬は業務用に比べて小さい。 ・媒介契約時に規定しておけば、規定上限の3％＋6万円＋消費税の手数料を実現しやすい。
仲介活動、マーケティング活動	・情報収集は、既知の取引会社や金融機関の担当者、税理士等から属人的に行うことが多い。 ・業績不良などの事情がある場合、売り物件は一般にオープンにされることになじまない（一般媒介契約が締結されることも多い）。	・顧客による情報収集は、まずウェブサイトを用いられることが多い。 ・オープンマーケットであるレインズ（不動産流通機構）を使った間接的な情報収集や同業者間の情報交換が中心（専属専任契約、専任媒介契約が締結される場合が多い）。

	・新規情報は、投資物件の売却情報以外、仲介業者に直接依頼されることは少なく、金融機関、税理士、弁護士などからの紹介で得られる場合や、セミナーなどパブリシティを通じて得られることが多い。 ・優良情報を交換できる同業者は多くなく、レインズ等の利用も多くない。 ・営業エリアは比較的広域で、購入客を探す場合は特に広い。 ・CREコンサル、資産コンサル的な動きが重要。	・新規情報は、広告、チラシなどのマス・マーケティング中心で取得する。 ・営業は、売物件情報の所在地を中心として行い、買顧客を探す範囲は比較的狭い。 ・相続対策、税金相談、リノベーション、金融(ローン)、保険などの付随サービスを提供する機会が多い。 ・ブローカー的な動きがより重要。
調査・重要事項説明	・土壌汚染、地盤、耐震性等は特に重視され、詳細な調査が必要である場合が多い。 ・建物を取り壊す前提の取引も多い。 ・開発用地の場合は実測・地積更正の場合が多い。	・地勢、地盤、騒音、嫌悪施設、心理的瑕疵の有無等、近隣の居住環境調査が重要。 ・建物インスペクションが、過去に行われた場合は重要事項説明書での記述が義務化された(これは業務用不動産も同様)。
交渉	・キーパーソンが誰かを見つけることは非常に重要。大組織の場合、一般に最終決定までに時間がかかる。 ・いったん決まれば決定事項についての変更は比較的少ない。	・キーパーソンはほぼ明確。購入者本人ではなく配偶者であることも多い。 ・数回の面談を経ないと顧客の本音がわからないときも多く、また、急な心変わりも多い。 ・個人顧客は日々考えが変わることが多いためコンスタントなフォローが必要。 ・買主に物件を紹介した場合、継続的にフォローしておかないと、知らない間にその物件を他社で取引されてしまうことがある。

契約	・非定型的事項が多く、手作りの条項が多い。ひな形を使うときも、特約条項の作成は多い。 ・機関決定のため、価格の妥当性に関する資料等、顧客の担当者が稟議を上げやすい提供資料を作成する必要あり。 ・株主等利害関係者への説明責任により、入札、見積もり合わせが行われる場合があり、長期間グリップしていても他の仲介業者に取引される場合がある。	・定型的なひな型を用いることが多い。それに少数の特約条項を付ける。 ・取引の透明性を過度に要求されることは少なく、入札もめったにない。

Column ## 個人住宅仲介担当者と顧客とのアンバランスな関係の修復

　仲介活動において、顧客と仲介担当者は対等の立場で接することが理想ですが、個人の顧客の中には、仲介担当者の説明に知ったかぶりをしたり、上から目線でものを言ったりする方もいます。そのような場合でも、ほとんどの仲介担当者は不満を顔に出さず、感情をコントロールして、誠実に対応していると思われます。

　顧客のこのようなふるまいは、もしかしたら、当初、仲介担当者が顧客に警戒感を持たれているからかもしれません。顧客は、依頼時に自分の勤め先や家族構成、年収などのプライバシーをさらけ出しているわけですから、仲介担当者もできる範囲でプライバシーを見せて、アンバランスな関係を修正することが必要かもしれません。もちろん、極端にへりくだり、無理にお願いする姿勢をとる必要はありません。

　仲介担当者と顧客が、お互いに構えない態度で接することができるようになって初めて、良い仲介サービスが提供できるのではないでしょうか（第二部第2章Ⅱ. 6「[1] 交渉における基本動作」⇨ 191 ページ）。

3　不動産現物の仲介と信託受益権仲介

　主に、第二部「第3章　投資用不動産の仲介・コンサルティング」に関係することですが、2000年前後から、J-REITをはじめとして不動産証券化が盛んになってきました。

　そこでよく使われているのは、信託の仕組みを使った不動産証券化です。

　以下その概要と、現物不動産の仲介との違いに触れながら、不動産証券化、信託受益権の仲介について概説します。

［1］　不動産証券化とは

　一般に、不動産証券化とは、不動産の保有のみを目的とする特別目的会社（SPC：Special Purpose Company）に不動産を移した上で、当該不動産のキャッシュフローを原資に資金調達を行う仕組みです。この仕組みでは、投資家は不動産に直接投資を行うのではなく、SPCの出資持分（有価証券）を取得する形で投資を行うことから、「不動産証券化」と呼ばれます。

　不動産証券化のメリットは、不動産取得税や登録免許税を低額に抑えられることのほか、規模の大きな不動産を小口化して、リスクに応じた換金性の大きい多種多様な金融商品を作ることができるため、実物の不動産取引より購買層のマーケットが広がり、新たな投資機会を創出し、不動産市場の活性化に貢献していることが挙げられます。

　さらに、不動産の所有と経営を分離することで、受託者、金融機関、弁護士、公認会計士など、さまざまな業態の事業者がそれぞれの得意分野を活かすことが可能となり、新たな雇用機会が創出されています。

　最近では、中小規模の不動産事業でも不動産証券化の手法が活用されてきています。もちろん、現物の不動産を証券化するには、多額の組成費用や維持費用がかかるため、一般的には、小規模で収益性の低い不動産には不向きである

といえます（※）。

　日本における不動産証券化は、J-REIT と私募 REIT の保有不動産総額（取得価格ベース）は、約 26.3 兆円（2022 年 3 月末、取得価格ベース）に上り、大きな市場を形成しています（一般社団法人不動産証券化協会「ARES マンスリーレポート（2022 年 4 月）」より）。

> ※　数万円単位からの小口の不動産投資の手法として近年インターネットを用いたクラウドファンディングが活用されることが多くなってきています。2017 年に不動産特定共同事業法が改正されたことにより、事業者に対する資本金や出資金の要件が緩和され、また電子取引による不動産投資事業が認められ、事業者には一定の規制が設けられました。2019 年にも同法が改正され、投資家保護の環境が整えられました。
> 　　不動産証券化における受益者と同様、小口のプロではない投資家に対しては、元本割れのリスクを負っている等、よく認識し説明した上で勧めるべき商品であるといえます。

[2]　不動産信託とは

　不動産証券化の中で、よく使われているのが、不動産信託の仕組みであり、これは所有者である委託者が信託銀行等に不動産を信託し、その不動産から生まれた収益を受益者に配当するものです。

●信託の基本的な仕組み

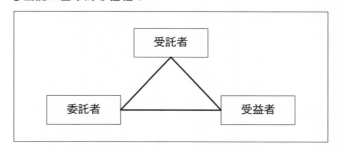

　信託とは、自分の持つ財産を信託銀行等の受託者に託し、管理・運用してもらうことで、**委託者**とは、財産を信託する人、**受託者**とは財産を管理・運用し、その結果を**受益者**に交付する人、**受益者**は信託された財産より生じた利益を受け取る権利である**受益権**を持つ人です。名目上の所有権は受託者に移転します

が、実質上の所有者は受益権を持つ受益者です。

　受託者は管理・運用の対価として信託報酬を受け取ります。信託法では、信託事務の自己執行義務、注意義務、忠実義務、公平義務、分別管理義務等が定められています。

　受益者の配当を受ける権利を受益権といい、それを対象にする取引が信託受益権売買です。

［3］　信託受益権が取引されるケース

　仲介業者が現物不動産の取引のつもりでいても、買主に「受益権で保有したい」という意向があれば、仲介業者としては反対できません。したがって、投資家を顧客とする売買仲介を行うためには、第二種金融商品取引業のライセンスを取り、社内の体制を構築しておく必要があります。

　ただし、両方のライセンスを持った場合、宅建業法の規制に加え、金融商品取引法における行為規制の遵守が求められます。

　信託受益権が関連する取引は、

①　売主が実物不動産に信託設定して、信託受益権を買主に売却するケース

②　売主がすでに設定されている信託受益権を売却し、買主も信託を継続するケース

③　売主が信託受益権を買主に売却し、買主は信託受益権の移転時に信託解除して、実物不動産として保有するケース

④　売主が信託受益権を解除し、買主に実物不動産として売却するケース

があります。

［4］　信託受益権規制

　信託受益権売買仲介は、金融商品取引法、金融商品販売法と宅地建物取引業法の下で規制されています。信託受益権は（みなし）有価証券に該当し、信託

受益権の仲介業者は、第二種金融商品取引業で規制されています。

［5］ 不動産信託受益権売買の流れ

1 当初の私募発行とその後の受益権売買

　以下のように、元の不動産所有者である、**当初委託者兼受益者 A** が**受益権取得者 B** に最初に発行する受益権取引は、売買ではなく私募発行の取扱いになります。

　受益権取得者 B から**受益権取得者 C** への取引は、受益権売買となり、そのあっせん業務は媒介になります。所有権は、受託者である信託会社のままです。

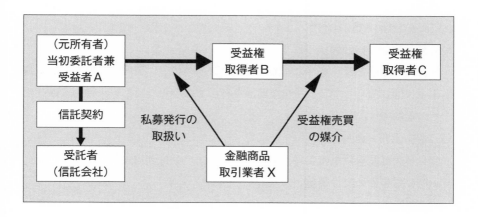

2 不動産信託受益権売買媒介取引の流れ

　不動産受益権の仲介者は、自らの受益権仲介行為だけではなく、顧客である

当初委託者兼受益者から受益権取得者Bの取引、および受益権取得者Bから受益権取得者Cへの取引にも金融商品取引法違反などがないか、チェックする必要があります。

③ 金融商品取引法による規制

金融商品取引法による規制には、以下のようなものがあります。

（1）プロアマ規制（特定投資家制度）

特定投資家（金融機関、上場会社、外国法人など）には契約前交付書面や契約時交付書面の交付が不要になります。

アマ（一般投資家）とプロ（特定投資家）としての地位は、金融機関等以外の場合、相互に移行または復帰可能です（ただし、一般投資家から特定投資家への移行は適合性の原則が適用されます）。

（2）勧誘規制（適合性の原則）

適合性の原則とは、顧客の知識、経験、財産の状況、金融商品取引契約を締結する目的に照らして、不適当な勧誘を行ってはならないという投資家保護のための規制です。

（3）説明義務・書面交付

媒介契約締結前に説明義務、契約前交付書面の交付義務があり、また、売買契約時交付書面の交付義務があります。

（4）その他

法定帳簿の作成・保存や内部管理態勢の充実等が求められています。

［6］　受益権売買と現物不動産売買の比較

① 売買契約締結前

（1）信託受益権売買

当初委託者権受益者から受益権移転に係る取引は私募発行なので、媒介は、発行者との関係では私募の取扱い委託契約、取得者との関係では買付けの委託

契約（または売買契約）となります。そして、金融商品取引契約を対象として媒介契約書を交付します。

犯罪収益移転防止法に基づく取引時確認が必要で、特定投資家制度（プロアマ顧客管理対応規制）があり、またクーリングオフ制度もあります。

また、売主（金融商品取引業者）は、買主（金融商品取引業者）に対してそれぞれ契約締結前交付書面を交付します（買主が特定投資家の場合は不要）。

（2）現物不動産売買

媒介契約の締結前には書面交付義務はなく、犯罪収益移転防止法に基づく取引時確認は必要ですが、特定投資家制度（プロアマ顧客管理対応規制）やクーリングオフ制度はありません。

2 売買契約締結時

（1）信託受益権売買

契約締結時交付書面の交付義務（金融商品取引法37条の4）があります。

媒介においては、買主に対する契約締結時交付書面の交付義務（金融商品取引法37条の4）がありますが、媒介報酬規定は特にありません。

宅地建物取引業法上の重要事項説明書の説明・提供義務はあります。

（2）現物不動産売買

契約締結時交付書面の交付義務（宅地建物取引業法37条）や、売主の契約不適合責任の制限の規定があります。

媒介においては宅地建物取引業法34条の2に規定する書面の交付が必要で、宅建業者が媒介する場合、報酬の上限の制限があります。

契約前には、宅地建物取引士による重要事項説明が必要で、媒介者は署名捺印が必要です。売主から買主へ必要な書面を交付します。

3 残代金決済時

（1）信託受益権売買

受益権は当事者の意思により移転しますが、譲渡の際、受託者の承諾を要し

ます。受託者および第三者に対する対抗要件は受託者の（通常確定日付のある書面による）通知または受託者の承諾（信託法94条）です。信託登記の変更登記（受益者および委託者の変更登記）も行いますが、対抗要件ではありません。

　当初委託者から受託者への信託譲渡と、受益権の譲渡を一括して行う場合には、残代金決済の際（またはその前）に、信託契約の締結および信託を原因とする所有権移転登記も行います。

　不動産に賃貸借契約が締結されている場合、当初委託者から受託者へ所有権の移転に伴い、賃貸人の地位も受託者に移転します。受益権の譲渡時には賃貸人の地位は変動しません。

（2）現物不動産売買

　不動産の所有権は当事者の意思により移転し、第三者対抗要件は所有権移転登記です。

　不動産に賃貸借契約が締結されている場合、売主から買主への不動産所有権の移転に伴い、賃貸人の地位も買主に移転します。

〈出所〉シティユーワ法律事務所 麻生裕介弁護士「〔第二種金融商品取引法業協会28年度研修〕不動産信託受益権取引の流れと実務」を参考に筆者作成。

[7]　留意点

■1 ドキュメンテーション（文書の作成）

　信託案件組成時には、オリジネーター、SPC関係者、アレンジャー、弁護士、公認会計士、受託者、デッドホルダー（金融機関）、エクイティホルダー（投資家）など数十人にわたる当事者が参加し、1つの取引で売買契約を含めて相互に関連した数十にも及ぶ発効日が同じ契約や覚書を一度に締結することになります。

　これらの契約がすべて矛盾、離齬のないようにする必要があるため、受益権売買担当者は、不動産売買や信託の知識はもちろんのこと、ファイナンスや不動産管理の知識もあわせて持ち、仲介者としてもドキュメンテーションの意味

やミーティング等における議論の内容を理解する必要があります。

　また、証券化・流動化案件では、受益権の登記、数十の債権者等による抵当権、質権などの権利の登記の内容が案件ごとに異なり、法務局にとっても取扱いが難しいケースがあり得ます。したがって、契約書類すべてをチェックして、疑義ある場合は登記が可能かどうか、できれば事前に信頼のおける司法書士を通じて法務局に確認を取っておくことが望まれます。

2 売買における金融商品、現物の扱い

　信託受益権売買においては、まず、顧客に不動産所有権の売買ではないことをしっかり認識してもらいます。

　仲介業者としては、顧客等に対し金融商品独自のルールに厳密に則って手続きを進めることが求められているため、社内の法務部門や弁護士と協働の上、法定手続きの不備・漏れがないよう留意し、そのチェック体制もしっかり整え、社員が一定のレベルで業務ができるように育成・研修を随時行う必要があります。特に、社内に受益権を取り扱えない担当者がいる場合、情報の取扱いには留意します。組織として金融商品取引法の二種免許は持っているが、実務経験のある人は少ない場合も多いので、証券化取引の扱いには慎重に対応する必要があります。

　遵法性の有無、デューディリジェンスについては、受益権売買仲介でも現物不動産売買と同じで、留意すべき点は変わりません。ただし、手数料減額について、金融商品取引法の見地から損失補填と認識されないよう留意します。

　また、現物不動産の売買でもいえることですが、関係書類が多いため、受け渡した書類や打ち合わせ等の内容を、営業活動記録に正しく記載しておく必要があります。

<table>
<tr><td>**6**</td><td># 不動産仲介における
価値共創のプロセス</td></tr>
</table>

　ここでは、第二部（実務編）で述べる仲介プロセスにおける「基本サービス」「共創する顧客価値」の内容とその全体像について、概説します。

1　仲介業務における基本サービスと共創する顧客価値

[1]　基本サービス

　基本サービスとは、中核となるサービスであり、宅地建物取引業法に基づく法的義務およびコンプライアンスを遵守した、最小限必要とされる、「できて当たり前」のサービスです。これらのプロセスにおいて1つでもミスや漏れがあれば、下記**[2]**の顧客価値（付加価値）がどんなに優れていても顧客が受ける効用を大きく低下させ、行政からも処分を受け、会社のブランドも傷つけます。

　サービスにおける各プロセスでの顧客価値には、それぞれ、優良な情報を得て、自分のために交渉してもらい成約に結びついたこと等、顧客の受ける効用を増加させるプラス要因と、調査不足、交渉でのトラブル回避など顧客が持っている不動産取引に伴う不安・心配など、マイナス要因を軽減させる要因があります。

　不動産仲介業務における基本サービスは、以下Ⅰ～Ⅲに掲げる取引の一連のプロセスです。

Ⅰ．商品化プロセス

売買情報の収集活動➡基本調査➡重要性・緊急度による情報仕分け➡長期案件の顧客フォロー

Ⅱ．案件生成プロセス

現在活動できる売買情報のマッチング➡顧客への個別情報提供・コンサルティング➡成約可能性がある場合交渉➡基本条件の合意

Ⅲ．契約成就プロセス

重要事項説明、売買契約実務➡実測、融資実行などの契約履行➡残代金決済・引き渡し、アフターフォロー

　この基本サービスの提供の基礎には、宅地建物取引士試験の課目である、民法、都市計画法、建築基準法、借地借家法、宅地建物取引業法などの知識、判例の確実な理解が求められます。

［2］　仲介において共創する顧客価値

　前述2．2[7]（⇨23ページ）で述べた「価値共創」について、不動産仲介業者と顧客である売主・買主との関係で考えてみます。

　共創する顧客価値（付加価値）とは、上記[1]の「できて当たり前」の基本サービス以上に顧客を満足させ、取引の成功を促進する要素です。現実には何の工夫もなく基本サービスを円滑・効率的・効果的に遂行することは難しく、仲介業者としては、顧客が付加価値と感じられるサービスを提供しつつ、顧客にできるだけ多く物理面・知識面・感情面で提供するサービスに参加してもらい、共に価値を創り出していくことが求められます。

　顧客が付加価値と感じられるものは、仲介サービス提供者が目先の利益だけにとらわれず、長期の関係維持をめざすときに生まれやすいものです。

　なお、基本サービスと付加価値の区別は絶対的なものではありません。はじめは付加価値と考えられたサービスも、徐々に当たり前のサービスになってくるものだからです。

　以下、仲介サービスの各プロセスにおいて顧客と共同で創造される顧客価値の構成要素である機能価値、知識価値、感情価値について述べます。

1 機能価値

　機能価値とは、顧客が本来何をしたいのかという真のニーズそのものです。それは売買の当初において、売主・買主がそれぞれの環境・事情の下で持っている「利用価値」「使用価値」であるといえます。そこに、仲介業者が提案・交渉・契約実務などのアクションを起こすことによって、売主・買主それぞれの機能価値は、妥協できる条件と妥協できない条件に分別され、純化されていきます。

2 知識価値

　知識価値とは、仲介業者と顧客とが情報提供とそのフィードバックを繰り返すうちに、お互い相手方の専門知識や力量などについてよく知るようになり、初対面のときのように、お互いの意図を詳しく説明し、理解する努力を省けることにより生まれる価値であるといえます。

　それぞれのプロセスにおいて、機能価値に影響し、交換価値成立に向けて「妥協できる条件」と「妥協できない条件」を明確化していくことに貢献するものだと考えられます。

3 感情価値

　感情価値とは、仲介業者と顧客とが情報提供とそのフィードバックを繰り返すうちに醸成される個人的な感情の価値で、好き嫌い・合う合わないなどの相性ともいえます。

　プラスの感情価値は、知識価値や機能価値をスムーズに進化させていくのに

必要な潤滑油のようなものです。

4 交換価値の成立

　仲介業者との交渉を通じて、売主・買主それぞれの持つ機能価値は「妥協できない条件」を保持しながら、知識価値、感情価値により一部分「妥協できる条件」として調整され、変化し、最終的には両者の条件は一致し、「**交換価値**」が成立します。

　そして他でも同様の取引がみられるようになれば、この交換価値はマーケットにおいて「**市場価値**」として認められることになります。

　第二部「第1章　不動産プロフェッショナル物語」のケースを図式化すると、以下のようになります。

●仲介業務を通じて共創する顧客価値

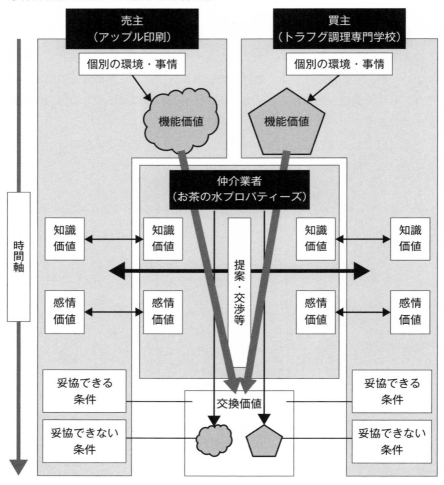

〈出所〉村上輝康・新井民夫・JST 社会技術研究開発センター編著『サービソロジーへの招待』
　　　（東京大学出版会、2017 年）を参考に筆者作成。

2　業務用不動産売買仲介プロセスの全体像

　以下に、業務用不動産の売買仲介プロセスを「Ⅰ．商品化プロセス」「Ⅱ．案件生成プロセス」「Ⅲ．契約成就プロセス」に沿って概観します。

　なお、図表内に記したページ数は、第二部（実務編）の該当箇所にそれぞれ対応しています。

●業務用不動産売買仲介プロセスの全体像

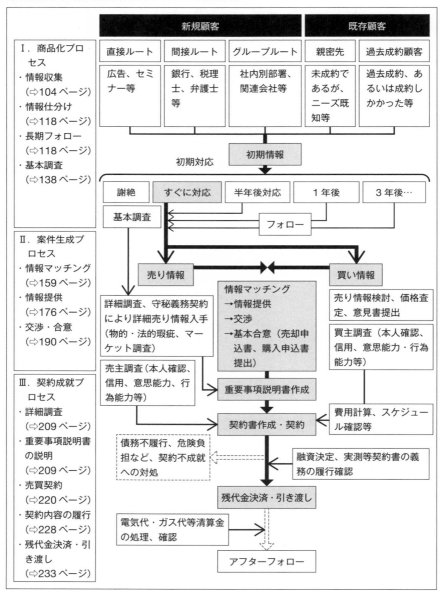

[1] I.商品化プロセス

1 情報収集

情報収集は、新規顧客からの情報と既存顧客からの情報収集に分かれます。

新規顧客ルートは、広告、セミナー等による直接ルート、銀行、税理士、弁護士等による間接ルート、社内別部署、関連会社等からのグループルートに分かれます。

既存顧客ルートは、未成約でもニーズがすでに判明している親密先ルートと過去に成約、あるいは成約しかかった顧客等（以下「過去成約顧客」といいます）に分かれます。

2 情報仕分け

上記 1 で得られた情報には、すぐに活動できる情報から、3年後・5年後のニーズ、あるいは対応できず謝絶する情報が含まれていますので、これを仕分ける必要があります。

この段階で、売物件等の場合には、価格査定を含めた基本調査を行います。そして、3年後・5年後のニーズには担当者を決め、長期フォローする体制を作ります。

このプロセスでは、まず仲介従事者と顧客がお互いにとって効果的な出会いがあり、お互いをよく知ることが必要です。

ここで両者が共創する顧客価値は以下の通りです。

○早く信頼できる相手方（顧客─仲介担当者）に出会え、優良な売買情報の交換ができること（物件の基本調査が前提）。
○顧客の真のニーズが明確化されること。

[2] Ⅱ. 案件生成プロセス

1 情報マッチング

　次に、仲介従事者はすぐに活動できる売り情報、買い情報をマッチングします。しかし、ピッタリ合致する情報の組み合わせはそう多くありません。そこで自由で豊かな発想でマッチングし、ダメ元でも行動力を発揮して、売主・買主、それぞれに情報提供をします。

　また、売主・買主の信用、意思能力・行為能力等について、一次的な調査をします。

2 交渉、合意

　売主・買主双方で相手方の基本的な条件を気に入り、了解を得られたら交渉に入ります。仲介担当者は、相反する立場の売主、買主の条件を調整、交渉し、合意に導きます。

　合意内容は、売主からの売却申込書、買主からの購入申込書にて確認します。ただし、これには基本的に法的拘束力はありません。

　このプロセスで、仲介担当者と顧客が共創する顧客価値は以下の通りです。

○仲介担当者の蓄積された情報と自由な発想に基づき、顧客にとって最適な相手と効率的にマッチングされること。また、判断材料のための情報が、売主・買主それぞれのキーパーソンに適切に到達すること。

○交渉において、売主に対しては売却価格の最大化、買主に対しては使用価値の最大化に見合った購入価格の最小化を実現し、売主・買主双方の譲れないニーズが満たされること。

○いったん合意してからは破談せず成約すること。

---

[3] Ⅲ. 契約成就プロセス

　契約成就プロセスは、重要事項説明、契約締結から残代金決済までのプロセスです。

　できて当たり前のサービスといえますが、これを完璧にできる人は少なく、プロフェッショナルといえる人は、このプロセスにおいてトラブルを防止し、当たり前のことが当たり前にできるための多くの配慮と工夫をしています。「サービス品質管理プロセス」と言い換えてもよいでしょう。

■1 詳細調査

　契約締結に向けて詳細調査を行い、重要事項説明書を作成し、交渉の経緯もふまえて契約書のドキュメンテーションをします。

■2 重要事項説明・売買契約

　売買契約を締結し、その後売主、買主はそれぞれ、手付金の支払い、融資の調達、測量等、契約書の条文に則った義務を果たします。

■3 契約が履行されない場合の対処

　当事者の債務不履行や、大規模自然災害などによる危険負担の問題等により契約が成就しない場合は適切に対処します。

■4 残代金決済（引き渡し）

　残代金決済日には、契約条件の成就を確認した上で、買主は残代金の支払い、売主は契約書に記載された通りの完全な物件の引き渡しを、同時履行で行います。

　売主・買主ともに、相手方が債務を提供するまでは自己の債務の履行を拒むことができるという「同時履行の抗弁権」を持っています。

5 その他の精算、アフターフォロー

　仲介業者は、残代金決済日にできなかった電気・ガス等の料金の精算を手配します。また、取引が終わってしばらくしてから、何か不都合はないかを尋ねてフォローします。収益用不動産の場合、管理会社の承継がうまくいったかどうかについてもフォローが必要です。

　このプロセスで、仲介従事者と顧客が共創する顧客価値は以下の通りです。

○完璧な物件調査（重要事項説明の内容）、現地実査、反社会的勢力チェック等によるトラブルの防止。

○調査結果、交渉過程、および想定される対立の解決方法が、重要事項説明書・契約書に確実に反映されていること。

○契約後は融資、境界確定・実測など契約条項を確実に履行し、残代金決済、引き渡しが問題なく実現すること（以上の基本プロセスの完璧な実施）。

○トラブルが実際に起こった時の適切な対処と解決。

　以下、第二部では、ここまで述べた内容をより具体的に、詳しく解説していきます。

こ こでは、第一部で述べた基本的な考え方の実務編として、業務用不動産の仲介サービスを取り上げ、具体的に解説していきます。

「BtoB 取引」である業務用不動産仲介は、不動産プロフェッショナルの基本動作を考えるには最適であり、「BtoC 取引」である個人住宅仲介にも応用できる点が多いと考えます。

第1章は、ある架空の売買取引の例を「**不動産プロフェッショナル物語**」として紹介します。ここで業務の全体像をつかんでください（業務用不動産の仲介業務に通じている方は、第2章からお読みいただいても結構です）。

第2章は、業務用不動産仲介のプロセスを「情報収集」から「残代金決済・引き渡し、アフターフォロー」までの段階に分け、仲介担当者と顧客との間で価値共創が起きるための方策について、プロフェッショナルの目線で具体的に論じます。

第3章は、第2章までの留意点を踏まえて、特に投資用不動産を扱う仲介業者が知っておきたいポイントを述べます。

本編は、不動産業務のプロフェッショナルをめざす人にとって、顧客との価値共創を実現するための実務マニュアルとして利用されることを期待します。

不動産
プロフェッショナル
物語

（この物語は、不動産売買の取引でよくある要素を用いて創作したフィクション
です。実在の人物・団体等とは関係ありません。）

〜あらすじ〜

20×1年1月、中堅不動産仲介会社である**お茶の水プロパティーズ**の**初竹部長**は、定期的な情報交換会を行っているA銀行B支店の融資担当者から、印刷会社である**アップル印刷株式会社**の売り物件の情報を紹介された。

以後、初竹部長はこの案件を担当者の後藤主任とともに3年近くフォローしていたが、売りニーズがようやく具体化したタイミングで後藤主任が転勤したため、**岡村主任**が引き継ぐこととなった。

また、初竹部長は、過去に取引のあった会社役員から紹介を受けた**学校法人トラフグ調理専門学校**に「寮用地を購入したい」というニーズがあることを知っていたが、アップル印刷の売却予定の土地はトラフグ調理専門学校の買いニーズにぴったり当てはまらないので、同校には紹介されずにいた。

岡村主任は、初竹部長のアドバイスにより、アップル印刷の売り情報を新たな発想でトラフグ調理専門学校の買いニーズとマッチングし、購入の提案を行ったところ、トラフグ調理専門学校は興味を示し、条件交渉が始まった。

後に配水管調査の不備や、隣地からの越境などの問題が判明したが、岡村主任は担当として問題を解決して成約にこぎつけ、十分な報酬を得ることができた。

期待されながら伸び悩んでいた岡村主任にとって、本件はさまざまな教訓を得るとともに、プロフェッショナルとして一皮むける経験になった。

[1]　案件の概要（対象不動産）

対象不動産は、アップル印刷が所有する首都圏のB市所在、事業所跡地2,000㎡、準工業地域内、容積率300％の土地である。近隣は古い住宅と中規模ビル

が混在する地域で、最寄り駅近くには大学や専門学校が多い。

［2］　取引関係者（登場人物）

■1 お茶の水プロパティーズ（不動産仲介会社）

【岡村主任】

　この物語の主人公で現在28歳。22歳で大学を卒業してお茶の水プロパティーズ（ブランドある不動産デベロッパーグループの1社）に入社、3年間の住宅仲介業務では優秀な成績を収めた。不動産業務は面白くやりがいのある業務であると感じていたが、2年前に法人相手の業務用不動産仲介への異動を希望し認められ、その後リーダーとして部下を指導する役目も持つようになった。

　担当するほとんどの案件では、人一倍フットワークよく動き、契約・決済の実務を自己完結できる人として信頼を得ており、順調に成績を上げている。

　ただし、初竹部長などベテランの先輩のように、過去に取引した顧客から一目置かれ、再度指名されるような常連客を持っていないのが悩みである。また、大きなトラブルが起きた時に自分がリーダーシップをとって対応するまでの自信はない。

　私生活ではもうすぐ結婚する予定だが、「このままでいいのか」という焦りも感じており、何とかステップアップして、プロフェッショナルと呼ばれるようになりたいと考えている。

【初竹部長】

　仲介経験18年のベテランで現在40歳。勉強熱心で知識豊富、数多くの難しい取引を担当し、トラブルに巻き込まれそうになった時も適切に対応してきた。顧客からも信頼され、仲介のプロフェッショナルとして一目置かれている。仲介報酬について「上限である売買価格の3%」には人一倍

●取引関係図

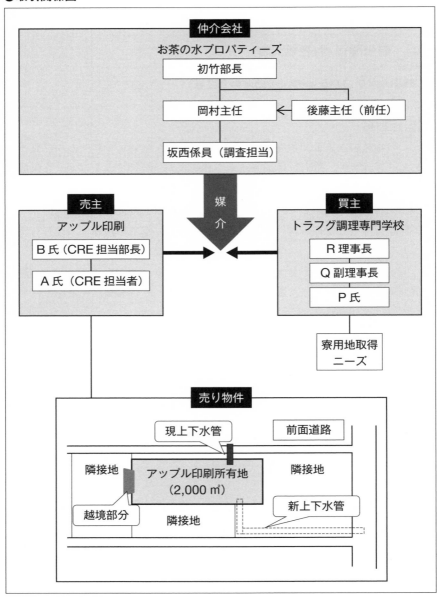

こだわりを持っている。

　部下を育て "一皮むけさせる" ことにも生きがいを感じており、中でも岡村主任には次世代のリーダーとしての成長を期待している。

　不動産マーケティングの理論家でもあり、取引先の経営層からブランド強化策などについてもよく意見を求められる。ICT や AI、プロモーション戦略にも詳しい。また近年は、顧客の多くがコンプライアンス、専門家責任、ESG・SDGs 対応を重視するようになっているため、これらに強い関心を持っている。

　自分自身のキャリア形成については、定年までお茶の水プロパティーズで仲介取引や業務指導、経営に携わり、その後は不動産コンサルタントとして独立したいと考えている。

2 アップル印刷株式会社（売主）

【A 氏（CRE：Corporate Real Estate 担当者）】

　A 氏はアップル印刷で CRE 業務を担当している。新卒で営業部に配属され、その後人事異動で総務部に配属された。現在 28 歳。オフィス、工場、配送センター等すべての不動産および償却資産の管理・運営を担当し、売買の際には仲介業者の窓口になる。

　入社直後はよくわからない世界だったので戸惑ったが、仕事に打ち込むうちに不動産業務が面白くなって勉強を始め、宅地建物取引士の資格を取得した。今では CRE 業務のプロになりたいと考えている。

　経営陣からは ESG に配慮するよう各部署に指示されているが、保有不動産について再生エネルギーの利用や CASBEE 認証を取得し、賃借でテナントビルを借りる際も、そのビルが CASBEE などの認証を取っているかどうかをチェックしている。

【B 氏（CRE 担当部長）】

　A 氏の上司で、CRE を担当して 25 年のベテラン。経営陣からの信頼も

厚いが、総務担当の役員が交替するたびに、不動産業務への関心の濃淡が
あり悩んでいる。まもなく役職定年を控えており、今後のキャリアについ
て思案している。

3 トラフグ調理専門学校（買主）

【P 氏】
　本件の総務部窓口担当者。

【Q 副理事長】
　本件取引の担当役員。トラフグ調理専門学校の副理事長で、総務担当と
して教室用のビルや学生寮の土地の購入、賃借のとりまとめをしており、
部下のP氏は本件取引の窓口となっている。

【R 理事長】
　学校運営について（不動産についても）、唯一の最終決定権者である。

[3]　取引の経緯

　20×1 年、**アップル印刷**は、飲食関係の印刷を得意とする印刷会社であるが、
以前からの出版不況などの業界の趨勢から新事業を見いだせず、売れ行き不振、
資金繰り悪化のため、当時遊休地であったB市所在 2,000 ㎡の土地（本件対象地）
の売却を検討しはじめ、取引銀行であるA銀行B支店の融資課に相談を始めた。
　中堅不動産仲介会社のお茶の水プロパティーズの初竹部長**は、A 銀行 B 支
店融資課**との情報交換会の際、本件の情報を得た。支店融資課とは毎週不動産
ニーズについての情報交換を行っており、同社にとっては不動産情報の貴重な
入手先となっている。
　A 銀行にとっても、信用あるお茶の水プロパティーズの不動産仲介による
売買取引の成約は不動産融資、特に新規取引に結びつき、同行の業績に大いに

●仲介活動のフロー図

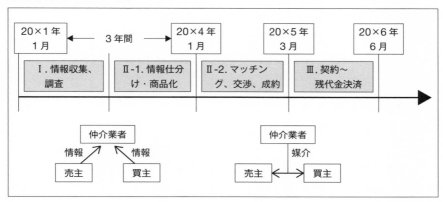

貢献する。お茶の水プロパティーズには、不動産マーケットに関する勉強会の講師をしてもらいつつ、同行の取引先の了解をとった上で不動産ニーズについて情報交換し、双方にとって良好な関係を保っている。

　本件土地の売却は、20×2年にはアップル印刷社内ではいったん立ち消えになり、20×3年にも検討されたが正式決定には至らなかった。この間、お茶の水プロパティーズの担当者である**後藤主任**は価格査定をしたり、事業用資産の買い替え特例の相談に応じたりしてフォローを続けていた。

　そして20×4年1月、アップル印刷は、得意先である飲食業界がコロナ禍の影響を受けて売り上げが落ちたことを理由に、本件土地の売却が正式に決定した。後藤主任から担当を引き継いだ**岡村主任**は、アップル印刷と一般媒介契約を締結し、売却活動に入った。

　初竹部長は、かねてからフグ調理の技術を教える特殊免許を持っている**トラフグ調理専門学校**の学生寮用地の取得についてのニーズを取得し、社内のデータベースに買い情報を登録していたが、専門学校が立地する場所に近い地域では良い情報が長期間見つかっていなかった。

［4］　岡村主任の仲介活動と初竹部長のアドバイス

　以下は、岡村主任が本件の仲介活動のフローにおけるそれぞれの場面で体験し、苦労した出来事と、初竹部長がそのつど彼に与えたアドバイスである。

I. 情報収集、調査
○岡村主任の仲介活動

　アップル印刷の売り情報を最初に入手したのは、3年前のA銀行B支店との定期情報交換会だった。岡村主任は、明確になってきたアップル印刷所有の本物件の売りニーズを後藤主任から引き継いだので、本案件の最初の情報を取る努力は必要なく、また、初竹部長は後藤主任とともに重点案件としてフォローしてきたので、引き継ぎの苦労はなかった。

　本来、仲介会社が新しい情報を得たときには、リスク回避のため、反社チェックなどを行う。本件では、すでに以前から確認されているので問題はないと思うものの、岡村主任は買い見込み先であるトラフグ調理専門学校とともに、アップル印刷の反社チェック、信用状況などの基本調査を行った。

○初竹部長のアドバイス

　「長期化している見込み案件の引き継ぎは難しく、"うまく引き継がれないのが当たり前"と考えるくらいでちょうどいいと思います。顧客のほうが『前任者は信頼できてウマが合ったが、新任者は頼りにならない』と離れていく場合もあるし、新担当者も前担当者と顧客との関係がわからず、つい足が遠のき、濃かった関係が薄れて途切れてしまうこともあります。

　仲介業者にとって、新しい不動産情報を集めるのは難しいものです。ふつう、顧客は取引をしたことのない仲介業者は警戒するからです。逆に、一度うまく取引ができたら、その警戒感がなくなり、信頼関係がある状態からスタートで

きるため、その後も取引が続くことが多いものです。

　そのため既存顧客から情報を得るほうが、新規顧客から得るより効率が良いのです。既存顧客の中でも、とくに友人や知人を紹介してもらえる人とは、とことん親しくなることを心がけましょう。

　得られる情報には噂レベルの不確実なものも多く、商品として扱うためには確認するステップが必要になります。新しい情報を得たとしても、マーケットの多くの人がすでにその情報を知っていて活動をしている場合、自社の動きとしては遅い場合が多く、そうなると成約の確率は下がります。

　したがって、不確実で未成熟な情報を、すぐに活動できる活きた情報にしていくこともプロとして重要です。情報を取得することには気を使いますが、ときにはうわさレベルの情報に、ダメ元で飛び込んで確認してみる勇気も必要です。意外に道は拓けるものです。」

II-1. 情報仕分け・商品化、長期フォロー
○岡村主任の仲介活動

　岡村主任は、売主アップル印刷の CRE 担当者 A 氏と売却条件について話を始め、価格査定書（15 万円／㎡、総額 3 億円）を作成し提供した。

　近隣の取引事例を集め、買主が収益用不動産の敷地として購入することを想定し、収益還元法での査定も行った。そして、アップル印刷と売却に関する一般媒介契約を結んだ。

　3 年前に本案件の情報を入手した直後は、売物件化の可能性が小さかったので役所調査や現地調査はほとんど行われておらず、はじめて岡村主任の責任でこれらを行うことになった。

　岡村主任は直属の部下である調査担当・**坂西係員**に調査を依頼した。坂西係員は市役所、法務局、現地調査を行って報告書を作成、岡村主任自身も現地調査を行い、特に問題はないと考えた。

　しかし、売買契約前の重要事項説明書を当事者に説明する直前に、初竹

部長が岡村主任に排水溝について再確認を命じたところ、調査に不備が見つかった。

○初竹部長のアドバイス

「顧客から得られる情報は千差万別で、すぐに売却・購入できる案件もあれば、本件のように3〜4年越しの案件もあります。担当者として、特に長期にフォローする案件に対してこだわりを持って、少し時間があるときに不動産マーケットレポートを提供する等、定期的にフォローし、先方の質問等に答えるようにしておきたいものです。

プロと呼ばれている人はこのような活動を実践し、売物件化の可能性ある案件を常に数件持っています。

売却の噂が立つと、多くの不動産業者が群がるように所有者のところに集まって来ます。しかし、すぐには売却活動に入れないとわかると、ほとんどのライバルは去っていきます。残った自分が適切にフォローを続けていれば、最後には顧客のほうから指名で依頼されるようになり、大きな案件がコンスタントに成約するようになります。

次のようなたとえ話があります。

『……まだ熟していない青いリンゴを取ろうとして、木の周りに多くの人が群がって揺さぶっていましたが、リンゴは落ちてきません。時間が経つにつれ群がっていた人は1人去り、2人去りする中で、ある人はときどきその木を見に行き、木の持ち主の世話をしていました。時が経ち、その人以外は木の持ち主の周りに誰もいなくなったとき、熟したリンゴは自然に上からポタポタ落ちてきて、その人の手に入りました。』」

II-2. マッチング、交渉、成約
○岡村主任の活動

① 売り情報

　本案件は、最寄り駅から徒歩 12 〜 13 分、バス便では 5 分 + 歩き 5 分という立地なので、賃貸アパートもしくはデベロッパーが有力な買手だと考えた。

　しかし、収益物件としては、周辺のアパートの賃料から逆算すると売主希望の土地価格は高すぎることがわかった。デベロッパー用途として簡易に査定したところ、おおよそ 15 万円／㎡が妥当な価格であると考えていた。

　売主アップル印刷の希望が 20 万円／㎡であるため、デベロッパーへの紹介はいったんあきらめ、近隣の一般事業会社の中から以前の顧客や、隣接する土地所有者を登記簿で調べて、売り物件として提供したが、買い手は現れなかった。

②　買い情報

　トラフグ調理専門学校の寮用地の購入情報は、半年前に取引をした会社役員の紹介で、初竹部長が入手したもので、岡村主任も知っていた。

　トラフグ調理専門学校のニーズは、今回の売り物件から 2 駅離れた、専門学校からより利便性の高い△△駅から徒歩圏内という条件だったが、同専門学校は多くの仲介業者に売り物件情報の提供を依頼していたにもかかわらず、適当な情報にめぐり合わず、専門学校開設の時期をから逆算すると取得が間に合わない可能性が高まってきたため、担当役員の Q 副社長は焦りはじめていた。

③　マッチングの発想

　上記の通り、売り情報・買い情報ともに通常の発想ではマッチングできなかった。そこで岡村主任は、初竹部長からの「顧客が表明しているニーズの裏にある真のニーズは何かを考え、既成概念にとらわれず自由に発想しなさい。」というヒントを思い出した。

　本件売り情報については、一般向け賃貸用不動産としては採算をとるのは難しいが、用途としては居住用が最適だ。居住用で自社使用の企業はな

いか？　トラフグ調理専門学校が寮用地として探している△△駅は、非常に人気の高い地域であり、マーケットで売り物件はほとんど見かけない。

岡村主任は「トラフグ調理専門学校の寮用地は本当にそこでなければならないのか？」という疑問が浮かんだ。そこで、地方から出て来る専門学校生が住居を選択するときの条件を考えると、アップル印刷の売り物件でも許容範囲ではないか、と思いついた。

④　情報提供

岡村主任は、アップル印刷の売り物件について、売主の希望価格で資料を作り、社内の買情報の窓口担当者とともに、トラフグ調理専門学校のCRE担当であるP氏に提供した。念のため、岡村主任はP氏に「本売り物件の情報提供はお茶の水プロパティーズが初めてで、他の仲介業者からの情報提供は今までない」ことを確認した。

そして、本売り物件は、トラフグ調理専門学校の学生にはきっと満足できる立地であることを説明した。

その理由として、

1)　最寄り駅の近くに若者に人気の安くておいしい飲食店があること
2)　安い品物が充実しているスーパーも近く、利便性が大きいこと
3)　専門学校までは2駅離れていて計30分以上かかるが、許容範囲であり、むしろ寮のすぐ近くに学校があるより、若干離れていたほうが学生も気分転換になる

等をあげた。

しばらくして、P氏から「現地を見たところ、興味があるので交渉をしたい」という返事が来た。

岡村主任が再度トラフグ調理専門学校を往訪すると、Q副理事長が総務担当総責任者として応対し、交渉が始まった。

⑤　交渉

ここで、岡村主任は大きな論点である価格の差（売主20万円／㎡希望、

買主 15 万円／㎡希望）から、交渉を始めた。

　売主アップル印刷に対しては、賃料・空室率・人口動態・金利などの経済情勢を想定したシミュレーションを行い、「ご希望の 20 万円／㎡では、一般のアパート経営では収益物件として成り立ちにくく、15 万円／㎡以上であれば売却してもおかしくない」という意見を述べた。

　買主トラフグ調理師学校に対しても同様のシミュレーションを行い、「一般の賃貸用物件であれば、ご希望の 15 万円／㎡でも安くはない水準であるが、寮として使うのであれば、そもそもそこから得られる寮費だけで寮の運営を賄うのではなく、学校経営全体としての使用価値を考慮すべきです」と、できるところまでの買い上がりの検討を要請した。

　それに対して Q 副理事長からは「高すぎる価格で購入することは、株主などのステークホルダーに説明がつかない」との返答があった。

　そこで岡村主任は、若干高めの取引事例を数例紹介するとともに、今回の不動産投資がトラフグ調理師学校の財務・税務に及ぼす影響などを試算して、「自社用で使うのであれば 20 万円／㎡でも上限価格としておかしくない」と説明した。

　結局、岡村主任からの説明を売主・買主ともに納得してもらい、双方にとって妥協できる範囲内である 17 万 5 千円／㎡の提案が認められ、総額 3 億 4 千万円で合意できた。

　次に、岡村主任は主な合意事項を記して、売主から売渡承諾書、買主から購入申込書を提出してもらうことにしたが、トラフグ調理師学校では R 理事長の決済が下りて購入申込書が届くまで 2 週間以上かかり、岡村主任はヒヤヒヤした。その購入申込書をもとにアップル印刷から売渡承諾書を受領した。

⑥　合意に至るまで

　次に、契約の準備に入るべく、重要事項説明書の作成に入った。

　初竹部長が上下水道について岡村主任に再確認の指示を出したところ、調査担当坂西係員の調査に不備が見つかった。

　前面道路には上下水管が埋設されており、坂西係員の調査報告書にも「前面道路に水道管、下水管あり」と書かれていた。

　岡村主任は水道局の地元出張所まで出向き、係官に、トラフグ調理師学校が計画している寮としての用途（収容人数）で、現在の下水管に放流できるかどうか聞いてみたところ、「口径が小さく、所有者の費用負担で付け替える必要がある」と言われた。また、付け替えるためには、隣地所有者の了解をとり、通行量の比較的多い道路を工事するため、場合によっては数千万円単位の費用がかかることがわかった。

　さらに、岡村主任は、西側隣接地の建物の庇が、境界線から最大50センチ越境していることに気づいていたが、トラフグ調理師学校にはまだ説明していなかった。

　岡村主任は上下水管の問題をトラフグ調理師学校に説明したところ、「そのような話は聞いていない。売主側で下水管を付け替える費用を出してほしい」と主張された。

　そこでアップル印刷に出向き、「買主は下水管の付け替え工事費用を売主に負担してほしいと言っている」と伝えると、「それは買主の問題であり、トラフグ調理師学校が負担すればよい」と反論された。

　最終的に、工事費用の見積もりをとり（1,000万円）、アップル印刷がこれを負担することになり、売買代金からその金額相当分を差し引くことで決着した。

　アップル印刷としては、価格合意前に岡村主任からそのことについて説明がなかったことが不満であった。

　一般媒介契約書においては、仲介手数料は上限の売買価格×3％（＋6万円＋消費税）と定めていたが、アップル印刷からは当初から「希望価格で売却できない場合、手数料を売買金額の2％にしてほしい」と減額要請があったこともあり、初竹部長も立ち会いのもと、岡村主任はそれを承諾せざるを得なかった。

　隣地からの越境については、売買契約によって売主の負担で実測することにより明らかになるが、事前にその越境部分をどう扱うかについて、土

地家屋調査士にも相談し、越境部分の概算面積を計算してもらっていた。

　越境部分については、トラフグ調理師学校が建物を建築する際には支障がなさそうだったので、トラフグ調理師学校に「西側の隣地所有者には、残代金決済日までに庇を切り取り、越境をなくすことを要請するが、通常これを実現するのは困難なので、隣地所有者が建物を建て替えるときに越境をなくす旨の同意書をもらうことで了解してほしい」と説明し、重要事項説明前に了解を得た。以上の内容のやり取りは、メールで正確に残し、売主・買主それぞれにそのつど確認してもらっていた。

　以上の内容を再度確認し、そして売主と買主の心変わりを防ぐために、売買契約の日程を合意した日からできるだけ早い日に設定した。

○初竹部長のアドバイス

(1) マッチングの発想

　「岡村主任が本売物件情報の提供先に行き詰っていたころ、私は『現在ある買い情報ストックの中で、購入候補者として考えられる会社はないか』『トラフグ調理師学校のニーズは本当に△△駅から徒歩圏内しかダメなのか。少しくらい離れても大丈夫なのではないか』等、考えていました。

　そこで岡村主任に対して『マッチングは固定観念に縛られるな。発想を豊かにして、思いついたらダメ元で当たってみろ』と、トラフグ調理師学校の資料を指さしながらヒントを与えました。」

(2) 情報提供

　「私は、部下に『買主への情報提供の際には、必ず、当社の情報が他社に先駆けて提供されたものであるかどうか確認すること』を指示します。

　私が仲介業務に従事して間もないころ、これを怠ったため、自分が一番先に買主に情報提供したにもかかわらず、別の業者が買主に持ち込んだ同じ売り情報が優先され、成約されてしまった苦い経験があるのです。

　今回の売り物件は、私自身が長年フォローしてきたものであったため、一般

媒介契約でも他社が扱う心配はありませんでしたが、岡村主任には基本に忠実に、その確認を行うように、と指示しました。」

　(注)　一般媒介契約では、売主が別の業者と媒介契約を結ぶ可能性があります。専任媒介
　　　契約では、レインズに売物件登録するため、他社がそれを見て当該物件を自分の顧客
　　　である買主に情報提供する可能性があります。このため、業務用の不動産の場合で売
　　　主との信頼関係があれば、一般媒介契約を結ぶことも多い、といえます。

(3) 価格交渉

　「岡村主任が価格について、売主買主が納得のいく 17 万 5 千円／㎡でまとめる過程はよくできたと思います。価格シミュレーションや取引事例を使い、説明を尽くした上、両者が妥協できる限界まで導き合意点に達しました。

　ただし、基本動作としての "すべての条件をできるだけ同時に決める" という教訓は守られませんでした。価格合意する前に、上下水道の問題や隣地からの越境の問題など、売主・買主にすべての問題点を明らかにし、どう対処するか合意した上で売買価格を決めない限り、先に合意した価格は無駄になり、価格交渉をやり直さざるを得なくなります。

　最終的に、上下水道管の入れ替え費用を売主が負担することで合意してもらいましたが、当初からの減額要求もあり、仲介手数料の減額依頼を了承せざるを得ませんでした。

　仲介業者の責任ではない "やむを得ない事態" が発生することはありますが、今回のケースは、未然に防止することができたものです。調査は、自分自身が納得できるまでとことん行うことが必要です。"調査が完璧にできない人に仲介を行う資格はない" ともいえます（139 ページコラム参照）。

　越境の問題は、実測が完了するまではその正確な面積などは不明ですが、測量結果が出る前でも、土地家屋調査士の意見を聞きつつ、売主・買主には少なくとも問題の存在を認識してもらい、その解決策について相談しておくに越したことはありません。」

(4) 交渉の窓口

　「今回のトラフグ調理師学校のようになかなか返事がもらえないとき、交渉

の意思決定者が本当に Q 副理事長であるのかを疑ってみる価値はあります。2 週間も返事がもらえなかったのは、最終の意思決定者が R 理事長であり、その決済がおりなかったからではないかと考えられます。

　私も過去の取引で、交渉していた窓口の役員から言われたニーズにぴったりの売り物件情報を提供したにもかかわらず、なかなか最終決断をしてもらえず、結局成約できなかった悔しい思い出があります。後日その会社の社長に初めて会ったとき『なぜ早く決断してもらえなかったのですか？』と聞くと『そんな話は知らなかった』と逆に怒られました。なぜか担当役員のところで情報が止まっていたのです。

　交渉相手の意思決定プロセスがどうなっているのかをよく観察する必要があります。場合によっては、仲介会社の役員を使って相手の社長に会いに行くなど、本当の意向を確認することが必要なケースもあります。」

（5）合意に至ってから

　「交渉の結果、合意に至ったときは口約束ではなく、合意事項を書面で残さなければなりません。そのために売主からは売却承諾書、買主からは買入申込書を取るのは基本動作です。そこには双方で確認できた条件をできるだけ正確に記載します。

　もちろん売主・買主の希望もありますが、仲介業者としては、合意したらできるだけ早く重要事項説明書と売買契約書を用意し、契約までの時間を最短にするように努力することが必要です。

　その際、当事者のどちらかから、契約をかなり先にしてほしい、という希望が出てきたら、結果的に案件が破談する予兆として用心する必要があります。やむを得ない場合は、一定期間、何らかのかたちで両者の合意事項を縛る覚書などを用意することもあります。」

（6）簡単にはあきらめない

　「合意に至ったあとでも、他の仲介業者から、売主に対しては『もっと高い価格で買いますよ』、買主に対しては『もっと良い物件がありますよ』という誘惑があり、それが理由で実際に破談する場合もあります。

そのような危機に陥った時にも、落ち着いて対処し、かつ簡単にはあきらめないことが必要です。」

Ⅲ. 契約～残代金決済、アフターフォロー
○岡村主任の活動

① 契約締結

重要事項説明書の内容について自信を持って説明できるレベルまで見直し、契約直前にならないタイミングで売主・買主に対して重要事項の説明を行った。また、契約日の前日には売主・買主の本人確認を行った。

そして、「契約不適合責任」（2020年4月に改正民法施行）など、条文の意味を再確認し、上下水管の費用負担の問題や、隣地からの越境部分の取り決め等を盛り込んで売買契約書を作成した。

売買代金は34,000万円、手付金は10％で3,400万円（実測取引）で20×6年1月15日、無事売買契約が締結し、3か月後の3月15日に残代金決済引き渡しを行うことにした。

② 実測

売買契約に「売主の責任で実測を行う」旨の条項が入っているので、お茶の水プロパティーズにとって常連の土地家屋調査士に実測を依頼し、隣地所有者との境界確認書を作成してもらった。その結果、予想していた通り「約50cm×10m＝約5㎡」部分が越境していることが判明した。

売主・買主にその事実を確認した上で、隣地所有者と交渉し、隣地所有者が建物建替えの際には、境界線を越境しないようにする旨の確認書に署名・調印してもらった。

③ トラフグ調理専門学校の資金繰り確認

岡村主任は、トラフグ調理専門学校のQ副理事長に本件土地の購入資

金源を尋ねて、A 銀行 B 支店による融資を利用することを知った。トラフグ調理専門学校に信用不安があるわけではないが、新興企業なので、念のため B 支店の担当者を紹介してもらい、資金調達に問題ないことを確認した（融資証明の発行は省略）。

④　残代金決済日前

　岡村主任は実測面積（1,998.86 ㎡）が確定した時点で、これに単価 17.5 万円／㎡を乗じ、売主が負担する上下水道の付け替え費用相当の 1,000 万円を値引きした売買代金 33,980 万円（1,000 円未満切り捨て）を算出し、残代金を 30,580 万円（33,980 万円 − 3,400 万円）と求めた。そして、買主トラフグ調理専門学校が売主アップル印刷に入金する金額のうち、売主が負担する金額（司法書士費用、売主側仲介手数料など）、買主が負担する費用（登記費用（登録免許税）、買主側仲介手数料など）を記載した残代金決済表を作成した。

　岡村主任は残代金決済日である 3 月 15 日の前日に念のため現地に行き、契約書に記載のない残置物等が放置されていないか等、異常がないことを確認してきた。

　また、買主の司法書士から、所有権移転取引、抵当権抹消のための必要書類を作成してもらい、双方に確認してもらった。

⑤　残代金決済・引き渡し当日

　会場は買主指定の A 銀行 B 支店の会議室。

　当日の朝一番で、司法書士事務所の事務員から法務局で本物件の権利関係に変化がないことの確認を受け、午前 10 時より残代金決済が始まった。

　司法書士は、Y 社側の書類がすべて準備できたことを確認し、岡村主任が仲介業者として、契約条項のうち残代金支払い等以外の決済日までに成就すべき契約条項がすべて満たされたことを確認した。

　それを受けて、トラフグ調理専門学校によりアップル印刷の銀行口座への残代金の送金手続きが開始された。約 30 分後、アップル印刷の口座に

残代金が入金されたことが確認された。

　それとほぼ同時に、アップル印刷から登記関係書類等がトラフグ調理専門学校に引き渡され、所有権移転が完了した。

○初竹部長のアドバイス

（1）重要事項説明書・契約書

　「重要事項説明書や売買契約書には、それまでの調査や交渉の経緯の経緯をすべて反映させます。最近は効率化のため、調査や契約書の下書き作成を社内分業で行う場合もありますが、人に作業をまかせることができるのは、すべてを自己完結できる人だけであって、それができない人は他人の仕事の"怪しさ"を指摘することはできません。

　当然ながら、書面にサインをする宅地建物取引士が全責任を負うことを忘れてはなりません。」

（2）実測と越境、購入資金確認

　「本件では比較的スムーズに進みましたが、隣地境界の確定ではよく問題が生じます。まず、隣地所有者に境界確認書に印鑑を押してもらうことが難しい場合があり、さらに隣地所有者が不在などで時間がかかり、残代金決済期日までに完了できないこともあります。

　また、建物の密集地では、隣地からの越境は「必ずある」と考えておいたほうが良いでしょう。建物の樋など軽微なものから、隣地の下水管が対象不動産側の敷地内に埋まっていたり、隣地のための電線が敷地内を横切っていたりします。そのような問題に対処するためには、信頼できる土地家屋調査士に隣接地所有者との交渉を依頼するようにしましょう。

　購入資金の出所の確認は、実際には難しいことが多いのですが、買主の取引銀行から融資証明を取ることもあります。まれに資金調達ができず、残代金決済当日に破談になることもあります。」

(3) トラブル

「契約前だけではなく契約後においても、いったん決まった取引を壊そうという外部からの力が働き、トラブルになることもあります。このようなときにも、仲介業者として冷静沈着な対応を行う必要があります。」

[5]　初竹部長からのメッセージ

　以下は、初竹部長がプロフェッショナルのあり方に関して常にチームメンバーに伝えている持論であり、参考に本章の最後に紹介する。

- ・現在、多くの企業はビジネスの存続に迷いながら進んでいる。これはピンチであるがビジネスチャンスでもある。サービスを提供する人は、その顧客に寄り添って、課題解決に貢献できる存在にならなくてはならない。
- ・近年の社会経済の動きを見ると、ESG や SDGs への配慮なしに企業活動は続けられなくなってきている。不動産仲介業者もこれを重視し、業務に活かしていかなければならない。
- ・不動産証券化が進展し、受益権の売買も増えてきた。海外不動産ではなくても外国人が買主や売主になる取引が出てきている。特に若い人は英語でのコミュニケーションはできるようになってほしい。
- ・不動産テックが進展し、不動産仲介の役割があらためて問われている。単に情報を提供するだけで手数料がもらえた時代は終わりつつある。不動産テックに呑まれてしまうのではなく、不動産テックを使いこなさなくてはならない。
- ・キャリアは自分で作っていくものであり、所属する組織にただなんとなく身を委ねるだけではいけない。3 年ごと、5 年ごとの節目でそれぞれの年代で悩みつつ、道を切り開いていくものだ。
- ・仕事の経験によって得られた教訓・工夫を言葉に変え、体系化したもの

　　　が理論だ。理論は実務で用いることにより進化する。このサイクルを繰
　　　り返すことで、理論はその人の血となり肉となる。
　・仕事で得られた教訓は自分だけのものではない。同僚と共有することで
　　　組織の力にする必要がある。
　・私は不動産仲介の仕事を「面白い」と思い、ひとつひとつの取引を通じ
　　　て自分自身の成長を感じてきた。この業界の人には全員がそう思えるよ
　　　うな仕事をやってほしい。
　・年齢を重ねるにつれ、組織の中での自分の役割について悩むこともある。
　　　組織の外でも通用するプロフェッショナルでありつつ、組織の中で貢献
　　　できるのが理想の姿である。経営者には、このように年齢を重ねたプロ
　　　たちが活き活きと、楽しく、その実力を発揮できるような組織づくりを
　　　してほしい。

第 2 章

価値共創プロセスの実践

I

商品化プロセス

1　情報収集

●活動の内容と共創価値

仲介業者のアクション	共創する顧客価値	売主／買主の アクション
・新規情報獲得のためのプロモーション（広告、パブリシティ、紹介活動等）を行う。 ・既存顧客等を長期的にフォローする。	・顧客と仲介業者が早く信頼できる相手先に出会い、多くの優良な売買・賃貸借情報を交換できること	・ウェブサイトや広告、セミナーへの参加などにより情報探索を行う。 ・信頼できる仲介業者と長期的な付き合いを続ける。

［1］　情報収集活動のポイントと心構え

1　既存顧客からの情報を重視する

　情報取集先としては、新規開拓を行うより、一度取引した顧客やすでに相手の顔が見える親しい先（以下「既存顧客」といいます）からのほうが情報を得やすく、成約確率が高くなります。

　その理由は、サービスは目に見えないために、取引に入る前に顧客との間に高い壁がありますが、既存顧客とは取引に入る前にその壁がかなり低くなっており、本音で相談してもらえることも多いため、仲介担当者との価値共創も起こりやすいからです。

　価値共創の観点では、情報の内容そのものの価値（**機能価値**）だけではなく、仲介従事者と顧客をお互い良く知り合うことによって得られる価値（**知識価値**）、および仲介従事者と顧客の親しさから得られる価値（**感情価値**）が高まっているからでもあるといえます（第一部 6. 1「[2] 仲介において共創する顧客価値」⇨ 69 ページ）。

2 待ちの姿勢では情報は取れない。能動的に情報を取りに行く

　情報には受動的にニュースまたはインフォメーションとして入ってくる情報と、感性を磨いて能動的に取りに行かなければ取れない情報があります。

　例えば、取引先の担当者（財務担当者も含む）との雑談から同業他社の新規出店や撤退の見込み情報を入手するには、当初から目的意識を持って、タイミングよく、さりげなく質問します。

3 確実な情報の提供により、曖昧な情報を明確にする

　不動産ニーズの本音をなかなか聞き出せない取引先に対して、1 つの確実な売買の情報を提供することにより、その会社の本音を聞き出せることがあります。

　例えば、ある売物件の近隣に住む人に、その物件情報を提供することにより、その人自身の売却ニーズや、近隣に住む他の人の売却ニーズを聞き出せることがあります。

　買主に対しても、表明されているニーズにぴったり合わない案件でもあえて紹介し、それを選ばない理由も明確にしていくことにより、お気に入りの不動産を見つけられる場合もあります。

　また、顧客の既存の店舗がまだ出店していない地域でも、検討する余地があると仮説を立てて、売情報や賃貸情報を提供することが有効な場合もあります。

　ただし、真否の不明な噂話を提供するだけでは時間の浪費になるので、注意しましょう。

4 未成熟な情報を取得し、生きた優良情報へ加工する

　企業の新工場建設計画、店舗展開、採用増、工場閉鎖、リストラによる人員削減の動き等に関する新聞や雑誌の記事を努めて見るように心がけ、売却、購入、有効利用等のニーズがないか、さまざまなルートを使って優良情報に加工していきます。

　情報ソースとしては、有価証券報告書に載っている企業の資産売却例や、速報性のあるものとしては『日経不動産マーケット情報』『日刊　不動産経済通信』『住宅新報』などがあります。

　ただし、メディアに載った情報は他社がすでに動いていることを前提に活動する必要があるため、業界の噂など「未成熟な情報から生きた優良情報へ」加工することが望まれます。

　未成熟な情報を確かなものにするには、直接あるいは信頼できるルートを使って確認することが必要です。特に、ブランド力がある仲介会社の場合、相手方に直接面談できることも多いので、単なる噂話を優良情報に変身させることができる可能性は高いといえます。

5 ダメ元で接触を試みる

　噂レベルの情報でも、売却見込先をアポなしで往訪したり、手紙を書いたりして接触を試みれば、道が拓けることもあります。時間と手間はかかりますが、結果的にダメでも失うものはありません。その噂の信憑性について裏取りできる場合もあります。

　確かな買いニーズに対応するために、エリアを決めて土地の謄本を取り、所有者に飛び込みで面談することも中長期的には実を結ぶことがあります。

　ある大手仲介会社では、新規の情報源を獲得する活動として、信用金庫の支店を月間40件も飛び込み訪問営業したという話もあります。もちろん、その仲介担当者の力量次第ですが、仲介会社にブランドがあれば、少なくとも最初の面談にはたどり着き、具体的な案件に出会う可能性は高くなります。

　金融機関の担当者が不動産にあまり熟達していない場合、勉強会を開くなど

定期的に役に立つサービスを提供できれば、継続的な情報ルートになることも多いでしょう。

Column　　**一度得た信頼が次の取引を生む**

　ある取引が成約し、仲介担当者がその売主・買主から信頼を得ると、隣地買収や他の物件を売買するときにはその担当者が指名で依頼されることが多く、担当者が転勤していなくなってからも、その仲介会社に任される場合が多いものです。

　筆者が勤めていた信託銀行の支店の長年の取引先で、自社店舗の売却依頼者がおられました。その人は昔の仲介担当者の良いサービスをずっと覚えていて、「今住んでいる家は二十数年前に、当時の支店の○○さんに大変お世話になりました。それで今回も御社に依頼しました。」とおっしゃっていました。

　また、その顧客自身のニーズだけではなく、知人の不動産ニーズを教えてもらい、紹介してもらうこともよくあります。

　そもそも、仲介業者が二十数年前の取引を記録していて、担当者がいなくなったあとも毎年フォローをし続けていたらすばらしいことではありますが、なかなかできるものではありません。

　四半世紀以上にわたり、ひとつひとつの取引を、顧客の信頼を得てきちっと対応していた会社の先輩の努力が、今日の当該仲介会社の不動産取引に対する信用の基になっています。目先の利益に目を奪われて信用を落とすようなことはあってはなりません。

　以上は、いったん共創された顧客価値が、長期間にわたり残っていたという例です。

---

［2］　直接情報源からの新規顧客の獲得

1 セミナー、講演会開催等による継続的情報収集

　エリア、業種、業態特化の広告やダイレクトメール（DM）によって得られた潜在顧客、自社のセミナーに参加した顧客、自社の他のビジネスで取引のある顧客等に対して、専門家による講演会・セミナー等を開催し、収集したアンケートをフォローすれば、直接の情報は得やすくなります。

　売却情報の収集のための DM の例としては、事業継続が難しいと考えられる構造不況業種の会社に対して不動産 M ＆ A のセミナー案内をすることや、買い情報の収集のために、アパートなどの収益用不動産を建築した地主へ定期的にアプローチすることなどがあります。

　テーマ例としては、税制の改正など目新しいテーマから、「相続・事業承継のための不動産活用」「借地権・底地」「古いビルの建替え」「テナントの立退き」「賃料争訟」、「CRE（企業不動産）戦略」などが考えられます。

　そこから得られた情報は、内容が具体的で成約に結びつきやすい優良情報が多いといえますが、時間のかかるものは長期フォローします。

　新聞広告などを見てセミナーに集まった人は、仲介業者のビジネスに興味を持ち、かつ提供するサービスに対して、見えない壁のハードルがすでに下がっているため、アンケート等で得られた情報は、数は少なくても密度の濃い情報です。そのため結果的には情報収集コストは低くなります。

　また、講演会やセミナーにはパブリシティ効果があるので、自社主催・外部主催にかかわらず、コンテンツを持っている人は、講師やパネリストの依頼、雑誌・新聞等への寄稿を求められたら、積極的に受けるべきであると思われます。

2 買主や売主からの情報入手

　取引ができた買主や売主、あるいは取引はできていなくてもある取引の候補先の担当者と親しくなり、その信頼を得れば、業界の話や他の仲介業者が話し

ていた物件情報なども教えてもらい、仲介活動に大変参考になることがあります。

3 同業種への横展開による情報収集

　売り物件を受注して、買主を探すとき、近隣や同路線にすでにある店舗の同業種の企業を訪ねてみるのは有効です。

　同業界（飲食店舗、電気量販店など）では業界内の担当者同士で情報交換をしていることも多く、ある地域でライバルが出店していたら、同業他社の関心は強まっているはずだという仮説が立てられます。

　40 年近く前の話ですが、関西のある大都市の中心部で売り物件が少なかったとき、ある電気量販店が借地権付き建物の路線営業店舗をはじめて取得したことがありました。その案件成約に貢献したベテランの仲介担当者は、研究した借地権付き建物のメリット、法的課題などを武器に、当時店舗では珍しかった借地権付き建物を同業他社でも提案して成約に結びつけていきました。

　このように、ある特定の会社のために深く調査・研究した内容は、同業他社へ横展開して営業する際にも大いに役に立ちます。

4 CRE（企業不動産）診断

　上記のような何らかの機会に相談を受けることになった一般事業会社に対して、CRE 診断として、現に保有する不動産について以下の観点で仲介業者としてではなく、外部のコンサルタントとしてサービスを提供することができれば顧客と強力な結びつきができます。

　ただし、CRE 戦略は顧客企業にとって資産の最適化のための経営戦略の一環であり、保有不動産の売却あるいは新規取得もその実行手段の 1 つですが、それだけが目的ではありません。売却においては企業の財務や本業のマーケティングにどう影響するか、取得後のプロパティマネジメントがどうあるべきかなど、企業の CRE 担当者に対して語ることができなければ、「CRE 診断」とはいえません。

　「不動産の売買ニーズ」は、不動産仲介会社にとってそう簡単に手に入るものではありません。顧客の経営上の課題であるCRE戦略のコンサルティングができ、信頼を得て価値共創が実現すれば、売買について顧客のほうからお願いされることも多くなるでしょう。不動産有効活用の相談を受けたとき、最初から売却を強く勧める不動産仲介業者は、顧客から警戒されるものです。

　不動産仲介担当者としてCRE資産診断、コンサルティングができる人はプロフェッショナルとしてのレベルは高く、そう多くはおられません。とはいえ経験の浅い担当者でも、顧客企業の経営そのものに強い関心を持ち、研究することにより、顧客からさまざまな相談を受けることがあります。その第一歩は、例えば顧客を往訪する前には、少なくとも取引先の有価証券報告書をWEBサイトから入手し、読んでおくことを心掛けることなどです。

［3］　間接情報源からの新規顧客の獲得

■1 気心知れた信頼できるパートナーを増やすこと

　業務用不動産の仲介業者は、上記［2］で述べたように、何もないところから新規に情報が入ることは基本的に少なく、業績を上げている仲介業者は、気心知れた信頼できる間接情報入手先（金融機関担当者、税理士、弁護士等）から優良な情報を継続的に得ていることが多いです。

　また、以前成約したことがある過去の顧客や、成約した際にともに仕事をした共同仲介業者等、同じ人から繰り返し依頼されることが多いことを実務では実感します。

　気心が通じると、本音で話すことが多くなるからでしょう。

　その紹介者が有力者である場合は特に、その友人・知人を紹介してもらうとともに、紹介してもらった人からさらに有力者を紹介してもらって、そのネットワークを拡げていける可能性があります。

　これこそ、「知識価値」や「感情価値」が重要だという証です。そういう信頼できるパートナーを増やすためにも、1件でも多く成約実績を作ることが大

切です。

　近年、FACEBOOK、LINE 等 SNS の利用によって売買物件の情報交換をする場合もありますが、業務用不動産仲介においては、知らない相手や親しくない相手との実のある情報交換はまだまだ難しいと思われます。

　なお、情報を紹介してもらった際の、相手方への紹介料、謝礼等のルールを事前に決めておくことが望まれます。

2 金融機関との定期的情報交換による情報収集

　金融機関は、上記 **1** の気心知れた情報源として有力な例です。

　金融機関は取引先の財務内容や経営方針などをよく知る立場にあり、顧客の経営戦略・財務戦略に沿った不動産の方針についての情報にも近く、何らかの形で不動産取引に関与している場合も多いでしょう。もちろん金融機関の担当者には守秘義務があり、外部に顧客情報を一切もらしてはいけないのは当然ですが、そのような重要顧客情報を、顧客の了解を得て、外部の信頼できる不動産業者に紹介してもらえることがあります。

　仲介業者としては、金融機関の担当者（支店長、課長、担当それぞれのクラスで）から信頼され、相談を受けるようなることで大きな情報ルートができ、また金融機関にとっても、重要顧客と金融取引ができる大きなきっかけになるため、WIN-WIN の関係を作れます。

　そのような情報ルート開拓のためには、ふだんから、その金融機関の営業担当者、特に新規開拓の担当などに、顧客に不動産マーケットの情報などを継続的に提供するなどの努力が必要です。特に系列に有力な不動産業者を持たない金融機関、地方銀行、信用金庫、証券会社等がその有力な候補です。

　ただし、金融機関の支店からの初期情報には、さまざまな段階の不動産情報が混在しているので、金融機関の営業担当者の方に同行し、直接顧客に面談してそのニーズを確認することから始めるように心掛けます。

　金融機関の中で定期的に相談窓口を設置させてもらい、情報収集を行っている仲介会社もあります。信託銀行の場合は不動産仲介部門が自社内にあります

が、社内の融資担当各部署からの情報収集が大きな課題です。

3 税理士、弁護士、他の士業等の専門家との協働

　何らかの問題を抱えている場合、財務・税務に関しては、取引金融機関のほか税理士、公認会計士、それに関わる法的問題については弁護士にまず相談するでしょう。このような不動産取引の原因により近く、顧客から相談を受ける人は貴重な情報を持っています。

　仲介業者は、リストラや新規出店など、売買の原因である真のニーズ、課題について、直接相談を受ける機会は多くありません。

　したがって、税理士や弁護士等との信頼関係を築くことが情報獲得への近道です。特に、破産管財人や相続案件の管財人である弁護士との業務提携ができれば大きな情報源になります。税理士や弁護士等は必ずしも不動産の専門家ではなく、信頼のできる不動産仲介業者・コンサルタントとの友好な関係を持つことにより、自分のビジネスにとっても役立つので、このような関係構築を望む人も多いものです。また、税理士会や大家ネットワークなどの団体も有力な情報源です。

　各地にある商工会議所の企業診断窓口を通じて、中小企業の経営者向けに不動産の勉強会を行うことも情報取集の良い機会です。その中で出てきた質問に数多く応えているうちに、先方から優良な売買ニーズについての仲介を依頼される機会もあるでしょう。

4 事業承継を契機とした不動産戦略に伴う売買ニーズ

　これも、税理士、弁護士等との協働によることが多いのですが、事業承継においては、

① 事業を継続するかどうか、できなければ廃業

② 継続する場合、承継者を選定しますが、それが見つからなければ、M & A、または MBO で売却

③ 後継者が身内で見つかれば、事業承継・相続対策

が課題になります。

　③の場合には、(1)承継者への株式の集中（法務対策）、(2)納税額の引き下げ（税務対策）、(3)納税資金の確保、(4)相続争いの回避のための CRE 戦略という相続対策が必要になります。

　中堅・中小企業が保有・賃貸借する不動産には、会社と社長個人間等の借地権・底地の賃貸借関係、使用貸借関係、共有関係の不動産、老朽化した貸家や空き家等さまざまなものが含まれることが多く、これら流動性の低い不動産を、承継、相続前に流動性の高い完全所有権にするなど、前もって（5 年程度前から）準備しておくことが望まれます。具体的には、「本業の事業に用いる不動産」「収益用不動産」「居住用不動産」「現金化・売却」と整理しておくことであり、これは相続対策として有効な手段となります。

　仲介業者がこのような中堅・中小企業の事業承継に伴う CRE 戦略のコンサルタントとなることができれば、直接売却や購入の相談を受ける機会も多いでしょう。

５ 同業者（不動産業者）・ゼネコン等との定期的情報交換による情報収集

　まず、買主側あるいは売主側の情報が自社の直接情報でなく、仲介業者として直接売主・買主本人に会えない場合、つまり、買い側・売り側ともに他業者等からの情報の場合、成約の可能性は「非常に少ない」ということを念頭において活動するほうが良いと思います。

　（注）業界用語で、そのような立場の業者は両方向で他の業者に挟まれるため「あんこ」
　　　の業者と呼ばれることがあります。

　業務用不動産の場合は、仲介会社同士が定期的な情報交換会を開いても、一般的には牽制が働いて、本当に重要な情報はお互い出さないことが多いと思われます。

　例外は、共同仲介の実績のある信頼できる同業者です。ある仲介業者の情報で 1 件成約すると、その業者の担当者とはもっと親密に密度の濃い情報交換ができるようになり、別の取引が成約することがよくあります。

同業者からの情報に対しては、以下の基本スタンスで扱うのが良いと思います。

・同業者からの二次情報は自社の直情報より劣後させる。
・信用状態が確認できない同業者の情報は原則信じない（噂程度に聞いておく）。
・売主・買主のどちらかに直接会えず、その意向を直接確認・コントロールできない場合、その情報は原則として扱わない（直接会っている人が信用のおける人である場合を除く）。
・地方案件、少額案件などで自社が扱えない場合は、できればきめ細かいフォローが可能な地元の有力な仲介業者に紹介する。

また、仲介業者同士で情報を紹介し合った場合は、その結果が芳しくない場合でも、活動状況をフィードバックすることを忘れないようにしましょう。

［4］　専任媒介を任せてもらうために

■1 専任媒介契約（専属専任媒介契約）の効用

仲介業者として、売主と専任媒介契約（専属専任媒介契約）を結びたいと考える理由は、活動期間中顧客への報告の義務は負荷されますが、契約期間中は他の業者によって成約されることはないからです。書面で契約することにより、売主（買主の場合も）の意思は固くなるということもあります。

ただし、顧客の信頼に背かないためにも法律上の報告義務等のみならず、その信頼に応えるように十分、顧客のために活動しなければなりません。

■2 売主に対しての説明

① 専任媒介の場合、仲介業者としては、一般媒介に比べて売却活動に力が入ります。
② 専任媒介はレインズに情報登録する義務があるため、広く一般に買主を探すことができます。

③　信頼できる業者が窓口になることによって、多くの業者と応対し、交渉する必要がなくなります（支払う手数料は同じ）。

④　売り物件の噂が立つと、信用不明の人が電話してきたり、会いに来たりするので煩わしいことにもなりかねません。そのような場合、「この件については○○不動産（専任媒介締結会社）の××さんに任せてあるので、そちらへご連絡ください」と言えるので、直接応対する煩わしさから解放されます。

⑤　売主がご近所の人に売却することを知られたくない場合や、法人の本社社屋の売却時等、株価に影響を与えうる場合などにおいては、情報提供先を限定して見込み客にあたります。専任媒介契約を締結すると、レインズに登録することが義務になりますので、この場合は専任媒介契約ではなく一般媒介契約を結びます。

３ 買主に対しての説明

買主に専任媒介で購入仲介を任せてもらうためには、業者としての信用、実力をアピールするとともに、気に入ってもらえる物件を真っ先に提供するしかありません。買主との媒介契約は、売買契約時かその直前に結ぶことが多いといえます。

［5］　リスク回避のための情報収集

以上はいずれも成約に向けての積極的な情報収集ですが、トラブルに巻き込まれないようにするための予防的情報収集ルートを持つことも重要です。

ささいなことでも質問できるような人脈を作ることが理想ですが、これができない場合は、自分の知人の中から、誰に聞けばその専門家を紹介してもらうことができるのかを確認しておきます。

法律問題等の専門知識については弁護士、司法書士、不動産鑑定士、土地家屋調査士、司法書士等の専門家と個人的に親しくして相談できるようにしてお

くことです。

　売主、買主、不動産業者、等についてその評判、経済的信用状態、反社会的
勢力との関わりにつき不審に思われる点があるときは、警察や、帝国データバ
ンク等の社外ルートを駆使して、できる限りの調査をします。

Column　情報収集におけるブランドの効用

①　ブランドの意義、効用

　ブランドとは、企業が販売または提供する商品やサービスについて、他企
業や競争相手と区別するために使用する名前、象徴、デザインなどをいい、
購買行動において、商品の信頼性や品質を保証するものとして、大きな選択
要因となっています。

　ブランドが重要視されてきている背景には、製品やサービスが消費者の間
で一応充足したこと、また技術の進歩により、モノの機能やサービスの品質
では差別化が難しくなって、たとえ差があってもすぐにキャッチアップされ
てしまうようになったことが挙げられます。

　ブランドがあれば、企業や専門家は、製品やサービスの品質を確約し、健
全な経営、地域社会への貢献、何かイレギュラーな事態のときに適切に対応
してくれるだろうという安心感（黙示の品質保証機能）、信頼感あるイメー
ジを確立でき、顧客の忠誠心、愛着心を高めることができます。そして、市
場においては実質的には同じ品質でも高い価格で売れ、競争優位を確立しや
すくなります。

　あるブランドが持っている資産価値のことを**ブランドエクイティ**といいま
す。ブランドエクイティには、**ブランド・ロイヤリティ**（顧客の忠誠心、継
続購買の程度）、認知度、ブランドイメージなどのほか、商標権、特許権な
どの意味も含まれます（『広告用語辞典』『流通用語辞典』等より）。

　消費者にとっては、製品やサービスの品質が保証され、他のものを探す手
間が省けて購買効率が向上します。

　また、ブランド力ある会社の社員は、「わが社」と「わが社のサービス」に誇りを持って、企業としての価値観を共有することができ、会社の発展のために尽くす可能性も高くなり、そのようなブランドに惹かれた優秀な人材を集めることもできます。これは「**インターナルブランド**」と呼ばれます。

　不動産売買において、売主や買主に知り合いの仲介業者がいない場合、まず相談するのはブランドのある仲介会社ではないでしょうか。

　ブランドのある会社であれば、実力があるかどうかは別にして、営業担当者が飛び込みでセールスを行っても、相手方に時間があれば、まずは会ってもらえることが多く、ブランドがない会社の場合は門前払いされることも多いでしょう。

② 　ブランドの留意点

(1)　ブランドと短期的な利益とのトレードオフ

　ブランドがあれば価格競争を回避し競争力は高まるという反面、企業がブランドに込めた約束をきちんと果たせず、それに対する苦情をうまく処理できなかったとき、ブランドは急速に失墜します。

　したがって、そのブランドを傷つけないように細心の注意を払い、万が一それを傷つけるようなミスが発覚すれば、それを挽回するために最大限のコストを払うべきです。

　ブランドを守るためには、短期的な利益を度外視することが必要になることがあり、ブランドと短期的な利益とはトレードオフの関係になります。

(2)　顧客の過度な期待を予防する

　顧客があるブランドに対して顧客の過度な期待を持ってしまうことは、トラブルに発展する可能性を秘めています。

　したがって、ブランドのある不動産仲介会社の担当者は、ある判断は顧客自身が行ったことをしっかり書面で確認しておき、トラブルになったとき思いがけない責任を押し付けられないようにも、ふだんから顧客に対して説明を尽くしておく必要があります。

(3)　ブランドは個人の実力とは別物

> 　ブランド力のある会社においてサービスを提供する人は、ブランドの力を
> 自分個人の実力であると思い込むことなく、ブランドなしで顧客が自分の同
> じサービスを買ってくれるかどうか考えてみる必要があります。

　ちなみに、上記コラムは会社としてのブランドの効用の話ですが、仲介担当
者個人のブランドも重要な時代になってきています。

　個人の公的資格にもブランドがあるといえますが、ブランドに見合った実力
がなければ意味がないともいえます。

　最近、ある大手不動産仲介会社が居住用不動産売買の検討者と仲介担当者を
マッチングするシステムを開発しました。その会社に所属する仲介担当者が、
得意分野や経験年数、成約実績などのプロフィールを登録しておくと、会員に
なった顧客（売買検討者）は登録内容を確認し、自分に合った仲介担当者を選
ぶことができます。会社はそのプラットフォーム運営に専念するだけです。

　仲介担当者としては、会社のブランドを利用することはもちろん、個人とし
ても実績を積み上げて自分自身のブランドを築き上げ、顧客から「この人に仲
介してほしい」という指名がかかる存在になることが求められています。

2　獲得情報の仕分け、長期フォローによる情報の醸成

　すぐに動けるニーズとあいまいなニーズを仕分けし、生きた情報に醸成、明
確化するプロセスです。

●活動の内容と共創価値

仲介業者のアクション	共創する顧客価値	売主／買主の アクション
・顧客の真のニーズを聞き出し、発見する。 ・適切な方針で情報の仕訳を行う。 ・優良長期案件情報をフォローする。	・仲介担当者により顧客の真のニーズに沿った適切な方針が立てられ、初期活動およびフォローが行われること	・真のニーズ（売買等の目的）をできるだけ具体的に仲介業者に伝えるとともに、その背景にある事情、経営戦略、マーケティング戦略等も丁寧に説明する。

[1]　情報の仕分け、ニーズの明確化

　顧客から提供される不動産情報の中には、すぐに売却・購入したいというニーズのほかに、将来の事業承継や相続の際に必要になる不動産の処分についての相談や、複雑な権利関係が絡む相談などが含まれます。

　仲介担当者としては、その情報のすべてを自分あるいは会社として引き受けることはできません。そこで、顧客ニーズに合うようにその情報を仕分け、適切に取り扱わなければなりません。

　この情報仕分け能力は、仲介のプロとして重要な要素の1つです。

■ 初期アクション

　まず、売り情報は最初に情報を得た段階で、自社で扱える情報かどうかを判断します。地方の少額案件等、自社で扱えなければ謝絶するか、可能であれば信頼のできる他の仲介業者に紹介します。ただし、その場合でも紹介する情報についての一次的な信頼性の確認は当然必要です。

　売却物件の相談を受けた時には、報酬額、情報の信頼性、難易度に応じて、ときには購入見込先にその案件について検討意向をヒアリングして、活動方針を検討し、どのくらい時間を割くべき案件かの優先順位を見極めます。

　購入ニーズがある取引先に関しても、ニーズの強さ、確実性に応じて、紹介方針を検討します。

❷ 直接面談等による真のニーズ探索：キーパーソンに会う

　初期情報が、売主（所有者）・買主からの直接の情報であればよいのですが、そうでない場合は、直接コミュニケーションをとれる確実なルートで、正確な情報を確認する必要があります。

　金融機関の支店などの間接ルートの場合、情報の一次窓口の人（顧客担当者）に確認しても、情報が明確であるとは限らないため、その顧客担当者に、できるだけ売主や買主に直接会って確認できるようにお願いします。

　顧客企業の担当者とのコミュニケーションがうまくいき、その企業における不動産取引に関するキーパーソンが役員であることがわかれば、仲介会社側も役員クラスを動員して顧客の真のニーズを聞き出すよう試みます。

　例えば、土地売却の際に売主が売りニーズを広く公開せず、資金力や信用面に問題のない買主や、本業のビジネスにつながるような買主を内密に探してほしいというニーズもあるため、キーパーソンに直接話を聞いて、そのようなニーズにも慎重に対応します（5「[7] 顧客組織の理解、最終決定者の見極め」⇨ 188 ページ）。

❸ 担当者の立場に立ったレポート作成

　顧客の窓口担当の人の、社内での立場に共感できたとき、その人が同僚や上司にわかりやすく説明できるように配慮したレポート（社内用資料）を用意してバックアップします。そして、重要なポイントは何かを明確に説明できるようにしておき、社内での反論があった場合にも対処できるようなQ＆Aを多く考えておきます。

❹ リスクの明確化、整理、提案（難案件の場合）

　借地権、底地、共有不動産など難易度の高い物件は、まず顧客の立場に立っ

て、顧客が気付いていない案件の問題点、リスクに対する理解を深めてもらうよう説明し、必要に応じて今できることを提案します。

　リスクとは、例えば古い建物や地下埋設物がある土地を購入した時の物理的リスク、今後のマーケットの変動に伴う資産価値の変化（マーケットリスク）、取引後の損益やキャッシュフローへの影響（財務リスク）などです。これらを度外視して無理をして買わないように勧めるべきです。

　複雑な権利の絡む案件であればあるほど、専任媒介で引き受ける確度が高まりますが、仲介担当者にその問題に対する深い知識と解決能力がなければ、結果的に苦労し、いたずらに多くの時間を費やすことになりかねません（コラム「不動産におけるリスクとリターン」⇨271 ページ）。

[2]　既存顧客情報の長期的、継続的フォローの必要性

■1 案件成約までの期間の長期化、ニーズの変化

　不動産の仲介営業においては、目の前にある新しい情報をできるだけ早く、多くマッチングさせ、成約させることを追求することは大切ですが、同時に長期案件を根気よく継続的にフォローしなければ手数料報酬は安定しません。

　顧客の最初の「売りたい」「買いたい」「有効利用したい」という意思表示は、それから 2 〜 3 年後に成約する案件の第一歩を歩み始めた、と思ってちょうどよいくらいです。壁にぶつかって一度はあきらめかけ、その後あまりフォローをしていなかった案件が、数年後に別の業者が成約させていたという事例を見ることがあります。

　逆に、自社で情報を得てすぐに成約した案件も、よく調べてみると他社がずいぶん前からフォローしていた案件であったということもあります。

　また、当初のニーズは時が経つにつれ変化していくもので、当初は自宅の敷地の有効利用（アパート建設等）を考えていたが、検討を繰り返すうち数年後に売却して買い替えた、という例もあります。

2 既存顧客の維持・深耕のメリット

　継続的関係の構築にはメリットがあり、逆に、顧客の離脱は収益性に驚くほど大きな影響を与えます。サービス企業側の営業促進の側面では、「20％の顧客が80％の売上・利益を生み出す」というパレートの法則と呼ばれるものがあります。

　顧客は以前に利用したことがあって、一定の満足感が得られた場合（「顧客満足」：CS）、少なくとも不満を抱かなかった場合には、初めてサービスを購入するときの警戒感やバリアーは下がって提案を受け入れてもらいやすくなっています。したがって、いったんサービスを購入してもらうと反復的に購買してもらえることが多くなります。

　仮に満足度がより高まり、「喜び」「驚き」レベルになると、関連した別のサービスや、より高級なサービスを購入してもらうことがあり、さらに顧客の親しい友人などを紹介して、サービス購入を推奨し、また、不満があるときには直接サービス企業に伝えてくれるようになります。このような顧客は**顧客ロイヤルティ**があるといえ、将来にわたって自社に利益をもたらしてくれます（第一部［7］「2. 顧客によるサービスへの参加」⇒ 24 ページ）。

　また、効率化の側面では、新規顧客の獲得には、固定顧客や既存顧客を維持・深耕する5〜6倍のコストがかかるといわれています。固定顧客・既存顧客には、その人の信用をチェックする必要がなく、データベース入力などの初回導入のためのコストないことも1つの理由です。さらに、固定顧客・既存顧客は、新規顧客を開拓するより効率的にキーパーソンに接触でき、そのニーズをグリップでき、営業経費の節約になります。

　不動産仲介でも、ある物件情報を投資家に提供する際に、既存顧客で常連客の場合はすぐ案件判断のキーパーソンに情報が届き、新規顧客の場合はキーパーソンに届くまでのプロセスが長く時間がかかります（あるいは届かない）。また、常連客の投資の基準などを仲介担当者がよく理解している場合、無駄な情報提供の手間も省け、進談のペースが早くなります。

　常連客になることの顧客にとってのメリットは、個人的な悩みをオーダーメ

イドで考えてくれる信頼できるコンサルタントを獲得できることともに、そのようなサービスを探すための情報探索コスト（金銭的、心理的、肉体的コスト）が削減できることによって、満足度が高まることが挙げられます。

[3]　顧客の維持・深耕が難しい理由

　実際に自分の顧客が将来的に土地を売買する予定はあるものの当面動きがないような場合には、「既存顧客」の継続的フォローの必要性はわかっていても、2 〜 3 か月ごとでも電話したり、往訪したりしてフォローし続けるのはなかなか骨の折れることです。

■1 サービス提供者の資質、関心

　その理由の 1 つは、既存顧客の維持より新規顧客獲得のほうが目立ちやすく、サービス提供者（営業マン）自身も面白く、充実感を覚えることが多いからです。また、いったん顧客になったら、サービス提供者に良いサービスさえしていれば、仕事は顧客のほうから連絡が来て依頼してもらえるという、受け身の考え方になる傾向もあるからです。

　企業としても、営業マンを評価する際には新規顧客獲得に良い評価をつけてしまいがちで、「既存顧客のフォローをするのは当然のこと」として、既存顧客を維持するための計画的で十分な予算が組まれていないこともあります。

　実際、既存顧客との接触は新規顧客開拓のとき以上に人間的な深い交流やコミュニケーション能力が要求され、担当者は、特に個性の強い既存顧客を避けがちになります。そういう信頼関係のある深い付き合いに慣れていない営業マンにとって、継続的フォローは難しいことです。

　また、入札重視など売却方法の変化により、既存顧客を継続的にフォローしていても、最後に他の業者に取引をとられる可能性が多くなってきたので、継続フォローをやめてしまう人もいるでしょう。

　しかし考えようによっては、今までフォローできていなかった見込み顧客に

も、新たにネット上でのパブリシティ等により接触が可能になったので、ビジネスチャンスは広がったということがいえます。

2 担当の引き継ぎの難しさ

担当者の異動・退職による交代により、後任者との引き継ぎを行ったとしても、以前は親しかった既存顧客との関係が切れてしまうことは多く、それが自然であると考えたほうが良いといえます。

進談中の案件を引き継ぐことはできても、いつ成約するかわからない見込み案件をきっちり引き継ぎ、前任者と同じように新担当者がフォローするのは非常に難しく、前任者と見比べられて、すぐに顧客に相手にされなくことすらあります。

したがって、重要顧客の引き継ぎは、よほど慎重にしなければなりません。

ある仲介会社では、重要な事業法人に対しては、役員クラス・部長クラス・担当者クラスと3人が担当し、お互いに人事異動があってもフォローできる体制にして、関係が切れないように、半年～1年単位で定期的な会食やゴルフも行っています。

[4]　統合データベースの構築

1 データベースの必要性

顧客維持のための基本的なインフラとして、顧客ごとの属性、接触・商談・交渉の進捗状況、取引データ等を、仲介担当者個人だけで管理するには限界があります。

したがって、顧客情報を一元管理し、営業店単位もしくは会社全体で長期的にフォローできる体制を作って、データベースを構築し、中身が濃い見込み案件を登録して、それを継続的に維持する体制が必要です。

目先の仕事に追われている担当者には、このようなツールはありがたいものです。

2 入力項目と不動産管理ソフトの選択

　入力項目候補としては、保有不動産案件の進捗情報、往訪記録、取引実績、接待記録、顧客企業動向、慶弔対応、人事異動、役職変更、役員の学歴、趣味、家族構成の情報等があります。営業日報と顧客データベースを連結し、営業担当者の人事評価とリンクさせている会社もあります。ただし、入力項目は、利用すると思われるものを厳選する必要があります。利用しない項目があると、結局入力されないようになるからです。

　また、不動産管理ソフトもデータの数、利用頻度等に応じて選定すべきです。オーバースペックの高価なソフトを購入したが、使いこなせているとは言い難く、そうすると、データの更新もされなくなり、もっと使用されなくなり、結局廃棄した、等言う例は数多くあります。

3 データの収集

　データ収集・利用の際には、個人情報保護法を遵守し、データを使う場合は、基本的には本人の同意が必要です。

　顧客情報を１つのデータベースに統合して一元管理し、関係者全員に共有意識を浸透させ、営業管理等にチームで活用する体制を作ることが必要です。

　担当者が入手した情報を登録せずに自分自身で抱え込み、重要な情報が入力されないことを防ぐために、データベース構築当初は、未登録の物件が成約しても成績にカウントしないというルールを作った会社もあります。

4 データの維持・利用

　情報の鮮度を維持するためには、Ａ～Ｃ等のランク分けを担当者自身で入力するほか、担当者間の情報交換会の結果を組織的、定期的にデータベースに反映・更新するルールと責任体制を構築することが必要です。営業マンが片手間でデータ更新の責任を持つのは難しいので、専門の担当者をつけるほうが良いでしょう。

　データベースの利用には、データを読み込む担当者のセンスが重要です。ベ

テラン仲介者の中には、顧客データベースは補足的な資料と位置づけ、誰もが目にできる情報はあまり使用せず、登録はしてあるが自分が優良とみなす情報・顧客を深く追いかけている人もいます。

［5］　顧客の分類

　サービス企業にとっての顧客は、以下 **1** ～ **5** のように分類できます。

1 固定顧客（リピーター）

　固定顧客とは、取引を継続し、何度も繰り返して同じ商品（サービス）を発注し、購買してもらえる顧客の段階（得意客）のことで、次に同じ会社の他のサービスも購入してもらえる顧客になり、友人・知り合いを紹介してもらえる顧客の段階に進んでいきます。

　さらに、あたかも社員のように積極的に他人に推奨し、サービス企業に販促策や新しい商品など提案するような顧客もいます。これら「顧客ロイヤルティ」がある顧客は、企業として大切にしなければならない顧客であるといえます。

2 既存顧客（顕在化したニーズを持つ顧客）

　売買・評価・コンサルティングのニーズが顕在化しており、担当者がついてフォローしている段階の顧客で、契約締結に向けて特に優先順位が高い顧客群です。

　この段階には、数年後に契約予定の場合から、契約直前の場合まであります。

　居住用資産や事業用資産の買い替えの特例など、ある期日までに購入しなければならない短期の期限を持った買主などは、すぐ目の前にあるニーズなので、最優先で活動すべき顧客です。

3 既存顧客（過去顧客、セミナー参加者等）

　一度取引したことがあるなど、その属性等がサービス企業側に把握できてい

●新規顧客開拓と継続的関係の構築

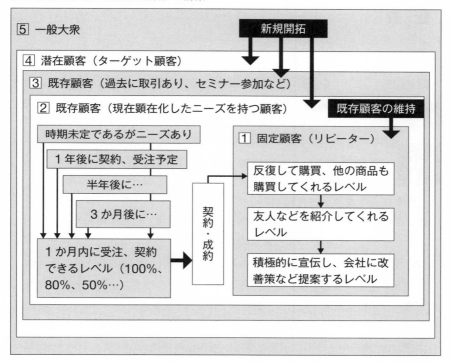

る顧客で、ニーズが出てくれば依頼される可能性の高い顧客です。

　顧客の側も当該仲介会社のとの取引の経験があるので、その時に悪印象を持たれていない限り、依頼する際の、信用ある会社かどうか疑うバリアーが下がっています。これには、DM に反応してきた質問者や、セミナー参加者なども含みます。

４ 潜在顧客（ターゲット顧客）

　サービス企業の標的市場の範囲内にある潜在顧客群です（例：「東京都中心部区内の年収 1,000 万円以上の個人」「大阪に本社を置く売上高 50 億円以上の企業すべて」等）。

5 一般大衆

1 ～ 4 以外の一般人で、自社の事業領域の範囲にはいるが、素性やニーズのよくわからない人の集団です。

新規開拓とは、上記 3、4、5 の段階の顧客を 2 の段階に移していく活動であり、**既存顧客の維持・深耕**とは 2 の段階の顧客を 1 の固定顧客に変え、その段階を上げていく活動であるといえます（前ページ図参照）。

Column　　**養殖場のたとえ～狩猟民族から農耕民族へ～**

顧客に対するマーケティングにおいて利用するデータベースは、ややお客様に失礼な表現ですが、沖合いに作られた「**養殖場**」にたとえられます。

マーケティング戦略による新規顧客開発活動によって得られた案件データは、そのまますぐに使えるものもあれば、半年後、1 年後、あるいは 3 年後に使えるように「育てる」必要のあるデータもあります。漁師である仲介担当者は、海に網を放ったり（一般大衆を対象にした広告や DM など）、一本釣り（セミナー開催等のプロモーションによる新規開拓活動）したりして漁を行い、獲れた魚の中ですぐに出荷できないものは養殖池の中に入れておきます。育てるべきデータは、いわば養殖場の幼魚です。

漁師は、しっかりと栄養のある「餌」を与えてこの幼魚を育てていきます（電話、E メール等による個人的接触、優良物件情報や専門的知識等の提供などで、定期的に接触してフォローすること）。そして成魚になってから出荷の前には、最新の注意を払ってその健康をケアします（案件の成約に向けての調査、交渉、契約書の作成等における細心の注意）。

この養殖場の中には、育ててもらって漁師のファンになって、子供を産み、漁師をいつも喜ばせている成魚もいます（固定顧客との継続取引）。またこの成魚は、ときどきこの養殖場を抜け出して海に戻り、その友達の立派な成魚や稚魚をこの養殖場に連れてきてくれます（他人推奨など）。

このような養殖漁業は漁民 1 人ではできず、組合のような組織により、

　共通のビジョン、目的を持って、ノウハウを共有し、助け合って行わなければならなりません（各仲介担当者の協力による全社的な取り組み）。

　また、この養殖場の管理はなかなか難しく、逃げ出してしまう魚もいれば、弱ってしまう魚も出てくるので、専門の人により、常に水質などの衛生管理に気をつけ、定期的に生育状況を見守る必要があります（データの入れ替えやハード管理の重要性）。

　養殖漁業を行うかどうかの収益性判断は、餌代、人件費、設備代などのコストも見て、一般漁業との比較の上で行うべきです（データベース等、投資効果の見極め）。

　このように、一本釣りで不安定な収入しか得られなかった漁師さんは、養殖漁業によって 1 か所に定住し、定期的な収入を得られるようになります。これは毎日野山で狩りをしていた狩猟民族が、平地で稲などの作物を育てるようになり、農耕民族として落ち着いたのと同じです。

　不動産の管理収入等で日々の生活費を稼ぎつつ、大きな売買仲介を狙って活動されている仲介業者の方々がいらっしゃいますが、大きな手数料収入を求めて仲介活動するためには、農耕民族として定収入を得ながら、大きな獲物を狙う狩猟民族として活動することが理想的です。

[6]　関係構築に値する顧客の見極め、グリップするための活動

　少ない人員で忙しすぎて、すべての顧客に接触できないという悩みはどこにでもあります。そのような場合は、直接マンツーマンで接触すべき特定の顧客を絞り込むことが重要です。

　顧客ごとの時間的・金銭的観点から、リレーションシップの強さ、年間売り上げ予想、長期的売り上げ予想、予測粗利益率から求める顧客の生涯価値（LTV：ライフタイムバリュー）を測定することが理想的です。

　しかし、これは難易度が高いため、できる限りのデータを用いて、企業内の

サービス提供者の能力と人数、外部環境（伸びている業種か構造不況業種か、立地は発展地域か衰退地域か等）を踏まえて担当者同士で優先順をつけ、これを定期的に見直していくしかありません。

[7]　固定顧客（リピーター）への活動

1 推奨してもらえる顧客とはとことん親しくなること

　金融機関、税理士、弁護士や一度取引のできた顧客の中でも、その人の知り合いへ自社のサービスを繰り返し紹介、推薦してくださる方がいます。このような顧客とはとことん親しくなるべきであり、お互いに相手の不動産に関する目利き力に信頼を寄せながら、定期的に面談して優良な売却、購入情報を選んで情報交換します。

　その人自身の所有不動産は限られていますが、紹介していただける知人の情報で成約する確率は非常に高いといえます。

　メールやSNSでの付き合いが増える中、旧来型の人間同士の付き合い方を重視し、手書きの手紙も書くことも効果的でしょう。ただし、このような顧客とは、できるだけその人自身のビジネスに何らかの形で貢献するなど、WIN－WINの関係を作りたいものです。

　下記[8]にも共通することですが、顧客と継続的なコンタクトをとる際の留意点として、以下の点が挙げられます。

2 競合相手を意識したサービス、新しい価値を提供し続けること

　顧客としては、興味もないのにむやみに仲介担当者に会って話を聞きたいとは思いません。自分のニーズに気づき、いつも面白い有用な話が聞け、親切にしてくれる仲介担当者や企業はだんだん好きになり、機会があればいつも会ってみたいと思うようになります。そういう状況になれば、関係は長く続きます。

　金融機関とその融資先である顧客との関係でも、顧客は、不動産マーケットや競合他社の新しい情報を欲しがっているといえるので、仲介担当者から金融

機関の担当者への情報提供においても、その金融機関の顧客が欲しがるような情報を提供するように努めます。

3 顧客との人間関係のきずなを深め、個人的信頼関係を作ること

サービス提供者がすぐに顧客の名前を記憶して、名前で呼びかけることによって、顧客との間の心理的距離が縮まり、顧客のほうも担当者の名前を記憶し、提供されるサービスそのものに関心を持つようになり、相互理解に役立ちます（価値共創における感情価値の重要性）。

個人的親密さを高めること、人間関係の絆を強めることにより、顧客が他のサービス企業に移ってしまうスイッチングコストが高まり、顧客の離反が防げます。

4 顧客との相互学習関係の構築

長く交流していくうちに顧客は自分の好みや要求をどんどんサービス企業に教え、企業はそれに応えていくようになり、顧客との相互学習関係が構築されます（価値共創における知識価値の重要性）。

これは、サービス企業が顧客に継続的なコンタクトを取りたいと考えるときに効果的です。特定のサービス企業と相互に教えあう学習関係になった顧客は、上記 3 と同様に、競争相手からの誘惑に対する抵抗力が強くなってそのサービス企業から離れなくなります。そのため、定期的に顧客との勉強会を開催することは有効です。

5 提供するサービスへの顧客の関与を強める

提供されるサービスに顧客の自己関与意識が強いと、サービス企業と顧客との間で情報交換が頻繁に行なわれます。サービス企業が繁盛していれば、それ自体が顧客にとっての満足感になり、「私の会社」「うちは」という意識さえ生まれてきます。

[8]　既存顧客（顕在化したニーズを持つ顧客）への活動

　相手先をマッチングできるまでは至ってないが、その可能性が高い、顕在化したニーズを持つ顧客に対しては、以下のような対応をします。

■1 顧客をよく知り、顧客が喜び、重宝するものを提供する

　まず顧客に面談する際、上場企業であれば有価証券報告書等を読み、顧客の企業や業界が抱える課題を研究しておくことは基本動作です。そのうえで、顧客が何を求めているのかを知り、新規物件情報や他社の売買事例、公表データなど差し支えない範囲で競合他社の動き等を盛り込んだレポートを用意してタイムリーに提供すれば、顧客から重宝されるでしょう。できれば、顧客の注目している情報を定点観測して報告できればより効果的です。

　明確な課題を持っていることがわかっている顧客には、ペーパー1枚に問題点とその回答をまとめて提供し、時間をかけて課題の進捗をフォローしていきます。また、無償での簡易価格査定や、顧客が興味を持ちそうな商材や人脈の紹介を積極的に行うことも効果的でしょう。

　特に重要と思われる顧客には、ランチや懇親会等で個人的に親しくなるという方法で情報交換する方法があります。一方、30分程度の面談の訪問頻度を上げ、年末年始の挨拶等を除けば、夜の懇親会やランチなどは不要とする考え方もあります。

■2 まだ親しくなれていない顧客に対して

　最近は、紙ではなくメールで送ることも多いのですが、四半期ごと等、定期的に発行される独自のマーケットレポートは、一般事業会社との定期的接触の機会を作ることができる良いツールです。

　それをメールで送ってしまえば、メールで「ありがとう」という返事で終わりですが、これという相手にはできれば紙のレポートを手渡し、雑談する機会を作りたいものです。そういう機会から案件が生まれることもよくあります。

　既存顧客を定期的なセミナーに招待して接触機会を作ることも有効です（1
「[2] 直接情報源からの新規顧客の獲得」⇨ 108 ページ）。

　また、一度取引した大手企業の重要顧客をフォローするために、公表されて
いる人事異動情報をタイムリーに購入して、その顧客の慶弔、昇格、昇進等の
機会に電報、電話等で 5 年、10 年とフォローを続けているベテランの仲介担
当者もいます。

　とにかく、すぐに取引につながらなくても、その重要顧客であると見込んだ
顧客のためになることであれば、労を惜しまず、利益は少なくても、まずは 1
件の案件を成約させることが強い信頼関係を築く近道です。

［9］　既存顧客（過去の顧客、セミナー参加者等）への活動

　過去に取引があった顧客や自社主催のセミナーに参加した顧客など、連絡先
は把握しているが、上記[2]の重点的に取り組む先であると認識できていない
顧客に対しての対応としては、メルマガ、ニュースレター発信、マーケットレ
ポート、季刊誌の発行による情報提供等、あまり手間と費用をかけずに、先方
から再接触してきてもらえるような仕組みが必要です（プル戦略）。

　継続している案件がないときに定期的にアポを入れて面談を行うことは非効
率で、現実的に難しいので、初回の面談後以外では、郵送物や E メールによ
る送付と面談を併用し、接触頻度を上げる体制を作るのが良いでしょう。

［10］　潜在顧客（ターゲット顧客）、一般大衆への活動

　上記[5] ❹ の潜在顧客（ターゲット顧客）への活動は、特に地域限定の新聞
チラシ広告、E メールによる広告、雑誌などによるパブリシティ、アンケート
の DM、セミナー開催などによるプロモーション、❺ 一般大衆への活動は、
全国紙による新聞広告、テレビ、ラジオなどの媒体などによるプロモーション
が有効であると考えられます。これはブランドを作るための一種のイメージ広

告でもあります。

［11］　固定顧客（リピーター）に育てるための組織体制

■1 全社一元的な取り組み体制、ビジョンの共有

　複数の部署が同一の顧客をターゲットにして、それぞれ異なる商品、サービスを売り込んでいる場合があれば、継続的関係構築のための部署横断的チームをつくり、顧客とのリレーションシップについての理想のビジョン・価値観を共有し、一元的に対応する必要があります。

■2 全社的ノウハウ・顧客情報の共有化

　いつも成績を上げる優秀なサービス担当者ばかりであれば、組織による「仕組み」は必要ないかもしれませんが、実際は優秀な人ばかりではないのが実情です。

　そこで、優秀な人の持っている営業ノウハウやトラブルを避けるためのノウハウを、その人の中に留めるのではなく、全社的（関連企業、提携企業をも含む）に、吸収・分析し、サービス提供者全員に共有できるような仕組みを作ることが理想です。

　それはナレッジマネジメントを意味するのですが、その実現には困難を伴います。少なくともノウハウを提供した人は報われるべきです（第一部4. 2「［3］ナレッジマネジメント」⇨47ページ）。

■3 チーム体制による顧客フォロー

　ある顧客に関連する仕事の一連の流れを1人の担当者に依存せず、役割分担するほうが効率良くなることがあります。

　チーム体制のメリットは、担当者が忙しくて十分なフォローができないことを防止し、顧客の不満を防ぐことや、個人のノウハウではなくチームの総合力での対応できること、転勤などで担当者が代わった場合でも顧客との関係が継

続し得ること等が挙げられます。

　デメリットとしては、担当者が１つの役割に固定されると、セクショナリズ
ムに陥って一連のサービス全体が見えなくなること、隣の担当者と重複した仕
事をしていて全体としては非効率になる場合があること、個人としての仕事の
責任感が薄れる場合があること等が挙げられます。分業とはいえ１人で全プロ
セスをやり遂げる力がないと、これはうまく機能しません。

　不動産仲介でいえば、当初の調査の結果次第で、契約交渉の仕方も異なるの
で、交渉・契約担当者は調査のことをわかっていなければなりません。逆に調
査担当者は、どこが交渉の場で問題になるかをわかっていないと調査において
大きな見落としをしてしまう可能性があります。第１章で責任者として岡村主
任が犯した上下水管の調査もれがこのようなミスです。

４　機能的なチーム運営、管理

　機能的なチーム運営には、提供するサービス全体を理解している有能なリー
ダー（主担当）により、適材適所で担当を決定すること、全員が必ず交渉の経
緯等を記録した日誌を詳細に書き、常に組織全体で把握してフォローもれがな
いようにすること、そして定期的なローテーションにより、担当者が一連のサー
ビス全体がわかるようにしておくことが必要です。

　さらに、業績評価の際には、担当案件の成果のほか、他のチーム構成員の仕
事にいかに貢献してチームプレーができたか、短期的な達成額だけではなく、
継続的な仕事の質や難易度も重視するべきです。

　そして全体の目標達成のためには、公平で、透明性があり、個人のインセン
ティブが活きるように、従業員個人の貢献度を計る人事評価の仕組みを設計す
る必要があります。

［12］　プロの仲介担当者による重要顧客フォローの実践（例）

　不動産仲介のプロフェッショナルかどうかは、２〜３年後に成約する可能性

のある優良な見込み案件を常に何件持っているか、で決まるといってよいと思います。

　筆者が新人の頃、あるベテランの先輩は、自分が面白いと思った案件は、顧客の経営や業界にも深い関心を持って継続的にフォローし、コンスタントに成約していました。常に数件の長期の見込み売却案件をキープし、コンサルタントのように2～3か月に一度、価格査定、税金対策、有効利用・売却・購入等の相談に応じ、ときには意見書を書き、時間が比較的空いているときには、顧客が興味を持ちそうな情報を送り、それをきっかけに電話等で接触していました。

　実際にプロジェクトが動き出す時には「彼に任せなければこの案件はうまくいかない」と顧客に思わせるほど信頼されていたようです。

　そのように継続フォローしている案件のうち、例えば年に2～3件は成約し、同じく2～3件は消滅します。そして新しい見込み案件を2～3件仕入れます。もちろん最新の情報で、すぐに成約に結びつける情報のマッチングの努力は怠りません。こうして、その人の業績は毎期高位安定を続けていました。

［13］　問題発生時の対処、顧客離反の防止

　単にグリップができていなかったという理由ではなく、問題が発生した時の対処が悪いと顧客は離反していきます。問題が生じたら、顧客が離反していく過程にストップをかけることが必要です。

　同じ問題が繰り返して発生すると、

①　顧客の担当者が、いらだちを感じる段階

②　顧客の担当者が、被害を受けたことに対して自分の責任だと感じ、問題の原因になった会社を排除しようとする段階

③　顧客企業の経営層まで問題が認識された段階

を経て、最後には、

④　訴訟の段階

へと進みます。

　顧客の離脱を防ぐには、できるだけ早く、問題の真の原因を突き止め、目に
見える形で改善を始める必要があります。

　裁判まで行くと金銭的・時間的ロスにより、利益がなくなるだけではなく、
より大きなマイナスの影響を受けるリスクが生じます。

Column　　**手間のかかる業務は定期的な接触のきっかけになる**

　プロといえる人は、優良な見込み顧客との定期的な接触機会を重視します。

　その時の用件はたいしたものでなくても、経営者など意思決定者に会った
時に出てくる質問に答えることで新しいビジネスにつながったり、また、不
満な点などを本音で聞くことでサービスの改善や新しい商品に結び付いたり
することがあるからです。

　例えば、事業承継税制のコンサルティングは、複雑であることと顧客を毎
年フォローする手間があり、リスクの割にはフィーも大きくないので、税理
士でも積極的にやりたがる人は多くないといわれています。逆に、そういう
手間のかかる業務をしっかり受注することは、定期訪問するきっかけになり、
そこで顧客の信頼を得れば顧問契約につながる、という税理士もおられます。

　不動産仲介でも同じことがいえるのではないでしょうか。

3　基本調査・詳細調査
（売り物件のデューディリジェンス）

●活動の内容と共創価値

仲介業者のアクション	共創する顧客価値	売主／買主の アクション
・顧客のニーズに従った基本に忠実な完全・完璧な調査を実施する。	・顧客からの情報開示に基づく完璧な物件調査（重要事項説明の内容）、実査、反社会的勢力チェック等による破談、トラブル防止。	・売主：仲介業者に事実を開示する。 ・買主：真のニーズの実現のために、必要な要件を伝える（例：土壌汚染地に対して要求する処置方法等の条件）。

　近年、特に「デューディリジェンス」が重視されるようになってきました。これは、対象不動産の適正な価値を把握するために行う十分で詳細な調査手続きのことです。

　契約前は、重要事項説明書や契約書作成のために詳細で完璧な調査を行いますが、情報提供の際にも基本的な調査を行います。これは、取引において交渉をスムーズにし、またトラブルを回避するためにとても重要なプロセスです。

　近年地震のみならず風水害など災害が多発しています。また、AIやIoTの発達により、地盤や地質、土壌汚染、建物耐震性などの調査技術が進化してきているため、その被害に関して、プロとしての注意力をもって調査すべきところを見逃してしまうと、不動産の所有者や管理責任者としての責任が問われる機会が多くなりました。

　自分にできない調査は、専門家と協働することが必要であり、この意味でも信頼できる専門家とのネットワークが必要になります。

| Column | 「自ら調査ができない人に仲介をする資格はない」 |

　不動産についての調査は、大きく物的調査、法的調査、経済的調査に分類できます。

　調査は、買主がマンションデベロッパーであれば、その用地で建築確認がおりて予定通り建築できるか等「買主の購入目的が達成できるか」を特に強く意識して徹底的に行わなければなりません。このような意識を持てるようになるためには、担当者自身で少なくとも数十件は調査の経験をする必要があると思います。

　仲介担当者として、基本に忠実に自分自身で調査ができない人には、仲介をする資格はない、といって良いでしょう。

　近年、大手の仲介会社では、調査は専門のチームが行っている場合が多いようです。これは、取引の効率上仕方がないことではあるものの、仲介担当者は（少なくとも業務を始めて最初の数十件は）、市役所、法務局、電気・ガス・水道等の配管の有無を調査する際に、例えば、自ら現地事務所へ行って、対象の配管がその敷地のために利用できる太さがあるか、などを確認する経験をしっかり積んでおくべきだと思います。ある大手仲介会社では、入社１年目の新人には必ずこのような調査業務を経験させています。

　他人の行った調査報告書を読んだ時に「何かおかしい」と感じ取る感覚は、自分で調査を納得いくまできっちりやったことのある人でないと養われません。

　また、近年は利便性が向上し、インターネットで調査項目の概略は調べられるようになってきましたが、これにも落とし穴があります。例えば、役所のウェブサイトで調査の情報の更新がされていなかったときのリスクは、利用者が負うことになります。

　仲介担当者は、調査を専門の担当者に任せきりにせず、不明事項があれば自分自身で納得のいくまで追求すべきです。

［1］　一般的な注意事項

❶ 調査ミス、重要事項説明書における記載ミスは致命的

　重要事項説明書のミスには、調査もれのミス、記載上のミス、不十分・不適切な記載などがあります。調査不足に起因するトラブルは、プロとしてまったく抗弁の余地がなく恥ずかしいことです。そして、重要事項説明書におけるミスは、たとえ些細なものであっても、仲介業者としては致命的なものです。何度チェックしてもチェックしすぎることはありません。

　何か別の理由で顧客との争いが起こった場合でも、これを理由に説明義務違反として仲介責任を問われ、信用を落とすだけではなく、損害賠償責任を請求される場合があります。調査ミス・説明不足があった場合、結果的に成約したとしても、そのしわ寄せが手数料減額要請の原因になることもあります。

　最初から完璧な調査をめざすべきなのは当然ですが、当初は不明だったが後に重大な事項であることが判明した場合には、遅くとも買主・売主が買入申込書、売却承諾書を交わすときまでには、完璧な調査を終え、特に買主には、物件の状況を含めた諸条件への理解を深めておいてもらう必要があります。

　不十分・不適切な調査は、トラブルの原因になるだけではなく、その収拾に大変手間をとられることになり、大きな時間のロスが発生します。

❷ 売主の開示資料が正しいとは限らない

　売主が必ずしも詳細にわたり知っているとは限らないし、知っていてもそのすべてを語ってくれるとは限りません。売主からの提示資料を完全に信用することは禁物です。

　例えば、売主のリストに対象土地の1筆が抜けていた、というようなことがあります。そのため、公図や現況の隣地所有者を調べ、対象不動産を確定する必要があります。

　現地と地図等の書類とを突合し、疑問点があれば必ず解消しておきましょう。

❸ 役所の担当者の見解が正しいとは限らない

　役所調査においても、同じ事柄でも管轄部署によって見解が異なることがあります。ある部署の担当者の見解が100％正しいとは限りません。

　後々のトラブルを回避するためには、自分が納得のいくまで、疑問や不安を残さず、自分の目で確かめることが重要です。役所等においては、自分自身で担当官に質問し、その見解をしっかり記録し、質問に答えてもらった担当官の名前は必ず控えておきます。後に疑問点が出てきたときに電話でも再度聞けるようにするためです。

❹ もれのない調査項目、適用されないことの確認

　担当官は、質問した事項にしか答えてくれません。

　したがって、物件調査の前には必ず、適用される可能性のある法令・条令等の必要な調査項目を網羅した「物件調査チェックリスト」を作成し、担当官に、適用される項目だけでなく、他の項目が適用されないことも確認してもらいます。そして、これを参照しながら現地実踏を行います。例えば、空港近くの地域では航空法の適用制限を受けるかどうかを調査することは必須事項ですが、意外と見落としがちです。

❺ 条例の確認も忘れずに

　役所調査においては、土壌汚染の調査など、法令だけではなく条例まで適用の有無を調べる必要があります。例えば、東京都条例のように、建築基準法より厳しい規制もありますので注意します（Ⅰ.3 [3]「1. 道路にはとことんこだわる」⇨ 150 ページ）。

❻ 基本に忠実に、手抜き調査は禁物

　思い込みによる手抜き調査は禁物です。以下は、トラブルや訴訟の原因となった例です。

　　①　前面道路にガスの配管があっても、その道が国道で舗装を掘り返すこと

ができない場合、対象地に引き込みができるとは限りません。

② 前面道路の埋設管の調査で、取得後に何軒もの新築を予定している場合には、現状の建物を対象とした容量の調査では足りず、新築後の建物の容量を満たしているかを調べる必要があります。

③ 既存の家が存在するからといって、それが建築基準法に適合しているとは限りません。違法建築物ではないか、あるいは適法であるが現在の容積率や建ぺい率に適合しない既存不適格建築物でないか等、建物設計図と実物を見比べて確認します。

７ 遠方での調査の注意点

遠方の物件で、地方に出張して調査する場合、事前に自治体のホームページ等で確認できるものはできるだけ確認しておきます。また、どの調査項目がどこに行けば調査できるのかをあらかじめ（電話で）現地の役所に確認しておきます。

特に、1995 〜 2006 年にかけて「平成の大合併」のあった市町村においては、調査資料が合併前の旧庁舎でしか閲覧できず、合併後の庁舎に行っても閲覧できないことがありました。

遠方への出張調査は時間が制約されるので、調査場所の確認や回るルートなどについて、入念な事前準備が必要です。また、ここでも電話で聞けるように、現地で調査した際、役所等の担当者の名前を必ず控えておきます。

８ 不明点は専門家に調査を依頼する

情報入手の初期段階では、基本的な調査は仲介会社自身で行います。しかし、土壌汚染、地盤、耐震性、大規模修繕の必要性等（エンジニアリングレポート項目）、埋蔵文化財、滅失した建物の地下杭、隣地の引き込み管など、案件が具体化し、費用をかけて専門的な対応が必要となる場合は、信頼できる外部の専門家の調査を活用する必要があります。

そのような専門家には仲介者自らの調査の正確性の確認や、セカンドオピニ

オンを頼む場合もあります。

　専門家の調査が頻繁に必要になるような地域を担当する場合、事前に徹底的に勉強し、専門家からも教えてもらえば、それが自分の大きな強みになります。例えば、あるベテランの仲介担当者は、工場跡地の多いエリアで広大地の仲介を担当していた時、役所や専門家と一緒に土壌汚染について熱心に勉強し、ついには専門的立場から顧客にアドバイスができるようなレベルになったそうです。

9 他社調査資料の扱い（調査時期に注意）

　他社が作った既存の物件調査資料をもとに取引の進談を始める場合も、原則として自社ですべての調査をやり直し、あとで調査不足が原因で問題が起きないようにします。

　少なくとも既存の調査資料の調査時期を確認し、調査時から現在までの変化に注意する等、調査の信頼性を再確認する必要があります。

10 調査の限界

　地中の古い引き込み管や大きな岩石の存在など、現地を見ても、登記簿を見ても、市役所の図面を見ても、実際に掘り返してみるまではどうしても確認できないものがあります。

　近年は調査機器の発達で、配管など地中埋設物の三次元図面を作成できるようになりましたが、顧客から要求される条件のもとで、できるだけの調査は尽くした上で、その限界を知り、報告書にはどこまで、どのような調査を行い、その結果がどうだったかを明記しておきます。

　また、不測の事態を想定して、重要事項説明書や売買契約書で契約不適合条項などを明確に規定しておきます。

[2]　現地実査の留意点

　物件の現地実査においては、なにか「いやだ」という感覚を大事にし、徹底的に調べます。下図を活用してください。

●物件実査における「いやだ!! の無いこと」確認事項

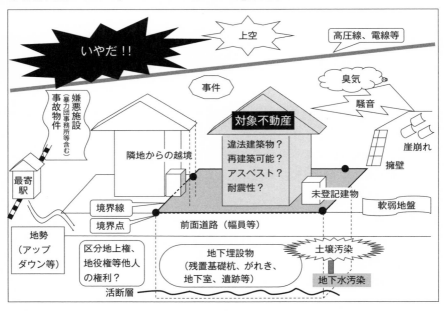

〈土地・周辺環境〉

1 物件への行き方

　現地実査では地理カンをつかむために、往路と復路の道を変え、同じ道を通らないようにしながら、できるだけ最寄り駅から歩いて物件まで行くようにします。

　「最寄り駅から５分」という案件説明書の物件でも、急な坂道で高齢者にはとても５分では歩けない場合があります。このように歩いていけば、車で行っ

たときには気がつかなかった、物件の特性が見えてきます。

2 土地の相場価格をつかむ

　現地の地価水準を把握するため、近くの地価公示、地価調査ポイント、相続税路線価、取引事例等を事前に調べて同時に実踏します。

3 目立たない

　現地では、あまり目立たないように心がけます。

　売主は売却することを周囲に知られたくない場合も多く、特に近所の人がいる前で地図を見ながら大声で取引条件の話をすることはタブーです。現地地図はポケットに入れて、概略の付近図は頭に入れておきます。

4 現地での対象不動産の基本的確認

　事前に用意した法務局から取得した公図等で、対象不動産の地番が隣地所有者との位置関係から間違いないか確認します。そして、境界点、境界線と、間口・奥行、形状、前面道路幅員、隣地から越境状態等を目視、歩測等で確認し、後の実測に備えます（Ⅲ. 9「[2] 実測と越境問題」⇨ 228 ページ）。

5 隣接地からの越境、嫌悪施設、騒音等に注意

　屋根、壁、電線、排水管等の隣接地からの越境、近隣の嫌悪施設（暴力団等の事務所を含む）、騒音（踏切等）、臭気、土壌汚染の可能性の有無（工場跡地等の場合）、崖崩れ、水回り等に細心の注意を払います。

　建物が密集している場所では、隣接地からの越境は必ずあると思っておいてちょうどよいくらいです。

　騒音、臭気等は耳、鼻の馴れや、風向き等によって変化するので、しばらくじっと現場近く（5 分程度）に立ってみることも重要です。そうすればじっと見えてくるものがあります。感覚的に何か「いやだ」と感じたら、それが何かを見極める必要があります。

6 擁壁の状態

　対象土地にがけ地が含まれ、古い造成地の擁壁がある場合、それが現在の安全性基準に適合していないときには、擁壁の補強や新設をしなければ、新築の際、建築確認がおりないことがあるので注意します。また、隣接地に属する擁壁であっても、安全性に問題がある場合は同様の注意を要します。

7 最有効使用を考え、広範囲に、時間を変えて見る

　現地実査では、対象不動産の最有効使用は何か、言い換えれば「何に一番向いているのか」を考えながら対象不動産を見ます。最有効使用のときの価格が、その物件の価格（市場価値）だからです。例えば、中高層ビルがたち並ぶ街にある、木造２階建の古い住宅の敷地は、中高層ビルの敷地としての利用が最有効使用です。

　最有効使用を考えるためには、その対象不動産だけではなく近隣の地域をできるだけ広範囲にわたって見る必要があります。

　また、物件の朝・昼・夜、休日、平日の顔はそれぞれ違うので、日時を変えて見ることも必要です。休日にはわからなかった騒音や臭気が、近くの工場が操業している平日では気になる、という場合もあるからです。

8 周辺の地形、地盤、水害、地滑り、活断層等の危険性に注意

　近年、気候変動の影響で毎年のように大災害が起こっているため、今まで以上に対象不動産の物理的リスクに注目が集まっています。不動産の所有者と管理者には安全配慮義務があり、災害による被害が起きると、これを怠ったと訴えられ、責任を追及される可能性があるため、これらのリスクに対する対策を事前に真剣に行う必要があります。

　近隣を歩くときは、周辺全体の地形や高低差に気をつけて見ます。

　特に水については要注意です。過去の災害時に鉄砲水が流れてきたところや、旧河川敷などは再び水害に遇うリスクがあり、海や池などの埋め立て地は地盤が緩く、被害を受ける可能性があります。

2019年の大洪水の際に内水氾濫のあった神奈川県川崎市のマンション敷地が多摩川の旧河川上にあったことや、2020年に起きた神奈川県逗子市のマンション敷地斜面の崩落による死亡事故の敷地は、鶴見川の旧河川敷にあったということは記憶に新しいところです。

最近は、地盤や活断層、地滑りの危険がある地区の存在が、個別の土地について徐々に明らかになってきました。役所で公開されているハザードマップを確認するだけではなく、民間の機関が行っている調査もできるだけ利用したいものです。特に、建物を新築する際には地盤調査と地盤改良工事が必須になってきています（地盤の強度をN値等で測る等）。

国土交通省のホームページには「重ねるハザードマップ」（洪水、土砂災害、津波、道路防災情報）、「わがまちハザードマップ」が掲載されており、航空写真も掲載されています（https://disaportal.gsi.go.jp/）。

地盤についての民間調査では、応用地質㈱とアットホーム㈱は、土地所有者や購入検討者向けに、宅地に想定される地盤リスクと補強工法を解説するレポート作成サービスを、リーズナブルな価格で提供しています。

法律では、災害対策基本法のほか、建築基準法関係、水防法、砂防法、特定都市河川浸水被害対策法、急傾斜地法、地すべり等防止法、土砂災害防止法、土砂災害特別警戒区域等の法律の改正状況には特に注意しておきましょう。

9 他人の権利の存在等

隣地の給排水管が敷地内を経由しているか、対象不動産の給配水管が隣地を通過しているか、敷地内を通行する権利を他人が持っている可能性はないか等、現地を見ているときに気がつくことがあります。また、古い家屋を取り壊したときに、これらが初めて発見されることもよくあります。

10 地下室、コンクリートの基礎杭等にも注意

古い建物の滅失時に地下室やコンクリートの基礎杭等が撤去されていないことがあります。これらの撤去には大きな費用がかかるので、大きな減価要因に

なります。表面が土等で覆われていると見つけることは困難ですが、できるだけ現地実査で発見するよう努めます。

　法務局で閉鎖登記簿謄本を調べて、以前の建物が鉄筋コンクリート造で地下室ありの場合は疑ってみる必要があります。

〈建物〉

11 建物の調査

　まず、対象の建物が存在するか、延面積などの数量が間違いないかどうかを、登記簿や固定資産課税台帳の建物リストを用いて突合し、確認します。

　次に、既存不適格建築物か違法建築物かどうかについて、建物竣工図面と現状を見比べて確認します。既存不適格建築物とは、建築当時は適法だったが、法律が改正されたり、敷地の一部が買収されたりすることによって容積率・建ぺい率など現在の法律に適合しない建築物で、建替え時には現在の規制に従うべき建築物です。ただし、現存建物が存在する限りは合法で、違法建物ではありません。

　建物の現地調査は仲介業者にとって（不動産鑑定士等にとっても）非常に難しいものです。物理的な面では、壁のひび割れ、床の水もれや、エレベーター・空調機などの付属機械の老朽化や故障による不備な状態、メンテナンス・法定点検の状況等、肉眼での目視でわかるものはもちろんのこと、売主・買主双方にしっかり認識してもらうため、できる限りの調査を尽くし、問題の部分はすべての項目を書面や写真で残します。

　引き渡し後に発見される可能性のあるものは、契約不適合責任（旧瑕疵担保責任）の問題として契約書に規定しておきます。

　最近では住宅の建物インスペクション、シロアリ調査、ビルのアスベスト調査、エンジニアリングレポートを作成する専門家が増加しており、エンジニアリングレポートを取引に添付することが主流になってきています。

　2018年4月より、建物インスペクションレポートについて、

　①　中古住宅の売買の媒介契約を交わす際に、依頼者にインスペクション事

　　業者の紹介の可否を尋ね、その意向に応じて斡旋すること

②　売買契約締結前に買主に対して行う重要事項説明の際に、インスペクションが実施された場合はその結果について説明すること

③　売買契約を締結する際に、インスペクション・ガイドラインで診断すべき基礎や外壁の状態、雨漏りの状態などを売主・買主双方で確認し、その内容を書面にして双方に交付すること

が必要になりました。

　また、証券化対象不動産に関する鑑定評価基準においてはエンジニアリングレポートの作成が必須であると規定されており（国土交通省「不動産鑑定評価基準」各論 第3章第4節Ⅲ）、その調査内容として、修繕計画、再調達価格、有害物質（アスベスト等）に係る建物環境、土壌汚染、地震リスク、耐震性、地下埋設物等が挙げられています。

🔢 対象建物の安全性に注意（特に空き家の場合）

　対象建物が空き家の場合、居住用の小規模宅地として認定されると、固定資産税が6分の1になる等の優遇措置があること等の理由により、そのまま放置されることが多いので、仲介担当者としても注意が必要です。火災のとき他人の家に類焼を及ぼすリスクがあり、また、台風などによって瓦や屋根、看板が飛んで、通行人などがけがをする場合があるからです。

　筆者も実際、空き家に暴走族が入り込み火遊びをしてボヤになった跡を、実査の際見たことがあり、また空き家の物件案内している際、ガスもれを発見し、至急ガス会社にきてもらって処理したことがありました。

　基本的には空き家は取り壊してもらうように説得しますが、売買取引では、少なくとも取引が完了するまで売主に火災保険をかけてもらうほうが良いでしょう。失火責任法では、所有者・管理者に重過失が認定された場合、損害賠償請求を受けて責任を問われる可能性があります。重過失とは「わずかな注意さえすれば、たやすく違法有害な結果を予見することができるのに、漫然とこれを見逃したり、著しく注意が欠けたりした」状態です。

　空き家に関しては、2014年11月に空き家対策特別措置法が成立しました（2015年2月施行）。同法では、市町村長は空き家を実態調査し、所有者へ適切な管理の指導を行い、跡地についての活用を促進します。また、市町村は倒壊のおそれがある空き家や著しく衛生上有害な空き家など、適切に管理されていない空き家を「特定空き家」に指定して、助言・指導・勧告・命令ができます。所有者がこれに従わない場合は、上記固定資産税の減税の特典がなくなるだけではなく、市町村は罰金を課し、撤去などの行政代執行を行うことができるようになりました。

　なお、固定資産税に関する小規模宅地の税制上の特典を受ける場合、建物取り壊し後1年以内に契約することが要件なので、注意が必要です。

［3］　役所調査等の要点（主に行政法規、条令に関するもの）

■1 道路にはとことんこだわる

　前面道路が建築基準法、道路法のどの条文にあたるのか、どのような建物が建つのか（建たないのか）には、とことんこだわる必要があります。道路の調査が終われば、調査は半分終わったようなものです。

　用水路を介して道路に接している敷地の場合は、道路からの進入路である橋梁部分の占用許可や、道路の接道条件を満たしているか、容積率・建ぺい率の計算に算入するかどうか、前面道路の幅員等による緩和、制限を受けるかどうか等を確認します。

　開発用地の場合、前面道路の幅員だけではなく、広い道路からのアクセスの道路幅員や接道幅を満たしていることの調査が必要です。また、都市計画道路等により用地買収される場合は、計画のどの段階か、いつ頃実現するかを確認する必要があります。

　条例にも注意を払う必要があります。建築基準法では、建築物の敷地は道路と2m以上接しなければならないと規定されていますが、以下はこれより厳しい東京都の条例の例です。ただし、知事が安全上支障ないと認める場合には

適用されないので、個別に調査する必要があります。

東京都建築安全条例（抜粋）

（建築物の敷地と道路との関係）

第 4 条　延べ面積（同一敷地内に 2 以上の建築物がある場合は、その延べ面積の合計とする。）が 1000 平方メートルを超える建築物の敷地は、その延べ面積に応じて、次の表に掲げる長さ以上道路に接しなければならない。

（延べ面積、長さ）

・1000 平方メートルを超え、2000 平方メートル以下のもの、6 メートル

・2000 平方メートルを超え、3000 平方メートル以下のもの、8 メートル

・3000 平方メートルを超えるもの、10 メートル

2　延べ面積が 3000 平方メートルを超え、かつ、建築物の高さが 15 メートルを超える建築物の敷地に対する前項の規定の適用については、同項中「道路」とあるのは、「幅員 6 メートル以上の道路」とする。

3　前 2 項の規定は、建築物の周囲の空地の状況その他土地及び周囲の状況により知事が安全上支障がないと認める場合においては、適用しない。

---

2 埋蔵文化財包蔵地

埋蔵文化財は思わぬ落とし穴になることがあります。

一般的には、教育委員会が行う埋蔵文化財の調査においては、どのような遺跡にあたっているのか（いないのか）、どのような試掘調査が必要か（例：1 m四方の深さ 2 m の穴を 3 か所掘る等）、試掘費用はいくらかかり、いつできるのか、等詳細に調べます。

大人数の学生アルバイトが利用できる 8 月（夏休み）まで本格的な試掘調査ができず、やむなく残代金決済や契約を延期するという事例もありました。

もちろん、埋蔵文化財が出土したときにはどう対処するかを売買契約書に定めておきます。また、埋蔵文化財包蔵地を事業用として購入して建築する場合、買主には負担があることが多いので、それを理解して購入してもらうことが必

要です。

3 土壌汚染地

　土壌汚染が売買取引対象地で見つかり、それが原因で取引がストップすることがよくあります。

　まず仲介担当者は、役所において少なくとも土壌汚染対策法に規定する有害物質使用特定施設であるか、同法上の要措置区域の指定もしくは形質変更時要届出区域の指定がなされているかどうか等を調べます。これは重要事項説明書の記載事項です。

　次に、過去の住宅地図や閉鎖登記簿謄本で過去の利用履歴を調査します。売買対象地が、現状有害物質を扱う工場などにあたる場合はもちろん、過去の利用履歴でそのような工場用地であったことが判明すると、詳細な調査を行わない限り取引は前には進みません。

　ただし、建物のない更地の場合は詳細調査が可能ですが、稼働中の建物の下にある土地は、事実上更地レベルの詳細調査や確認が難しいため、このような土地・建物の取引や評価は何らかの条件を付け、万一建物取り壊し後に発見された場合はどのように扱うのか、売買契約書等に規定しておく必要があります。

　そして、もし過去に所有者が、土壌汚染に関し、フェーズⅠ（資料等調査、土地履歴調査）、フェーズⅡ（表層土壌調査、ボーリング調査）、フェーズⅢ（浄化対策工事）の調査、工事を行って実施していればそれも明らかにし、できるだけ重要事項説明書や契約書に記載しておく必要があります。

　土壌汚染のない状態を要求する買主と、引き渡し後に汚染が見つかった時に買主から訴訟を受けることを恐れる売主との双方の事情により、汚染地は有効活用されず塩漬けになることがよくありますが、これは社会経済上の大きな損失といえます。

　人体への被害の可能性については、十分認識した上で、工場・物流施設・商業施設・住居・オフィス等の利用方法に応じた汚染対策（掘削除去だけではなく、現地浄化、アスファルト等による被覆など）を講じて、それに応じた価格を求め、

買主・売主が契約書の上で、リスクを認識し納得の上、売買を行うことが望まれます。

④ 市街化調整区域

　市街化調整区域内では、基本的に建物の建築ができず、実際に建築が可能かどうかは、法令の規定を読むだけでは判断できません。役所の判断は、法令を基本としながらも、具体的案件に関する経緯や特殊事情等、諸般の事情を総合的に勘案して行われます。

　その判断は、非常に微妙であり、間違ったときの影響も大きいので、役所では念には念を入れて確認する必要があります。

［4］　法務局調査

① 権利の調査（甲区）

　登記事項が現実に合致しているか、所有権を制限する他人の権利が付着していないか等について、法務局やウェブサイト「登記情報提供サービス」で現状の登記事項証明書（登記簿謄本）を取得し、確認します。登記事項証明書には現所有者に関する事項しか載っていないので、以前の所有者や取引の経緯を確認するためには、管轄の法務局に出向いて閉鎖登記簿の写しを取得します。

　また、登記されている所有者が真の所有者かどうかを調べる際、登記上の所有者がすでに死亡し相続登記されていない場合は、誰が相続したのか等を別途調査、確認する必要があります。

　所有権移転登記の前には、相続登記が必要です。相続人の共有関係になっている場合は、共有持分権者全員の合意を得る必要がありますが、共有持分権者が多人数で、外国等遠方に住んでいる場合や行方不明になっているケースには取引が滞ってしまいます。

　なお、所有者不明土地については、「所有者不明土地の利用の円滑化等に関する特別措置法」が 2018 年に一部、2019 年 6 月全面施行されましたが、いず

れにしても取引はスムーズには進みません。

　(注)　その後、「所有者不明土地の発生予防」と「すでに発生している所有者不明土地の利
　　　用の円滑化」の両面から、2021 年 4 月に民法・不動産登記法等の改正が行われ、相
　　　続登記の義務化などが定められました。施行は早いものでも 2023 年以降になります
　　　が、今後の動向に注意が必要です。

❷ 登記、固定資産台帳、地図と現地実態との整合性の確認

　登記されている事項と固定資産税課税台帳の記載事項が整合しない場合があります。

　例えば、工場などの敷地上の建物については、登記されていない場合が多いので、固定資産台帳によりその存否を確認します。増築や減築あるいはすでに建物が滅失された場合も、登記や固定資産税台帳に反映されていない場合があるので注意が必要です。

　また、対象不動産の登記事項を公図等の図面と照合した場合、その位置や数量が整合しないときがあります。この場合、閉鎖登記簿謄本により、過去からの合筆、分筆の経緯を調査、整理して対象物件を特定する必要があります。過去の法務局のミス等により、所有者や所在の解明のできない地番が存在する場合もあります。

　以上、土地、建物、構築物等について、登記事項と固定資産税台帳記載事項とを机上で照合するとともに、現地での実態調査により、その正確性、整合性を確認します。

　現実に未登記・未登録物件があった場合や、滅失済みの建物の登記があった場合、さらに、土地家屋調査士等による調査でも不明事項が残る場合は、その対処方法を重要事項説明書や契約書に盛り込みます。

❸ 隣地所有者の確認により対象土地を確認する

　対象地の境界点や境界線について、隣接する土地（道路を含む）の登記、公図等を法務局で調べ、その所有者との間の境界線・境界点がどこにあるか、不明であるかどうか等を、現地で確認します。

依頼者（所有者）が、対象不動産に含まれると認識していない筆の土地が隣接していることがあるためです。これは、対象不動産の確定・確認における基本動作です。

4 抵当権等の確認（乙区）

所有権に関する事項は「甲区」に記載され、「乙区」には所有権以外に関する権利が記載されています。

抵当権の登記や差し押さえの登記がある場合、売買代金決済時にこれらが抹消されて完全所有権になった後、所有権が移転、引き渡しという順で手続きが行われるよう、売買契約書で規定されます。

5 多くを語る閉鎖登記簿

以上で見たように、閉鎖登記簿によって多くのことがわかります。

以前の地目、所有者、建物、取得原因、抵当権等の移り変わり、共同担保などを見ることにより「調査すべきことは何か」のヒントになります。

例えば、かつて地下室付きの鉄筋の建物が立っていた更地の場合、地下室が残っていないだろうかとか、池だったところは地盤について注意すべきとか、工場だった土地は現状は住宅でも土壌汚染を疑うとか、代物弁済で取得した所有者はおそらく物件の詳細については知らないだろう、等の推測ができます。

また、旧字名からも地勢等を推測できる場合があります。

業務用不動産の売買においては、閉鎖登記簿の確認は必須です。

Column　新不動産登記法

不動産登記法は 2004 年に全面改正、2005 年 3 月 7 日から施行され、条文の現代語化、オンライン申請の導入、磁気ディスク登記簿への一本化、地図の電子化など、新しい登記制度が始まりました。

大きな変更点は以下の通りです。

① 登記済証（権利証）から登記識別情報に

権利に関する登記を申請する場合の本人確認のための書類として、以前は、**登記済証（権利証）**が作られました。登記済証（権利証）は、登記が完了した際に法務局から買主等の登記名義人に交付する書面ですが、それに代わる本人確認情報手段として、**登記識別情報**の制度が導入されました。

この登記識別情報は、登記申請がされた場合、登記名義人となる申請人に、その登記に係る物件および登記の内容とともに法務局から通知されます。具体的には、アラビア数字その他の符号の組合せからなる12桁の符号で、不動産および登記名義人となった申請人ごとに定められます。

登記名義人またはその相続人その他の一般承継人は、登記申請の前に、手数料を納付して、**登記識別情報が有効であることの証明**を請求することができます。また、登記済証には登記が完了したことを証明する機能もありましたが、この機能を代替するものとして、**登記完了証**が交付されます。

なお、新法施行後に権利移転がなく、それ以前に作られた現在の登記済証（権利証）は、これまでどおりに、新法施行後も登記申請において、添付書面として利用することができます。

② 登記原因書類の提出

登記情報の正確性を向上させるために、登記情報を証する情報である**登記原因書類**を必ず登記所に提出しなければならなくなりました（不動産登記法61条）。

旧法では、登記済証を滅失したとき、申請書に登記を受けた成年者2人以上が人違いでないことを保証した書面（**保証書**）を添付して登記義務者に通知し、3週間以内に登記義務者が間違いない旨の申し出があったとき、登記申請があったものとしていましたが、これに関して不正行為が多く発生しました。

現行の登記識別情報は、印鑑証明書および印鑑または電子証明書および電子署名に加え、登記手続固有の本人確認手段であるので、登記識別情報の提供ができないときは、別の手段により本人確認手続を行う必要があります。

この場合、登記識別情報を提供することができない理由（紛失・失念等）

を申請情報の内容とすることによって、登記官が事前通知（個人の場合は、本人限定受取郵便により、法人の場合は原則として書留による）により本人確認を行います（**事前通知制度**）。

　また、住所移転を利用した成りすましに対処するため、所有権に関する登記が変更後の住所で申請された場合、変更前の住所にも原則として登記申請があったことを通知します。

③　資格者への委任制度

　登記の申請を**司法書士等の資格者**に委任して行う場合には、「事前通知」の方法によらずに司法書士等の資格者や公証役場の公証人に本人であることを確認した旨の書類（「**本人確認情報**」）を提供してもらう方法があります（不動産登記法 23 条 4 項）。

　公証人による本人認証は、目の前にいる人がある日に確かに来所して、押印・サインされたという証拠にはなりますが、真に本人であるということの確認は注意する必要があります。

　近年起きた有名な地面師による詐欺事件でも、地面師グループが公証役場で公証人に偽の印鑑登録証明書と偽造パスポートを示し、申請者が地主本人だと認証する公正証書を不正に取得しました。

［5］　経済的調査（地価動向等）

　地価や賃料の動向、人口動態、付近の商業売上の推移など不動産の価値に影響を与える経済的、社会的、地理的要因を調査します。

　地価公示価格、相続税路線価の調査や地元精通した不動産業者へのヒアリング等土地価格の相場を調査することも経済的調査の一環です。また、国土交通省をはじめ民間企業のウェブサイトには、地価や建物物価等について数多くの情報があり、利用可能です。

　すぐ手に入る情報でも、対象物件の価格の妥当性について検証するために、売主・買主に提供すれば喜ばれます。

［6］　売主からの詳細情報入手—守秘義務契約の締結

　仲介業者が売主から不動産の売却を依頼されたとき、測量図面などの他、特に収益用不動産の場合は、収益費用項目についての詳細資料等を預ります。その際、守秘義務契約を締結したり、仲介業者から守秘義務に関する差入証を提出したりすることがあります。

　仲介業者は、この契約等がなくても、入手した情報を、売却のために公開する内容以外に、他人に漏らしたり、売却活動以外の目的に利用したりすることは禁じられています。受領した情報の守秘義務は厳守する必要があります。

［7］　調査結果の重要事項説明書、契約書への反映

　調査により、後に当事者間で問題になり得ると判明したところはすべて重要事項説明書に正確に記載するとともに、争いが起きたとき誰の責任でどう処理するのかを、契約書に明確に定めておく必要があります。

II

案件生成プロセス

4 情報マッチング

●活動の内容と共創価値

仲介業者のアクション	共創する顧客価値	売主／買主の アクション
・データベースの活用によるマッチングの他、自由な幅広い発想によるトライアル・アンド・エラーを行う。 ・長期の売れ残り物件を着実にフォローする。	・仲介者の蓄積された情報、自由な発想に基づき、顧客にとって最適な相手（買主・売主）と効率的にマッチングされること	・売却、購入が経営戦略、CRE戦略に沿っているかチェックする。 ・売却条件または購入条件を明確化する。 ・税効果などについて、自社の税理士に確認する。

［1］ 基本動作

■1 こだわり、情熱と自由で柔軟な発想、実行力を持つこと

　客付け活動において最も大事なことは、成約に向けて「この物件はどうしても自分が売りたい」「この買主には自分が気に入る物件を紹介したい」と考える仲介担当者としてのこだわり、情熱です。

　そのためには「この土地にはこの業種のこの会社が似合う」とか、「あのデベロッパーならこの土地でもマンション事業をするだろう」とか、楽観的に、自由に情報提供先を発想することが大切です。

　経験を積むにつれこの発想が豊かに研ぎ澄まされ、的を絞った発想ができるようになってきます。そして、重要なのは発想したことをそのままにしておくのではなく、実際に実行に移すことです。

2 潜在的ニーズ～隣接地、近隣地～

　自社内データベースにある買いニーズと売りニーズを簡単にマッチングできなかったとき、情報提供先としてまず考えるべきは、物件の隣接地・近隣地の所有者です。売り物件の隣地所有者は最大の見込み購入者といえます。

　隣接地を購入して面積が大きくなることで、住宅地がホテル用地として利用できることもあり、また、形状の悪い土地を併合することで、オフィスビルの敷地として利用できるようになって、大幅に土地の単価が上がり得るからです。

　よく「隣の土地は相場の倍の価格でも買え」ともいわれます。

　不動産鑑定評価では、隣地を買うときの価格は、正常価格ではなくいわゆる限定価格を求めることが多くなります。

　例えば、下図は、AさんがBさんの土地を買う、またはBさんがAさんの土地を買う場合です。

　限定価格とは、簡単にいえば、隣地を買って一体化し、面積が大きく形状が良くなって単価が高くなることによって、単純に自分の土地の価格と隣地の土地の価格を合計した価格より、一体化した土地の価格は高くなるため、隣地を買うときの価格は、第三者がそれを買う時の正常価格より高く算出されると考

える価格概念です。2つの土地が併合することによる価値の増分（増分価値）をAさんとBさんとでどのように分配するかが問題になります。

さらに、隣接していなくても近隣の住人や会社には潜在的な買いニーズはあると考えてよいでしょう。近隣にある事業所や本社等の増設のための用地や駐車場・倉庫用地という買いニーズ、また隣地買収のための代替地としての取得ニーズ、自分の土地の権利や環境を守るための防衛買いニーズもあります。建物建築不可の土地であっても、隣地・近隣地の人であれば物置場など何らかの利用ニーズがある可能性があります。

そのため、現地に（売主の了解を得て）看板を立てることは意外に効果的ですし、近隣にチラシを配る、ということも基本的な動作です。

これらは誰もが考え得る仲介の鉄則ですが、忘れていることが多いものです。

3 潜在的ニーズ～借地権、底地～

借地権者や底地権者から、売却や購入、賃料の引き上げ、立ち退き交渉等について相談を受けることは比較的多いものです。借地権は、通常「借地権付建物」として建物と一体として取引されますが、借地権はその土地の利用権の部分です。

一般に、借地権や底地権など完全所有権ではない場合（下記 4 の共有の場合なども同様）は、権利が不安定でかつ市場価値が低く、できればこれらの権利関係を解消したいという潜在的なニーズが、両当事者にあります。

これはビジネスチャンスともいえますが、まず借地借家法はもちろん、両当事者の借地借家関係について、契約時、その後の経緯など詳細に理解する必要があります。

また、バブル時に地価の高い地域では、強引な地上げなどで世間を騒がせた人も絡んできたこともあるので、自社（仲介業者）で扱える案件かどうかは慎重に検討すべきです。

借地権・底地の正常価格（市場価値）の一般的関係を図示すると、次ページの通りです。

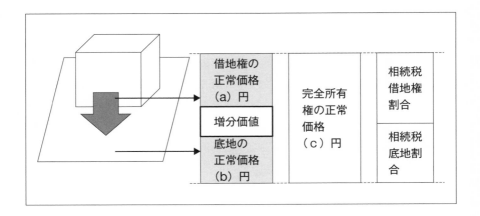

一般的には借地権者にとって、借地権を単独で第三者に（a）円で売却すること、底地所有者が第三者に（b）円で売却することは、完全所有権の価値（c）円との関係では、「（a）＋（b）＜（c）」という関係になります。ただし、財産評価基本通達による借地権割合では、基本的に「借地権割合＋底地割合＝1」という関係になっています。

借地権者は、第三者に借地権を売却する場合、民法上は底地所有者の承諾を得る必要がありますが、それが得られない場合、借地借家法により、借地非訟事件として裁判所に訴えれば、裁判所が借地権者から底地所有者への金銭給付を条件に、底地所有者に代わって許可してもらえます（土地賃借権の譲渡の許可：借地借家法19条）。しかし、この金銭的負担や手間を考えると、借地権の価格は、完全所有権に借地権割合を乗じた価格より大幅に低くなり得ます。

一方、一般に底地の地代利回りは非常に低く、財産評価基本通達による借地権割合からもとめた底地価格（「更地×底地割合」）より低くなります。

底地は借地権者の承諾なく第三者に売却できますが、普通借地権のついた底地の場合、借地権者に債務不履行がない限り、また賃貸期間終了時、底地所有者の明け渡しの正当事由が、借地権者が住み続ける等の正当事由により一定程度以上大きくならない限り明け渡しが認められず、永久に完全所有権化できません。

　本来の価値を実現する方法は、借地権と底地をあわせることにより完全所有権にすることであり、具体的には、借地権を底地所有者に売却する場合、底地を借地権者に売却する場合、あるいは借地権者、底地所有者がともに第三者に借地権、底地を売却する場合です。これにより潜在的な増分価値が実際の価値として実現します。

　以上より、借地―底地の関係には、潜在的に売却・購入ニーズがあるといえます。

　なお、借地契約が定期借地契約の場合は、立ち退きに係る問題は基本的に生じません。また、借家契約における家主―テナントの関係においては、借地の借地非訟事件による賃貸人に代わる裁判所の許可という制度はありません。

Column　隣接地、借地権、底地の実際の価格

　借地権・底地の売買において、借地人が底地を買い取る場合や、底地所有者が借地権を買い取る場合は、上記 **2** の隣接地取引と同様に「限定価格」という概念を用いて評価、取引される場合が多いです。

　一般市場で第三者に売却するのではなく、売買当事者が底地所有者、借地人という市場に「限定」されているという意味です。前ページの図における「増分価値」を何らかの割合で分配し、借地権、底地それぞれの正常価格に加算したものが、それぞれの評価額になります。

　しかし、現実には売買の際、賃貸人・賃借人のどちらが売却（購入）を持ちかけたかで、成約価格は大きく左右されます。隣地買収の場合も原理は同じですが、一般に以下のように考えられます。

　　・相手から不動産を買ってほしいと依頼が来たとき、依頼を受けた方はまず低い価格を提示して交渉を開始することができます。逆に、自分から不動産を買ってほしいと依頼に行く場合、依頼者は、相手に買ってもらえなければ相場以下の価格で売らなければならないことを覚悟する必要があります。

・相手から自分所有の不動産を売ってほしいと依頼してきたときは、相場より高い価格で売却することが可能です。逆に、自分から相手の不動産を売ってほしいと買いに行く際には、少々高めで買うことになることを覚悟する必要があります。

　第三者が双方（例えば、底地権者と借地権者）に「売ってくれませんか？」と同時に依頼する場合は、情報がオープンである限りどちらかが得をすることはありませんが、その分配割合でもめることはあります。この場合、相続税路線価借地権割合で決まる場合が多いと思われます。

　なお、隣地買収のケースでは、交渉において限定価格が問題にならないように、買収する側がダミーの会社を使って隣地と交渉して購入し、最終的には一体化して開発が行われることも高度商業地では見られます。

4 潜在的ニーズ〜共有持分権〜

　相続などで数人が共有持分権を持っている場合は、借地権の場合と同じく不安定で、これらの権利関係を解消したいという潜在ニーズが必ずあります。

　共有物件の売却や大幅な改築等の場合には、原則として全員一致でないとできないため、可能であれば事前に完全所有権にまとめておくに越したことはありません。したがって、共有物件の売却などの相談を受けた場合は以下のような説明を行い、早期の完全所有権化の提案を行います。

　共有関係は、相続時に起こりやすいものです。被相続人の死亡を「知った日」の翌日から10か月以内の相続税の申告期限を過ぎ、その時点である不動産の相続人が決まっていないと、最終的には相続割合での共有になることが多いでしょう。

　最初は気心が知れた親兄弟・姉妹間の共有で、その後処分することも可能ですが、時が経ち、2代、3代と相続が繰り返され、10人、20人と相続人が増えると、顔を合わせることもなくなります。

　また、その親族である関係者が増え、相続人が海外居住者や行方不明になった場合は、共有者の1人が売却等をしたいと思っても、全員の同意をとること

が難しくなり、時間と手間がかかって、事実上処分が難しくなります。

　ただし、「売却するときには、他の共有者にまず購入の打診をすること」等、当初の取り決めがなければ、「共有持分権」を第三者に売却すること自体は、他の共有者の同意がなくても可能なので、窮した結果、第三者に二束三文で共有持分権を売却する共有者が出てくることもありえます。

　その際、買主である第三者が筋のよくない人であった場合、購入した共有持分権を他の共有者に高値で売却することを持ちかけたり、他の共有者から安値で買い取ることをしつこく提案したりしてくるなど、厄介なことになりかねません。

Column　使用借権の付着した土地

　土地を借りて、建物を建てるということは借地契約でなくても行われています。

　自己の所有する土地上に無償で建物を建てさせ、特に地代の授受もないという土地の使用貸借は、親族間、会社―社長個人、貸主と借主に特別な人間関係がある場合に行われます。相続における遺産分割などにおいては、このような使用借権が付着していることによる土地の減価額が問題になることがあります。

　使用貸借では、賃貸借契約等とは異なり、契約書が作成されていない場合が多く、そのため、使用貸借の期間も定まっていないことが多くあります。借主が死亡した場合は、原則として使用貸借は終了し、借主の相続人は目的物を原状に復した上で返還しなければなりません（民法593条、597条、598条）。

　建物所有目的での土地に関する使用貸借でも、この点に関して論理的には変わりはありませんが、裁判例には、当初から借主に関する相続発生後も使用貸借が継続するという明示または黙示の特約の存在を認定する、などの考え方を用いて、借主の相続人が使用貸借を継続できるとの結論を得ているも

のがあります。

　したがって、このような、使用貸借が付着する土地を売買する場合は注意を要します。完全所有権にするためにそれなりの対価を必要とする場合があるからです。

> （注）公共用地の取得に伴う損失補償基準の考え方では、使用貸借の価値は、借地権価格の１／３とされています。

5 潜在的ニーズ〜相続・事業承継〜

　中小・中堅企業の相続や事業承継においては、承継者に事業用の不動産を集め、節税をしつつ、納税資金を確保し、承継しない株主に金銭や収益用不動産を渡して、相続争いを回避する必要があります。

　そのためには、経営者が事業承継を行おうとする時期の、少なくとも３年から５年位前から、遊休地の有効活用や売却、借地―底地、使用借権の解消、共有関係の解消、収益物件への買い替え等を行って、事業承継の準備を始めるのが理想です。

　このような中堅・中小企業におけるCRE戦略に対応するのは簡単ではありませんが、税理士等を顧客窓口として、仲介業者も不動産コンサルタントとして協働する機会が多いと思われます。

6 買主（あるいは借主）の真のニーズの把握と提案

　ある企業の買い情報に対しては、買主にその買いニーズの裏にある事業戦略に対応する立地戦略をヒアリングし、なぜその地域で探しているのかを把握するよう努めます。そして、現在の希望地域で最適な物件が見つからない場合、別の地域の物件を、根拠とともに提案したいものです（次ページコラム参照）。

　住宅の場合も、買主の好み、絶対に外せない条件を把握して活動します。

　ただし、買主自身もそのニーズが明確になっていないまま、物件を探しはじめる場合があります。その場合、買主には確かな売物件を提供して、その買いニーズの真意を確認していくことが必要です（Ⅰ「1.　情報取集」⇨104ページ）。

7 失敗した取引から発想を学ぶ

　長期間懸命に注力してもどうしても成約できない案件、あるいは最初から買主を見つけるのは難しいと思ってあまり活動していなかった案件があります。

　しかし、「売れない不動産はない」という言葉があるように、自分ができるかどうかは別にして多くの場合、結局誰かが成約させています。売主が直接買主を見つけた場合や、他の業者が成約させた場合には、その買主がどういう目的・経緯で買ったのかをできるだけ調べ、その発想を謙虚に学び、次の案件に活かしたいものです。

　同様に、買主に対して自社で希望の不動産を紹介できなかった場合も、結局買主がどのような物件を買ったのか、探していたエリアから外れた場所で成約した場合、その理由は何かを調べてみたいものです。これも今後の活動、マッチングの発想に活かすためです。

8 断られたときに次の第一歩が始まる

　仲介担当者が提供した物件が買主にとってまったく検討に値しなかった場合は別にして、検討したにもかかわらず購入を断られた場合、なぜ断られたかをよく考え、次の売り情報の紹介に生かすようにします。

　最終的には断られたとしてもその理由がわかれば、少なくとも最初よりその買主の真のニーズにより近づいているはずであり、その買主は今後継続して、深く、より親密にフォローするに値する相手であるといえます。しかし、そのフォローができないと、いつまでたってもどの顧客とも表面的なお付き合いしかできず、その真のニーズは掴めません。

Column	仲介担当者の醍醐味

　マーケットの状況によって、買主の希望する地域、価格帯において、時間が経っても良い売り物件情報が出てこない場合があります。そのような場合、買主の真のニーズが理解できていれば、別の地域の売り物件を提案できるこ

とがあります。

　筆者が大阪で業務用不動産仲介を担当していたころ、東京のある専門学校が地下鉄御堂筋線の新大阪や江坂駅の近くで土地を探していましたが、そこは専門学校の激戦区で、なかなか適当な売り物件を見つけることができませんでした。そこで発想を変え、大学予備校などが立地する大阪市内の別の地域で適地を紹介したところ、買主に納得いただき成約しました。

　30年後にその地を訪れると、最初に買っていただいた土地の周辺には、買い増しされた校舎のビルがいくつもあり、その専門学校の大きな拠点になっていました。

　自分の自由な発想で街が変わる、というのは仲介担当者としての醍醐味の1つです。

［2］　買いニーズの探索活動の切り口（例）

　自由な客付け活動の切り口の発想を持つためは、マーケット情報をタイムリーに掴み、また、マーケティングにおける立地戦略の発想を持つことが必要です。

　以下は上記の隣接地、借地・底地、共有物件などのほか、ある売り物件に対する買いニーズ探索のための切り口のヒントです。

　もちろん売り物件が専属専任媒介契約、専属媒介契約の場合はレインズへの登録を忘れないようにします。

■1 買主の明確な利用用途への対応（基本）

　デベロッパー向けにマンションや建売戸建て用地として大規模な土地を提供したり、大型物流施設・配送センター用地として港湾地区や主要高速道路のインターチェンジ、ジャンクション近辺など、従業員を確保しやすい地区を探したりすることは、明確な立地ニーズがある業種への基本的な情報提供活動です。

2 金融機関等、地域精通者の買いニーズ

　売り物件所在エリアの地銀、信金、信組等、地元金融機関などの地元精通者
と連携し、そのテリトリー内に所在する不動産の購入ニーズのある企業や地元
出身の実業家等を紹介してもらうことを試みます。

　できれば、不動産ビジネスに対する感受性の高い金融機関担当者と懇意にな
りたいものです。成約し、金融機関が融資に成功すれば WIN-WIN の関係を構
築できます。

　また、ある売り物件に対して、その近隣の所有者でかつ金融機関の取引先を
住宅地図や GIS（地理情報システム）を使って洗い出せば、金融機関も効率的
にローラー営業できます。

3 利用者の観点〜テナントへの売却〜

　古い賃貸ビルの場合、テナントに退去してもらって完全所有権で売却するこ
とが一般的ですが、投資用不動産として売却するより、そのままでテナントに
購入してもらうほうが有利な場合があります。一棟借りのテナントが自分の入
居している物件を購入すれば完全所有権になります。

　老朽化により修繕費用のかさむ工場において、賃借人が追い出しをかけられ
ないように、防衛のために自分が入居中の建物を買ったケースなどが実際にあ
ります。

4 地方の優良売案件の買主を都会で探す

　京都の優良物件を東京の買主が購入する場合があるように、希少性が大きく
価格の高い地方物件の買主を東京で探すことも有効です。

　地方の売り物件の場合、レインズへの登録はもちろんのこと、特に近くの金
融機関への情報提供、地元有力不動産仲介業者への買主開拓が重要です。

　一般に都会の仲介業者は、金額的にも効率的にも合わないという理由で、地
方案件を扱わないことが多いのですが、地方では地域の優良な売り物件でも競
争者が少なく、成約する機会が多いという理由で、これに注力している都心の

仲介業者もあります。

5 買主の業種、業界の特性

　新聞等の情報媒体から、売却物件と同じ種類のアセットを売却・取得している企業、業界を抽出し、新しい購入候補先を選定します。例えば、ある時期には食品産業など、業績好調な業種の配送センターの買いニーズが多くありました。

　人気の高い成城、田園調布、港区、あるいは芦屋、東灘などの高級住宅地の大規模な土地（例えば 2,000 ㎡以上の住宅用地）の売り物件の場合、その特性から、高級コンドミニアムのデベロッパーあるいは、高額納税者等高値でも買える購入者像（例えば IT 関係の上場企業の創業者）を買主候補として想定します。この場合、金融機関の富裕層向け部署、財務コンサルタント、プライベートバンカー等を通じて情報を提供するのが効果的です。購入者は近隣の高額納税者そのものではなく、ご子息などの場合もあります。

　また、買主が、当初想定していたエリアからかなり離れた工場等の用地を購入したり、想定以上の規模の施設を購入したりするケースもあります。広域で売り物件を探している買主には、何が購入のキーポイントなのかを買主に寄り添ってしっかり把握する必要があります。例えば、ある食品会社が関東全域にわたって 2 年以上探していた工場用地のポイントは、その会社が利用する良質の地下水でした。不況時に工場団地を運営する地方公共団体から、良質の地下水を無料で提供するという好条件をオファーされて成約されました。

6 用途についての発想転換（例）

　買いニーズの用途は常識では決めつけず、自由な発想が求められます。

　住居地域と工業専用地域にまたがる土地で、その一部を分筆してマンション用地として高額で成約した例や、工場跡地でしたが病院の適地だったので、役所との交渉の結果、用途規制をクリアし、病院に転用する前提で成約した例、また、普通の分譲マンションでは売れにくいと考えた土地を、買主が組合を作るため時間はかかりますが、コーポラティブハウス用地として売却した例など

があります。

▇7 財務・税務の視点〜事業用資産の買い換え特例等〜

　比較的高値と思われる用地については、特定事業資産の買い換え特例や土地収用等が実施される地域に住む人の買い換え用の土地購入ニーズ、あるいは自宅を売却し転居したあとの居住用資産の買い換えニーズ等を持つ人に提供することが考えられます。

　特に買い換え期限の到来が近い人の購入ニーズは優先して、税理士等と協働して対応することが有効です。

▇8 地域特性に沿った買主像の仮説を立て提供する

　例えば、千葉県船橋市にあるロードサイドにある大規模用地について、船橋にはニトリやコーナンなどのホームセンターが必要なのではないかという自由な発想で買主ニーズの仮説を立て、実際にその会社に提供することなどです。

　ただし、そのホームセンターを含め競合の会社がどこに立地しているか等、業界の動向を研究していないと、このような発想は生まれてきません。

▇9 ある情報提供が新たなニーズ取得のきっかけになる

　上記のようなケースで、もし購入担当のキーパーソンに会うことができれば、たとえ提供した情報により進談に至らなくても、その会社の立地戦略等をより深く話を聞く機会になり、次の提案につながることがあります。

　これを組織的に応用して、GIS（地理情報システム）上に、自社取引先の住所をプロットしておいて、売り物件が出たら、近隣の取引先に担当者が話のネタとして情報提供するということを基本動作としてできれば、成約の機会も多くなるでしょう。情報提供をきっかけにそれまで聞いてなかったニーズを聞く機会にもなります。

　以上の活動で買主が見つからなければ、売主の了解のもと、広く不動産業界

の人に情報を流し、最後はダイレクトメールや新聞広告などのマス広告を行います。

---

[3]　売りニーズの探索活動の切り口（例）

　買いニーズに対する売り物件の探索活動のヒントとして、次のようなものがあります。

１ 特定の買いニーズに対応する売り物件の探索（基本）

　特定の地域の買いニーズに適した売り物件を探す際、空地や低未利用地がないか実際に歩いて調査し、候補地の登記記録や登記簿により所有者・企業を調べて接触する方法があります。ただし、これは地域密着型の仲介業者以外、一般的には非効率な活動になることが多いでしょう。

２ 高齢者世帯の売りニーズ

　郊外で広い戸建て住宅を所有している高齢者が、子供が独立したので駅近の便利なマンションに買い替えたり、介護施設へ住み替えるために自宅を売却したりするニーズがあります。

　また、すでに住人が亡くなり、相続登記がされた場合には空き家になって売却される可能性が大きいので、相続人の情報を集めてダイレクトメールを送り、売り情報を取集する活動はよく行われています。

３ リストラ、債権回収案件

　一般に構造不況業種、リストラ業種のニーズなど、銀行管理下にある所有者の売り物件や、弁護士の債権回収情報からの売却情報があります。

４ 財務・税務対策のための売りニーズ

　企業が、決算期前に損失を減少させるために含み益のある不動産を売却する

ニーズや、逆に、収益が上がったために節税目的で含み損のある物件を売却するというニーズがあります。

　含み益と含み損のある物件をセットで売却することで、譲渡所得税を少なくすることができます（損益通算できる年度内であれば、必ずしも売却が同年度でのものである必要はありません）。

5 先祖代々の所有地

　「売却する必要はあるが、先祖代々の土地なのでできれば残したい」という意向がある場合、まずはコインパーキングとして運営・管理を受託する等、短期的な有効活用提案を行い、所有者の気持ちの整理がつくまで売却を待ったほうが良いでしょう。

6 その他の柔軟で現実的な発想

　空きビルに商業テナントを誘致して収益物件化し、投資家に売却する加工型仲介、売却相談を受けている土地の隣地所有者にもあわせて売却を提案する、相続物件であれば相談者以外の相続人の売却ニーズも受託する、予算面の制約がある買主候補には土地を分筆して売却する提案を行う等、案件に応じて、さまざまな柔軟で現実的な発想が必要です。

7 企業売却か不動産売却かの検討

　老舗企業が廃業する際の不動産の売却の場合、企業売却と不動産売却の両方向でメリット・デメリットを検討してもらい、有利なほうでの売却を勧めます。ただし、そのためには仲介担当者に不動産 M&A の十分な知識が必要となります。

Column　　**仲介業者内担当制のあり方**

　大人数の担当者で仲介を行う大手仲介業者の場合、大きく分類して売主・

買主の業種ごとの業種担当制と、特定の地域の物件を扱うエリア担当制があります。

　エリア担当制では、業種担当制の担当者が見つけた顧客と契約する場合、両担当者が共同で仲介実務を行います。

　これを成功させるには、情報はすべて社内でオープンにし、担当者が抱え込むことがないようにすることや、貢献に応じた成績の配分等、社内で積極的な協働が行われるような公平な評価の仕組みや、調整役も必要です。

　同じ顧客に複数の担当者が行かなくなることによる効率性と、社内の担当者同士に適度な競争意識が残るようなベストの組み合わせによる併用が求められます。

　以下、それぞれのメリット・デメリットを挙げます。

① 　エリア担当制

〈メリット〉

　・担当者がエリアマーケットに精通する。

　・多くの案件を自己完結や他の担当との協働作業で経験を積むので、一人前になるのが早い。

　・売主側も買主側もエリア担当制を徹底すれば、買主や売主への重複する接触、アプローチはなくなる。

〈デメリット〉

　・担当地域に存在する顧客や業界の断片的な知識しか入手できず、担当地域以外の不動産マーケット、事情に弱くなる。

　・情報入手した担当とエリア担当の複数体制となり、自己完結しないので非効率。

② 　業種担当制（顧客担当制）

〈メリット〉

　・業種の構造的問題（規制緩和など）、好況・不況、個別会社の特殊事情から買主の購入理由、賃借理由、売却、賃貸理由に精通する。

　・社内での担当者間の競争意識が強まる。

〈デメリット〉

・地域の不動産マーケット、相場に疎くなる等。

［4］　売れ残り物件の長期フォローにおける留意点（例）

1 売主側へのアプローチ

（1）売主の事情、マーケットの変化を見逃さない

　価格の急騰、急落などマーケット変動時等、価格調整が比較的容易になる時期には、売却動機が動くので、これを見逃さないようにします。

　相場より高い売り出し価格の場合、売却活動が一巡したとき（約3か月後）には、売主に価格の高さを認識してもらうよう努めます。

（2）長期の営業活動・フォロー体制

　マンパワー不足のため、売れ残り物件の長期フォローは基本的に行わない、という仲介会社もありますが、売りにくい物であるが優良案件であると注目した案件は、競争相手が少なく売却の機会は必ずあると信じ、2人、3人と担当者が代わっても、意識して、フォローを続ける仲介会社もあります。

　定期的に売主を訪問して、市況、成約事例、金融動向、活動進捗状況などの社内説明資料を提供し、信頼関係を構築することにより、売出し価格を徐々に下げてもらって成約した例や、地方の工業団地の物件を3〜4年かけて太陽光発電用地として成約した例、閉鎖された企業保養所の売情報を延べ1万社に情報提供し、それまでルートのなかった企業と成約した例、地方の生保の支社ビル等地元有名物件を、慌てず時間かけて、地元の有力者との連携で成約した例があります。

　どうしても売りにくい物件は、情報を幅広く拡散するために、インターネットの物件サイトに登録し、反応を根気よく待つ、という方法もあります。

　長期にマーケットにおいて、売り物件としてマーケットプレーヤーにさらされた物件は、「手垢のついた」物件として、注目されなくなることがあります。このような場合、いったん売り止めにして、後に価格を改定し、その魅力を強調して再度新規売案件として売り出せば、うまくいくときがあります。

2 買主側へのアプローチ

　長期間ある地域で希望の物件を探しているが、どうしても成約に至らない場合でも、根気よくフォローし続けることにより成約できることがあります。

　すでに購入を検討した売り物件で、価格が合わずに断念した物件が売れ残っている場合、買主に売却価格が減額されたときには再活動の約束と、指値をしておいてもらって、売主の状況変化を待ち、また、その買主自身の事情変化を待ちます。

　また、長期間、同じエリアで物件を探している顧客には、その真のニーズは満たしながら、異なる視点で別エリアでの再検討を提案します。

5　情報提供、コンサルティング

●活動の内容と共創価値

仲介業者のアクション	共創する顧客価値	売主／買主の アクション
・売主に対しては、数多くの信頼できる買情報や取引事例等を提供すること。 ・買主に対しては、数多くの信頼できる売物件情報を提供すること。 ・顧客のキーパーソンに対し、シミュレーションなどを提供する。	・売主／買主のキーパーソンに、理解しやすい判断材料が提供され、それぞれが納得感ある判断ができること。	・仲介会社から提案された、買い条件や売り条件に対して、真のニーズに基づいてコメントする。 ・同時に自社の条件が、適切かどうか再確認する。 ・意志決定におけるキーパーソンが情報を検討する。

　いったん情報の提供先が決まったら、次はいかに効果的にその情報を顧客に提供するかを考えます。

　ここでは、まず不動産情報提供の際の基本事項を挙げます。

［1］　情報提供の留意点

■1 第一報を可能性の高い顧客に提供

　情報提供が他社との競争になったとき、2番手としていくら素晴らしいプレゼンテーションをしたとしても、通常は1番先に情報提供したところに負けてしまいます。そこで、他社に先を越されそうなときはまず電話や電子メールで顧客に情報提供の第一報をします。

　他社が成約した取引の売主も買主も自分が知っていて、先に提供できる可能性もあったときには、悔しく、恥ずかしい思いをするものです。

■2 最初に情報を提供したことの確認

　不動産業界には、基本的に「ある企業（買主）に最初に情報（売り情報）を提供した業者が、その買主に対して優先交渉権を得る」というルールがあります。

　しかし、情報を顧客に提供したときは、相手方がその情報を受領したこと、当方が最初の情報提供者であることをしっかり確認する必要があります。相手先の企業に複数の窓口担当がいる場合、複数の業者から同じ売り情報が提供されたときに情報ルートが混乱し、トラブルの基になるからです。

　逆に、顧客側の窓口である企業内 CRE 担当者は、ある情報を仲介業者から提供されたとき、情報ルートを整理し、それぞれの業者に第一提供者かどうかを伝えておくべきです。

　とはいえ、住宅仲介の世界ではこのルールが事実上守られないことも多いため、仲介業者としては、一度物件を紹介した買主候補に対し、その後検討状況はどうか、という問い合わせを継続して行う努力が必要です。

　また、めったにありませんが、仲介業者と買主との関係が深くない場合に、その買主から直接、あるいは別の親しい仲介業者を使って売主に情報を確認し、一番に情報提供した業者が無視されてしまうこともあります。

　そういう事態にならないよう、ふだんから顧客との信頼関係をできるだけ醸

成することが必要ですが、万が一そうなった時には、顧客に対して、仲介業者
として毅然としたアクションをとるべきです。

(注) 買主に情報を提供したが、媒介活動から排除された宅建業者の買主および媒介業者
に対する媒介手数料相当額の請求が認容された判例があります（一般財団法人不動産
適正取引推進機構 RETIO 判例検索システムより（東京地判 平 25・7・3 ウエストロー・
ジャパン））。

3 フライングは禁物

　水泳や陸上競技で、スタート時に合図より早く出てしまうことをフライング
といいます。

　売主の了解が得られるまでは、決して情報を外にもらさないことは当然です。
売主には、従業員のリストラや、M&A、清算などに絡むときなど、売却に至
る特別な事情があり、企業内でも売却を極秘にしていることがあります。その
ような場合、万が一その極秘情報が外部から社内に入ると、売主側の担当者の
立場がなくなってしまいます。

　仲介担当者としては、売却見込み情報を買主に提供するときには一種のジレ
ンマがあります。所有者のはっきりした売却意向を確認する前に、見込み情報
として買主に提供することにより、所有者に迷惑をかけるようなことがあって
はならない、という当然の立場と、買主に一番に情報を提供して早く結論を出
してもらいたい、という立場の板ばさみになります。

　しかし、秘密裏に売主から相談を受けた場合、いつ、誰に、どのように情報
開示をスタートするかは売主の指示に厳格に従う必要があります。

　仲介業者はフライングの誘惑に負けてはいけません。

4 提供先のキーパーソンの見極め

　相手先企業の誰に情報提供するのが良いか、というキーパーソン（情報のゲー
トキーパー）を見つけ、担当者から情報を上席に上げてもらうか、あるいは上
席の担当役員に直接アプローチすることを試みるかを見極めます（下記[7]
⇨ 188 ページ）。

資産家や企業トップとの交渉には、仲介会社側でもトップセールスを企画し、担当者ではなく役員がまず挨拶をして情報を提供するほうが、相手方のグリップに有効な場合があります。

5 提供可能先リストによるチェックとフィードバック

誰が、いつ、どの会社の誰に提供するのか、その反応がどうだったかについて、リストを作成しチェックします。このリストは、他の類似の売物件の提供見込み先リストにもなります。

これは日頃の営業活動において当然の基本動作ですが、なかなかできないものです。

提供先の反応など売却活動報告については、簡記でも良いので作成して、ペーパー（もしくはデータ）で可視化し、定期的に売主に提供します。

Column　入札案件における売主・買主グリップ

① 入札方式による売却

大手企業が好立地の資産を売却する場合や管財物件の売却の場合、入札形式で売買がされることが多くなりました。

もちろん高い価格で売却することが一番の目的ですが、取引の透明性、株主などの利害関係者への説明責任が重視されるようになってきたため、売主の担当者が安く売却したのではないかという疑義が生じないようにするためでもあります。

入札には、最低落札価格を決め、期日などのプロセスが厳正に行われる場合と、売主が入札結果を気に入らないとき何回も期日が延びたり、いきなり落札者が決まったりして、入札プロセスが不透明な場合もあります。いずれの場合も、売主・買主双方の動向を特にしっかりグリップしておく必要があります。

② 売主グリップ

　入札の場合は売主側から手数料がもらえない場合があるので要注意です。

　入札において、まず売主側で、売却方法のアドバイザー、コンサルタントとして入札要綱（案）を作成し、入札を仕切ってどの会社が買主として落札しても売主からコンサル料等の報酬を確保できる場合があります。

　指名されたアドバイザーは、売主の認める条件で買主候補を数十社提案し、その中でさらに絞り込んで入札を実施します。その際、買主候補への情報提供、その後の仲介実務は買い側の仲介業者が行います。

　そういう売り側アドバイザーの立場になれなかった場合でも、長期にわたり売り物件の相談を受け、グリップしていれば、何時ごろ入札が実施されるかの情報は、早く入手できる可能性は高まります。入札が開始されたらすぐ一斉に購入有力先に手を上げてもらうようリストアップしておくなど、準備をしておけば、入札開始後有利に売却活動を進められます。

　しっかり売主をグリップしていても、入札で敗れることもありますが、その逆もあります。他業者が仕掛けた売却案件の入札に後から参加するために、日ごろから情報網、アンテナを張りめぐらせ、入札情報をキャッチできれば、入札開始後有利になるので、ふだんから入札に必ず参加させてもらうよう売主と良い関係を作っておくことも必要です。

③　買主グリップ

　投資家など買主候補にはふだんからよく情報交換をして、電話やメールで情報提供できる関係になり、その購入基準や投資基準を把握しておきます。

　正式の売り物件のみならず、未確認の段階の売り情報でも、未確認情報として数多く検討してもらうことで、そのようなグリップが可能になります（守秘義務のある売り物件は除く）。

［2］　物件情報提供前の準備

■1 情報提供前の物件実査、情報提供のスピード感とのバランス

　遠隔地の物件でない限り、自分で現地をよく見てから情報提供するのが基本

です。物件を見ているのと見ていないのでは、情報提供の際の言葉の迫力が違うからです。特に、現地の地理に精通していない場合や、対象物件そのものや周辺環境に問題があるときは、提供前の現地実査は必須です。

　情報提供前には、机上調査や実査で発見した提供する物件の長所と短所を整理し、自分なりの言葉で説明できるようにしておきます。何がセールスポイントであるかを自分で納得できない限り相手は動かせないし、当初の調査不足による説明不足によって、重要な規制など物件の短所になるような点を見逃してしまっていた場合、後々の交渉において仲介担当者は苦労します。

　また、特に売主が一般企業等、不動産のプロではない場合は、売主の話を鵜呑みにせず、事前に実査を含む調査をしっかり行い、売主側の条件を固めてから買主に情報提供する必要があります。

　ただし、上記[1] **1** のように、買主が情報の先着順を情報ルート確定の基準にしているため、見る前にまず買主に第一報することも重要です。その場合、できれば現地写真やストリートビューを活用し、情報に不確実性があることを前提に顧客に説明します。

　また、信頼のおける情報元で相当調査が済んでいる物件であれば、現地を見に行く前にメール等で情報提供を行う場合もあります。

　他の仲介業者からの情報の場合、情報の信頼性が劣後するため、実査の優先度は落ちます。遠隔地の物件の場合は、顧客の関心が高まってから見に行く、という方針でもよいでしょう。

　要するに、情報の信頼性と顧客への情報提供のスピード感のバランスが重要です。

2 提供先企業および業界の基本的情報の事前調査

　売主や買主を往訪する際、その業務内容、最近の業績、業界全体の問題等について、書籍やウェブサイト等で事前に調べておきます。

　上場企業であれば有価証券報告書が参考になり、その企業が属する業界の2〜3の上場企業の有価証券報告書を見れば、業界の動向や共通の課題がわかり

ます。現在、有価証券報告書の情報はインターネットで手軽に手に入ります。

　特に買主については、取引銀行や信用状態をできるだけ調べておく必要があります。進談中の取引でも、金融機関が融資を行うときには、融資決定の状況を一度は仲介業者自ら確認すべきです。融資以外は何もかも順調に進談しているのに、契約直前に融資実行不能になってひっくり返り破談になることがときどきあります。

　また、顧客往訪の際、顧客の所有不動産を事前に調べておいて、住宅地図に印をつけて持参し、会話の中でその地図を広げて説明すれば、顧客から驚かれることも多いでしょう。

　ある企業のために仕入れたさまざまな知識、情報は、その場では実を結ばなくても、同じ業界の別の企業を往訪したときに横展開して利用することができます。そういう知識を顧客往訪の際に（もちろん守秘義務は守った上で）披露することで、顧客に「この仲介担当者は自分の業界についてよく知っている」という安心感、信頼感を与えることができます。

❸ 見る人の立場に立った資料の作成

　顧客に提供する情報は信頼できるものであることが前提ですが、資料作成には細心の注意を払います。ここに提供者の営業センスが現れます。

　資料を見る人はこの物件について何も知らない、ということを前提に、最寄駅の入った地図に、縮尺を入れる、写真を添付する、ラフな建物想定図をCADで作成する等、工夫し、相手にとってシンプルで見栄えよく、わかりやすい資料を作成する必要があります。

　特に住宅の場合、不動産のプロではない素人が読むことを前提に、専門用語をなるべく使用せず、平易に説明します。

　また、分譲マンション素地の場合の収支計算や、建売用地の完成宅地価格の試算は、ラフなものでよいのですが、必須のものです。

　買主が投資決定をするまでにどんな作業をするのかをあらかじめ先取りし、情報に付加価値をつけ、他の仲介業者との差別化をはかることが望まれます。

４ 売主資料（レントロール等）の独自チェック

重要な情報は特に、事前によく調査してから提供するのが原則です。

売主からキャッシュフロー表、レントロール、プロパティマネジメントに関するレポート等の開示を受けたとしても、その資料を鵜呑みにせず、自分自身で腑に落ちるまで読み込みます。レントロールを見て記載賃料や空室率の想定が相場との乖離が大きい場合は、買主への情報提供前に売主へ確認するなど、疑問点を残さないようにします。

特に収益物件の場合、キャッシュフロー表をマーケットや購入検討者目線で各種資料と比較して検証した上で、買主に紹介します。また、売却希望価格が高い場合には売主に対して適正価格を示し、同時に売却方法の選択肢を提示します（第 3 章参照）。

［3］　提供する情報の内容

１ 地価情報

地価に影響を与える不動産・経済情勢として、日経平均株価、J-REIT の動き、新築着工戸数、マンション新規売出し成約率、地域の人口動態等があります。

地価に関しては、相続税路線価、公示価格、周辺の取引事例、売出し事例、できれば地元精通者（仲介業者）からのヒアリングによる相場価格などを提供します。レインズ、アットホーム、土地総合情報システム等も活用できます。

また、自社発行のマーケットレポートを作成していれば、それを提供するに越したことはありません。

実際の地価は、特に商業地の場合、その土地上にどのような建築物を作り、売却するか賃貸するかは別にして、いくら儲かるか、によって決まると言ってよいでしょう。実際に建築できる容積率がわかれば、容積対象床面積当たりの建築費、近隣マンションの売買事例の占有坪単価等を用いて、マンションの素地としての価格を速算することができます。ベテランの仲介担当者はその計算方法を知っています。そういう担当者は、買主に「地価水準をよくわかってい

る人」と好印象を与えるでしょう。

② 建築関係

　建物物価建築費指数（建築物価調査会）や国土交通省の建築工事デフレーター等により、住宅、事務所、工場等種別に応じた建築費の動向や解体費、諸経費等の情報を提供します。

　顧客との取引実績が多ければ、費用は自社負担で、CADを用いて建築できる想定図面を作成し提供したり、グループ会社や親密取引先等の協力のもと、開発想定、造成想定、リフォーム等の見積りを提供したりすることもあるでしょう。

③ 収益物件の場合、収支データ、還元利回り、融資条件等

　実際の過去の収支データ（できれば複数年度）を入手し、CBRE、三鬼商事、三幸エステート、ビルバンク等の賃貸仲介会社の賃料、空室情報、J－REIT案件のCAPレート水準等で検証します。

　また、収益物件の成約・売り情報、競合する類似物件等の賃料水準の情報や金融機関の目線で融資姿勢、融資条件、貸出動向等を事前に確認し、新聞記事等で補足します。

④ 物件の長所・短所、リスク情報

　物件の長所と短所の詳細資料を作成し、類似案件と比較対照します。また、リスク情報として、土壌汚染、地盤、ハザードマップ、活断層などの情報や、周辺の嫌悪施設の情報等もあわせて提供します。

⑤ 仲介業者として低くみられないように

　プロの投資家に対しては、早く情報提供することを優先し、基本的に自ら価格の試算してもらうことを期待しますが、提供資料がお粗末だと仲介業者として低くみられます。そうならないようにマーケット、会計制度、海外動向など

の知識・情報をしっかり調査をしておき質問を受けたら、すぐに対応できるようにしておくべきです。

　また、信頼できる税理士などの協力を得て、買換え特例等における税効果などを先方の要望に応じて試算できるようにしておきます。

[4]　プレゼンテーション

　提供用資料の説明を、情報機器を有効に利用して要領よく行います。特に、最初と最後に重要な点、セールスポイントを要約することを忘れないようにします。

[5]　コンサルティングの基本

■1 課題の把握力、提案力

　不動産仲介に限らず、自分の専門分野の深い知識と、関連する幅広い知識による自由な発想、創造性が重要です。得られた情報の質により提供するサービスの質は左右されますが、コンサルティングには顧客の課題の把握力、提案力が要求されます。

■2 提案書・意見書の作成

　機会があれば、進んで提案書や意見書を書くようにしたいものです。自分自身を深め、将来の自分のためにもなります。

　顧客から相談を受けた際、何のために売却・購入するのか、評価するのかという顧客の真のニーズ、目的を理解してその課題を整理し、解決に向けて顧客自ら判断を下すための材料を提供できれば、その顧客とは強固な関係ができ、成約に一歩近づきます。しかし、最初から顧客から真のニーズの詳細を話してもらえることはまれです。

　作成した提案書・意見書がトップまで見てもらえるような工夫も必要です。

ブランドのある仲介会社であれば、内容のある提案書や意見書を相手方の担当者に提供すると、その担当者段階で留まらず、トップ近くまで検討してもらえる可能性は高くなります。

また、いったん作成した提案書や他人の作成した提案書をベースに、自分なりのパターン、プロトタイプを作っておくと、別の機会で時間・費用の節約ができます。

３ 無料サービスと有料サービスの区分

まず、提案書や意見書の作成は仲介業者から押しつけるものではなく、必ず「相手方から要請された」ということを確認する必要があります。

そして、無料の範囲と有料のコンサルティングレポートの範囲をあらかじめ、買主に了解してもらっておきます。例えば、初期サービスとして、問題点の洗い出しと、解決策の方向性までの簡単なレポートは無料、それ以降の詳細レポートや課題解決のためのミーティングは別途有料でコンサルティングフィーとして請求することが考えられます。

また、コンサルタントとして動くのか、仲介業者として働くのか、その立場を明確にする必要があります。それにより、報酬も成功報酬かどうかが決まります。

４ 作成期限の厳守

提案書や意見書について、決められた作成期限を厳守して、要点を逃さず簡潔に作成することはビジネス社会での基本です。

５ コンサルティング資料作成のための知識の吸収、研究

仲介担当者は、幅広い知識と経験がなければ提案書や意見書を書くことはできません。そのため、ふだんから雑誌記事、論文等数多くの情報ソースに接する等、関連の知識の吸収に努める必要があります。

また、地図情報データベース（GIS）等のツールを利用できるようになれば、

ビジュアルな、より説得性ある提案書を作ることが可能になります。

［6］　提案、コンサルティング内容

1 価格シミュレーション、意見書等

　仲介業者は価格に関する意見書の作成を依頼される場合も多いのですが、不動産鑑定業法に抵触しないように気を配りながら、価格査定の根拠を示して意見書を提供すれば、その後の価格交渉が非常にしやすくなります（ただし、不動産鑑定士が地価公示や鑑定評価で用いる取引事例カードの情報は守秘性が高いものなので、仲介目的等の目的外使用は禁じられています）。

　不動産投資家に対しては、顧客の投資判断基準は何かをよく聞いた上で、その判断材料を提供します。そして、「購入後に事業はどうなるのか」について金融の条件も含めてキャッシュフローを予測し、シミュレーションや感度分析を行います。

　その他、損益計算書や貸借対照表に与える影響や、所有が有利か、賃借が有利か等、顧客の課題解決のために各種の定性・定量分析を行います。

　投資用不動産については、第 3 章 2「[2] 収益還元法における実務的留意点」（⇨ 262 ページ）を参照してください。

2 税金、土地有効活用に係る相談

　仲介担当者は、顧客（売主・買主とも）から税金の相談を受けることがあります。担当者が自分で専門書等により確認して説明できるものもありますが、その場合でも、必ず顧客自身で顧問の税理士等に確認してもらうことが重要です。

　等価交換やマンションの建て替え案件において、提案書の作成は、幅広い業務知識と時間を要します。依頼される案件をすべて引き受けるわけにはいきません。また、もし依頼者がこれらの提案内容を実行する場合、仲介業者は税理士や信頼できるハウスメーカー等との協働が必須です。

3 融資状況、住宅ローン

　業務用不動産仲介では、買主の資金的裏付け、融資の確実性についてはできるだけ調べますが、基本的には買主に任せるしかありません。

　個人住宅仲介では、ローンの相談、すなわち買主の資金計画の相談や銀行の紹介は、売買に付随する仲介業者としての重要なサービスの要素の1つです。個人住宅の売買契約書には、原則として、ローン審査が通らなかった場合の無条件解約条項を入れます。買主の年収の問題のほか、一定の病気に罹患しているときなどには、団体信用保険が付保できなくなり、無条件解約条項により契約が解除される可能性が高くなります。

［7］　顧客の購買組織の理解、最終決定者の見極め

　顧客組織においては一般に、決裁権限者である**購買決定者**のほかに、実際にサービスを利用する者として意見を述べる**使用者（ユーザー）**、サービス提供者の選択、条件の交渉をする**購買担当者**、サービス仕様などについて情報提供する技術者、外部専門家などの**インフルエンサー**、および秘書など情報の流れをコントロールする**ゲートキーパー**の役割を果たす人などが存在します。

　継続顧客に限りませんが、顧客の意思決定グループやその購買習慣を分析し、誰が情報のゲートキーパーである窓口担当か、使用者・インフルエンサー（影響を与える人）は誰か、最終意思決定者は誰かを見極めることが重要です。

　プロフェッショナル・サービス提供者の選択は顧客組織（およびその購買担当者）にとって重要な課題です。したがって多くの場合、その分野で豊富な知識、情報や経験を持つ人が意思決定プロセスにおいてとりまとめの役割を果たします。

　もちろんこれらの役割は、別々に分かれていることもあれば、同じ人が兼ねていることもあります。また、各構成員は「意思決定者」「非意思決定者」という名札をつけているわけではありません。誰が力を持っているかは、組織図を見てもわからないことが多いので、個人的なつながりも駆使して、顧客の実

●顧客組織における購買プロセスの関与者

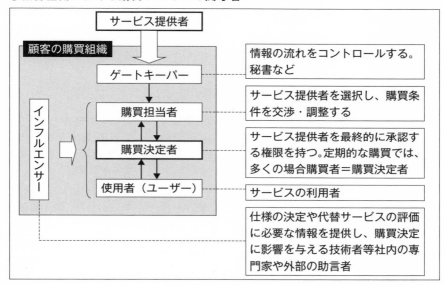

〈出所〉フィリップ・コトラー、トーマスヘイズ、ポール・ブルーム（白井義男監修、平林祥
　　　訳）『コトラーのプロフェッショナル・サービス・マーケティング』（ピアソン・エデュ
　　　ケーション、2002 年）p175-176 より筆者作成。

際のキーパーソンは誰かを調べるに越したことはありません。

　情報提供や交渉においては、常にキーパーソン、最高意思決定者に会い、連
絡をとることを心がけます。購買決定に影響力ある人に接触できず、窓口の担
当者としか接触できていないと、いくら長い間の取引関係があっても、競合相
手により顧客のキーパーソンにプレゼンテーションされたら交渉がひっくり返
る可能性があります。

　顧客組織の中での、以上のような意思決定プロセスがわかれば、その意思決
定プロセスに最も適合する報告書・提案書を作りやすくなり、顧客満足度も高
まります。

6 交渉・合意

●活動の内容と共創価値

仲介業者のアクション	共創する顧客価値	売主／買主の アクション
・片寄らない姿勢で、売主、買主それぞれに、譲れる条件の妥協案を提案する。 ・基本合意に向けて、重要論点を早めに解決し、報酬も含む諸条件をできるだけ同時に決める。 ・合意後はできるだけ早急に契約を締結する。 ・他の買主・売主候補(仲介業者)からのアプローチをブロックする。	・売主は売却価格の最大化等、買主は利用価値の最大化に見合った購入価格、条件の成就。 ・売主、買主それぞれの立場に立った交渉が行われ、それぞれの譲れないニーズが実現すること ・いったん合意してからは、できるだけ新たな条件が出てこないようにし、破談しないこと。	・譲れない条件と、妥協できる条件を明確化し、その意向を仲介業者に表明する。 ・基本合意後は、破談しないように、仲介業者の提案に協力する。 ・買入れ申込書、売却承諾書の提供、文書化により意思を固める。

　交渉過程は、仲介業務における最も重要なプロセスの１つであり、仲介担当者の態度、能力と時の経過が成約に大きく影響します。

　近年新しい情報メディアの利用により、売主・買主が直接情報を入手する機会は格段に増えています。仲介業者に手数料を払うぐらいなら自分で交渉し、契約書を作ってしまう、という人も今後増えるかもしれません。

　したがって、「手数料を払ってでも仲介業者が入ることは意義がある」と思ってもらえるようなサービスを提供する必要があります。

［1］　交渉における基本動作

1 無理をしないこと

　何らかのリスクがあるとき、仲介者は無理に成約させるように進めるべきではありません。「無理に」とは、売主・買主に対して誠実に最大限の努力をしても除外できないリスクがある場合のことです。

　顧客にはそのリスクを十分に理解してもらった上で判断してもらうことが基本姿勢です。特に投資用不動産の紹介・仲介では、無理によく見せようとしないで判断してもらう必要があります。

　もちろん、重大なリスクを回避できる、または低減できると判断されたときには、成約に向けて最大限の努力をします。時機を失せず成約することは、売主・買主双方にとって有益であると信じて、これも無理のないように当事者を説得します。

2 ウソをつかず誠実に

　ビジネスパーソンとして当然のことですが、交渉の過程で決してウソをついてはいけません。うそをカバーするためには何倍もの時間と労力を費やすことになるだけではなく、ウソが明らかになると個人はまったく信用を失ってしまい、会社のブランドも地に落ちます。

3 秘密保持の徹底

　情報提供の段階や、成約後にもいえることですが、特に交渉中は案件についての秘密保持を徹底します。

　プライバシー保護のためであることは当然ですが、競合する仲介業者がいる場合、進談案件を潰しにかかってくることもあるためです。

4 買主には売主の立場で、売主には買主の立場で

　売主に対しては自分が買主のつもりで、買主に対しては自分が売主のつもり

で交渉に臨みます。これは交渉において重要な点の1つです。

　売主が、自分の依頼した仲介業者について「この担当者は買主の言うことばかり聞く」という印象を持つ場合があります。それが本当に価格を下げないと成約が難しい局面であるならば、その業者の売主への説明や振る舞いが未熟であるからであると考えられます。

　これは買主が「（自分の依頼した）この担当者は売主の言うことばかり聞く」という印象を持つ場合も同様です。

⑤ 片寄った交渉は禁物、双方代理にならないように

　これは上記④と矛盾するようですが、売主・買主双方の媒介に入る、いわゆる「両直」取引の場合は特に、売主・買主のどちらかの利益に極端に片寄った交渉はしないように心がけます。

　一方が強引に主張し、もう一方がそれを何でも承諾するというような一方的な交渉プロセスにおいても、取引慣行からみてどちらかに有利すぎたり、不利すぎたりすると、結果的に取引が成立しない場合が多いと思います。

　不動産仲介に限らず、2つの利益が相反する当事者の立場を調整して仲介に入るのは、本来非常に難しいことです。両方の当事者から代理権をもらうことは、民法では「双方代理」として禁じられています。米国では、売り側エージェント、買い側エージェントと立場がはっきり分かれています。

　仲介担当者はたとえ売主・買主のどちらかから依頼された業者であっても、第三者の公平・冷静な目で取引を見ていくことが必要です。

⑥ 顧客と対等の立場で交渉する

　交渉においては、その相手方は自分の親ぐらい年長者であることがよくあります。

　ときにはふだん会えないような大会社の社長であることもありますが、その人に対して、年長者としての敬意は表しながらも、対等の立場で接することが必要です。

「顧客はその商品を買うことで利益を得ている」という当たり前の商売の原則を忘れがちです。顧客との共通の目的は顧客の課題解決であり、そのための手段が自社の商品やサービスであるという関係を意識すれば、顧客と対等になれます。

対等な関係においては、顧客からの呑めない理不尽な要求は、すぐに毅然と断らなくてはなりません。また「お願いセールス」に終始することや、逆に押しつけの態度をとってはいけません。

ただし、顧客は、購入するサービスの品質について提供されるまでわからず、自分でコントロールできないし、気に入らないものにお金を払うリスクをとっているので、当初はサービス提供者以上に負担がかかっているといえます。したがって、仲介サービスでは、まずは顧客に有益な情報を数多く提供するなど、サービス提供者が普通以上に犠牲を払って、ようやく対等の人間関係が始まるといえます。

経験の浅い担当者でも専門知識を蓄え、自信を持って対応しましょう。交渉においては専門知識が必ず活きます。

7 顧客の心情に共感し、承認要求を満たす

売主が長年住み慣れた家を売却せざるを得ない心情や、買主がその物件をどれほど欲しいのか、という気持ちをその身になって共感し、強い思い入れを持ちたいものです。

交渉過程では、ときには売主・買主にシビアなことを言う必要がありますが、こうしたときに本当に相手の立場に立っているか、共感があるか、好かれているかが問われます。

相手の言いたいことや感情の行き違いの原因は何なのか、表情や言い方を注意深く探り、顧客が出している細やかな情報を見逃さないようにします。また、高齢の方の不動産に対する価値観は若い人とは異なることが多いことにも気をつけます。

顧客、特に個人は不動産のような大きな金額の取引をする機会は少ないので、

不安は大きいものの、他人のアドバイスに従ったというより、最終的には自分で決めたと思いたいものです。仲介担当者は、自分が多くの部分をアレンジし、ストーリーを描きながら交渉を進めていても、最終的には顧客自身が決めたと思ってもらわなくてはなりません。そして自分で決めたい、と思っている顧客の気持ちを共有することが必要です。

［2］　交渉進談のための留意点

■1 案件の見極めの基本

　進談するための基本条件は以下の通りです。

（1）それぞれ交渉のキーパーソンと話をしていること

　最終決裁権者である役員に会えていない場合、交渉が前に進まないことが多いので、その役員に直接説明・提案を行う機会をもらうように努めます。そのため、ときには仲介会社からも役員の出馬が必要になります（5「[7] 顧客の購買組織の理解、最終決定者の見極め」⇨ 188 ページ）。

（2）売却動機、購入動機、資金的裏付けを把握していること

　顧客に寄り添い、価値共創するための準備ができているということです。

（3）当事者の緊急度、購入、売却の期限を把握していること

　これも上記（2）と同じです。

（4）交渉中の価格差が現実的な売却価格・購入予算にまで縮小してきていること

　すぐに交渉がまとまるか、時間をかける必要があるか見極める、ということです。

（5）競合先の有無、その進談状況、および情報元が信用できる動きをしているかどうかを把握していること

　競合先の情報を把握できていて、売主もしくは買主との絆がしっかりしているということです。

2 揉める可能性のある事項を早めに明確に当事者に説明する

　後々揉める可能性のある事項については、できるだけ早く詳細に説明しておきます。これは後々のトラブルを防ぎます。

　悪いことを伝えると契約ができなくなるのではないか、と恐れて、契約直前の重要事項説明時に初めて買主に説明し、買主を困惑させてしまう仲介担当者がいます。このような場合、売主・買主双方から怒りを買い、契約ができなくなる可能性が高まるほか、もし当事者（特に買主）がそのとき初めて聞いた条件を認めて契約が成立したとしても、その担当者に対する不信感と、所属する仲介会社のブランドは地に落ちます。

　契約の成否は別にして、二度とこの仲介会社に依頼したいとは思わないでしょう。

3 重要な論点を出しきり、解決策をスケジュール化する

　売主・買主に対して、合意に達するための課題を認識してもらって、その理解度を確認します。特に買主に対しては、物件に対するリスク要因の説明を詳細に行い、想定される重要な論点を洗い出し、譲れること・譲れないことをなるべく早く認識してもらいます。そして、できるだけ後で追加の新しい条件が出てこないように交渉を進めます。

　売主が、建物に対する契約不適合責任の免除等、買主に不利な条件を後出しすると、買主側に交渉材料を渡し、価格が再交渉になる事態もありえます。

　そして、合意のプロセス、消費税を含めた売買代金・仲介手数料、売買に伴う諸経費、購入後の設備補修、改修などの見積もり、資金計画、社内決裁のスケジュールなどを再確認する必要があります。

4 裁判になればどうなるか、法律的解釈を持っておく

　当事者の対立点について、もし裁判になったときにどちらがどのような理由で勝つのか、判例等を調べ、仲介担当者自身で常に法律的解釈を持っておきます。

　これを当事者に話すかどうか、契約書に盛り込むかどうかは別問題ですが、交渉において説得の切り札となる場合があります。

5 複数当事者の場合、1人の信頼を得ることが成功の糸口

　共有物件など当事者が複数の場合、その誰からも信頼が得られないと、交渉が進まないのは当然です。交渉が難航していた区画整理案件で、区画整理組合員の1人から信頼を得たことにより、芋ずる式に他の組合員にも信頼されて案件がうまく進展した、という例がありました。

[3]　交渉の現場にて

1 交渉はできるだけ面談で

　デジタル機器が発達し、メールやウェブ会議が中心になった現代でも、交渉や何か頼み事をするときに、メールやウェブ会議だけで済ますのは禁物です。また、特に過去に一度も直接会ったことのない相手とは、愚直にアポイントをとって、できるだけ直接面談をしたいものです。

　ウェブではそれぞれの思い込みの差は埋まらず、相手が本当は何を「感じて」いるかは、相手の顔色を見ないとわからないからです。やむなく面談できないときにも、できるだけ早い機会に面談の機会を作りましょう。また、アポイントがとりにくい相手には、飛び込みで会いに行ったほうがよい場合もあります。

2 交渉内容、合意事項の記録、書面での確認

　面談内容や合意事項は、すぐにメールで送信記録を残し、双方が確認します。これは「言った、言わない」のトラブルを避けるためでもあります。

　その際、交渉の場で使われたような曖昧な表現は避け、具体的で明確に記載します。わからないことはわからないと伝え、不明であることも記載します。ただし、会話形式で記録しておくのも、会話のニュアンスを残すためによいかもしれません。

3 複数での交渉

　交渉は、できるだけ上司などと複数で行うことが望ましいといえます。

　1人の仲介担当者の説明では正確に伝わりにくいとき、もう1人が補足・補強して説得力を増すことができるほか、先方の発言内容のニュアンスの受け取り方が担当者間で異なる場合には、あとで確認し合えるからです。

　なお、仲介会社の管理職クラスが交渉の場に出ると、その往訪そのものがその仲介会社の提供するサービスの質を保証することにもなります。

4 交渉の相手方の名前は明かさない

　交渉の相手方の名前（特に買主名）は、条件が整う一定の時期まで明かさず、原則として当事者同士で直接交渉する機会は与えないほうが良く、たとえ当事者同士が面談する機会があっても、挨拶だけに留めておくほうが良いと考えます。

　情報が交錯したり、仲介担当者がそれぞれに伝えている微妙なニュアンスが直接交渉により誤解されて衝突したり、その情報が外にもれて他の仲介業者が動き出したりする懸念があります。また、たまたま売主と買主が親しい間柄だった場合、仲介業者の出る幕がなくなってしまうこともあるからです。

　基本的に、当事者は契約を結ぶまでは、売主・買主は対立していることを前提にして、仲介担当者を信用してもらい、両者が直接接触する機会はできるだけ避けるようにしましょう。

［4］　仲介手数料の考え方

1 仲介手数料についてのこだわり

　仲介業者としては、宅建業法の規定上限の「売買金額×3％+6万円＋消費税」（両直取引の場合はその2倍）の手数料を望み、依頼を受託したらすぐに、多くの場合、媒介契約書で最大限度の仲介報酬額で顧客と合意することを望みます。

　個人住宅仲介の場合は、売買金額にもよりますが、手数料限度額からの値引

きがなく決まる場合が多いといえます。

　しかし、業務用不動産仲介では、仲介手数料は最終的に当事者間の交渉で決まります。例えば、数十億円以上の物件を扱う場合は、その金額、案件の難易度、手間、手数料額の大きさに応じて、値引き交渉されることも多く、当初から2％、2.5％など、柔軟に合意することもあります。

　特に売り側の手数料は、低率の報酬で決まることがよくあり、また、ネット系の不動産会社では、手数料を無料にする会社もあります。

　手数料交渉のときには、仲介業者として全力で仲介活動を頑張った、顧客に見えていない活動や姿勢も伝え、成果を見てもらい、「価値ある仕事をしてくれた」と思ってもらえるように、プライドを持って満額を請求したいものです。

　ただし、顧客との「価値共創」過程での報酬への「こだわり」は、仲介手数料を値切られないように頑張ろうということではなくて、顧客が得られた価値のうち、仲介業者としての正当な報酬部分を失わないようにするというこだわりであるべきです。

❷ プロの投資家の仲介手数料

　プロの投資家が所有不動産を売却するときは、売主側の仲介業者に対し、売却価格の目線を決め、例えば、30億円以上で売れたら3％、28 ～ 30億円なら2.5％、26 ～ 28億円なら2％というように、段階的な料率をあらかじめ決めておくことがあります。

　これに対して、購入の場合は、条件の良い物件を優先的に紹介してもらうために、投資家は買主側として仲介会社に支払う手数料は、3％を値切らないことが多いといえます。

　また、交渉前・交渉中に仲介業者側から「3％をお支払いいただけるラインで売却価格の提示してください」と具体的な数字を念押しすることもあります。

❸ 仲介手数料の交渉は複数で

　顧客から手数料の減額要請があったとき、仲介担当者は、まず自分には即決

する権限がないことを伝え、社内で持ち帰った上で、その交渉は必ず複数の担当者（できれば上司）で行います。複数で、という理由は、「担当者の安易な判断で減額に応じるのではない」ということを確認するためでもありますが、先方に特別の利益提供をしていないことの証を残すことでもあります。

　約条における最高報酬をいただけない場合は、交渉から最終決定までの経緯を詳細に記録し、仲介会社の社内で詳細に報告しておく必要があります。

４ 手数料を最終的に決めるタイミング

　顧客との初回面談時に媒介や売買契約の流れを説明する際、手数料の他にかかる費用の概要も含めて説明します。そして、購入申込書や売却承諾書を提供してもらうときなど、節目節目でそれを確認します。

　その後、顧客から手数料減額の要請があれば、売買代金等の諸条件が確定する前に交渉を行い、手数料を確定させることを心がけます。他の契約条件が全て決まりそうな契約間近に手数料の交渉を始めると、仲介手数料が契約交渉条件の 1 つとなってしまい、手数料の減額に応じないと成約できない事態に陥ることにもなりかねません。

５ 仲介手数料は何の対価か

　仲介手数料の交渉のとき、その意味を聞かれることがよくありますが、大きく 3 つの意味があると思います。

（1） 相手方の発見、紹介、情報提供料、および契約の成立に対する対価として

　1 つめは、顧客にとって最良の相手方を見つけるという情報提供および最終的に成約させたことに対する報酬の意味です。

　基本的な合意はできていても、最終的に成約しないケースもよくあります。これは顧客が受ける経済的便益の大きさと、それに対する仲介業者の責任、リスクの重さのバランスとしての対価の要素です。

（2） 堅実、着実な仲介プロセスと顧客のための交渉等の付加価値として

　2 つめは、仲介業者の作業、労働への対価です。さまざまな調査をきっちり

行い、顧客のために熱意を持って最大限交渉し、その経緯を踏まえた完璧な重要事項説明書、契約書を作成して、無事に残代金決済・引き渡しを終えるという、当たり前のプロセスの対価です。

　仮に、サービス提供のプロセスの中で顧客の信頼を裏切るようなことがあれば、この部分での減額を要求されてもやむを得ないでしょう。

(3) 取引の安全の担保料として

　3つめは、もちろん宅地建物取引法上の義務は当然のこととして、万一トラブル等が起こったとき、逃げ出さないでしっかり対応してくれるだろうという期待感に対する対価、保険的な意味があると考えます。

Column　サービスの対価（報酬）の決まり方

① 　3つのアプローチ

　サービスの対価（報酬）の評価や決定も、モノの場合と同じように、供給者の原価＋利益で考える**コストアプローチ**、同業者との比較の観点で考える、**マーケット（競争）アプローチ**、需要者がどれだけ便益を得たかから考える**インカム（需要）アプローチ**の3つの基本的な考え方があります。

② 　サービス価格の提示方法

　サービスの価格の提示方法としては、サービスを提供した時間とかかった経費を基準に応じた**従量制**、**固定制**、**歩合制**、**成功報酬制**、**顧問料制**、およびこれらの**混合型**があります。その他、長期契約かどうか、従業員の教育訓練を合わせたパッケージ型などの決め方があります。

　不動産仲介の場合、一般に成功報酬型の価格設定です。不動産仲介の報酬は、宅地建物取引業法で上限が決まっています（売買金額×3％ +6万円 +消費税：売買金額が一定金額以上の場合）、賃貸仲介の場合は、貸主・借主合計で賃料1か月分です。これらの上限は、売買金額、賃料にほぼ比例しています。

　競売や公共向けのコンサルティング業者選定のみならず、一般の優良な不

動産売却における不動産仲介業者選択の際も入札が行われることが多くなりました。

　ある不動産を入札形式で売却する際、不動産業者は、売主側または買主側の仲介業者として参加する場合と、不動産売却方法の企画などを行う売主側アドバイザーまたは買主側（入札参加者側）のアドバイザーとして参加したりする場合が想定されます。

　入札においては、たまに損益分岐点を超えて応札する応札者が出てきます。その理由は、他に受注している案件がなく、今後もその見込みもないために、落札することによって固定費を少しでもカバーしようとすることや、他の入札機会の参加要件を満たすための実績作りのためです。

　このようなケースでは、要求された質の評価サービスは提供できないことが多く、発注者にとっても業務発注をやり直す必要が出てくるなど、結局高くつくことになります。

③　価格が顧客のサービス品質の基準になる場合

　顧客は、価格が高ければ品質が良いものだと期待するときがあります。

　提供されるサービスの品質に対するリスクが高いと感じるとき、顧客は自分の選択が結果的に失敗したり、自分の意思決定について疑われたりしたくない、という思いもあるからです。いわゆる「名声価格」と呼ばれるものです。一般に報酬が高いブランドのある企業、専門家を選ぶのも同じ理由です。

④　顧客との長期的関係構築のために

　顧客との長期的で良好な関係構築のためには、固定費も満足にカバーできないような低価格戦略ではなく、むしろ提供するサービスが顧客にとっての価値の増大を目指して、サービスの質の向上をめざすべきであると思われます。

　そこでは提供サービスの品質と報酬のバランスの適正化が必要であり、そのバランスが崩れていないかチェックする必要があります。例えば、サービス品質・報酬ともに低い状態や、逆に、サービス品質は高すぎ、コストも高すぎの状態もあります。

　専門家としては、顧客満足の最大化のために低い報酬で、過剰なサービス

を行っていることも多いかもしれません。逆の場合で、サービス品質が悪く、報酬が高い場合には、長続きせず、顧客が急に他社に移るリスクを減らすためには、サービスレベルを適切に上げていく必要があります。

受注が減った際には、顧客は価格が高いから去っていったのか、顧客が認識したサービスの価値が価格に見合っていなかったから去っていたのか見極める必要があります。

価格だけに関心ある顧客は、提供するサービスの価値を理解していないため長期的な関係を結ぶのは難しく、「価格が魅力で顧客になった人は価格で去る」といわれています。

［5］　契約成立前の交渉

■1 譲歩の余地を残した交渉、タイミングを見た条件開示、すり合わせ

売主・買主それぞれが譲歩できる余地を残しながら交渉します。

売買価格は最終的にはその他の条件もあわせて決まるので、価格の幅を持ちながら交渉を進め、落としどころを早めに見極めます。その際、物件のリスクや、売主・買主の意思決定につながる譲れない重要な要素は、特にしっかり把握しておく必要があります。

売主へは価格および他の条件の妥当性を示す資料を提供し、買主へは売主へ提供した同じ資料を提供する他、特に競合相手の買主がある場合には、後に買い上がりを要請する可能性について事前に了解をとっておきます。

最後に価格合意のタイミングを見極め、他の条件も含めてすり合わせます。この場合、マーケットが売り手市場か買い手市場かによって、それぞれ譲歩することが多い側が異なります。

■2 主要な条件はもれなく同時に決める

売買価格、手付金、実測取引もしくは公簿取引、残代金決済日、特約条件、仲介手数料等、契約の主要な条件は、すべて契約書、重要事項説明書に記載す

ることを前提にして、これらをすぐに作成するつもりで全項目を決めていきます。

　後に一方の当事者にとって不利な事柄が明らかになったときは、その解決策の1つとして仲介手数料が調整弁になってしまうからです。だからこそ当事者が対立しそうな項目は最初に解決しておくことが鉄則なのです。

　また、それらの網羅された契約条件の項目はできるだけ同時に決めることが望まれます。早くからおおよその価格合意をした場合でも、交渉の最後に出てきた比較的小さな対立点を吸収できるように、最終的な売買価格の合意は、他の条件を出し尽くした後で行うべきです。

Column　最後の決断を決定づける一言、決断するときの沈黙

　基本的に、仲介業者は当事者（売主・買主）自身でよく検討の上、結論を出してもらうという姿勢を崩すべきではありません。

　しかし、最後の決断を迷いに迷っている当事者は、「自分一人では決められない、決断させてほしい、勇気づけてほしい」という声にならない声を発していることがあります。この声を感じ取り、その人が（一応）出している結論を、自信を持って支持する一言をつぶやくことが必要なときがあります。

　もちろん、最終的にはその当事者には「結論は自分が出した」と思ってもらわなければなりません。顧客は最終決断をするために、すでに決めている自分の決断に、仲介担当者が第三者として強く同意・賛成してほしいと思っているときもあるでしょう。

　逆に、最後の決断の場面では「考えをまとめるので黙っておいてほしい」と考える人も多くおられます。その場合は、決してこちらからは話さず、顧客の結論をただ待ちましょう。

　仲介担当者にはこのように顧客に合わせる柔軟性が必要です。

［6］　合意から契約へ、売却、購入意思を固めていく工夫

1 説明不足の回避

　上記[2]でも述べましたが、調査の不備や説明不足は致命的になるので、顧客の立場に立って、不安要素や知りたいと考えられることを紙に書き出してみます。

　仲介担当者と顧客とでは、経験、リスク感覚、コミュニケーション力などに差があることを認識しておくべきです。

2 合意事項のすべてを一刻も早く契約書等に反映する

　合意に至るまでの交渉ごとに記録していたメール等を確認し、当事者の合意事項、調査された事項および契約時の不明事項の扱い等、すべてについて一刻も早く売買契約書、重要事項説明書に反映させます。

3 成約までの時間はできるだけ短時間で、スケジュール調整の依頼

　当事者を不必要に急がせることは避けるべきですが、競合相手の動向を把握し、他ルートで成約されないように、できるだけ早く売買契約が締結できるよう進めます。

　手続きの遅延が原因で契約が不成立になることがないように、自分の定休日であろうと関係なく、契約書類を完成させることを最優先します。契約書はドラフトができてからも売主・買主双方、顧問弁護士のチェックなどの社内手続きが必要であるため、完成までに意外と時間がかかるものです。

　基本事項の合意後に、契約日まで長い時間をおくことはまったく勧められません。もし顧客がそれを要求してきたら、不吉な兆候です。ある案件が成約しかかると、不思議なことに今まで反応がなかった売り物件に別の買主が現われることがよくあります。取引成立に対して、外部から何らかの妨害が入ることさえあります。

　重要な調査結果が判明しておらず、諸条件を合意していないのに、契約日だ

け早く決めることを迫る仲介担当者も見られますが、これは論外です。

　契約までの無理のない適切な期間を設定して工程表を提示し、売主・買主に
スケジュールを共通認識してもらうことが必要です。

４ 購入申込書と売渡承諾書の交付

　売買金額や契約日等の基本的な取引条件が決まると、それらの基本条件を記
載して買主から購入申込書、売主から売渡承諾書を、相手方あるいは仲介会社
あてに提供します。仲介業者への（当該条件での）「交渉依頼書」あるいは「と
りまとめ依頼書」という形式をとることもあります。

　ただし、特別の合意がある場合以外は、売買がまだ成立していないとみられ
て法的拘束力はありませんが、道義的に拘束する力はあります。

　これらの文書が、売買契約の予約（将来において売買契約を成立させる契約で、
当事者の一方、または双方が予約完結権を持つもの⇨ 219 ページ）ととられないよ
うに注意する必要があります。

５ 契約締結までは油断禁物

　ほぼ成約したと思っても、契約が実際締結されるまでは何があるかわからな
いので、警戒を怠ってはなりません。買主は購入申込書を提出していても融資
が最終的に決まらないことがあり、また購入申込書を提出したあとも売り物件
の新規情報を見ていることが多く、他の物件に目移りして契約を取りやめるこ
とがあります。

　売主に対しては、売却承諾書の提出後に他の仲介業者を通じて、高い購入価
格で買いたいとオファーが来て、売主が売却をためらう事態も起こり得ますの
で、契約書に調印するまでは油断禁物です。

　外部からの妨害もあります。競合相手の仲介業者から買主にマーケット情報
などネガティブな情報を提供されて破談になった例や、売主が過去に依頼して
いた仲介業者から何らかの妨害を受けて、契約ができなくなるようなことも、
まれですが実際にあります。

　仲介業者としては、もし二番手の買主候補がいる場合、すでに一番手買主候補との契約直前である旨説明をしつつ、念のためにその二番手候補との交渉を終了しないで保留しておいたほうが良いでしょう。

6 合意後のフォロー

　合意後は、消費税を含めた売買代金、仲介手数料、登記関係、印紙等のスケジュールなどを再確認します。

　合意後も、それまでの仲介プロセスを通じて信頼関係ができていれば心配ありませんが、上記 5 の例のように、当事者としては本当に自分の決断が正しかったのか不安になり、気持ちが変わる可能性があります。

　自分が正しいと考えていることや自分の価値観と矛盾することが発生した場合に感じる不快感を「**認知的不協和**」といいます。買主は、ある物の購入後にその不快感を消し、安心感を得るために、その製品の広告を見てその良さを再確認することがあります。

　したがって、当事者が合意した後もそのような気持ちを汲み取り、売買したことへの不安を和らげる必要があります。そのため、契約日までは競合他社の存在や所有者の近親者の動き等に注意を払い、迷惑にならない程度に訪問機会を増やすなど、こまめに連絡を入れてコミュニケーションをとっておく必要があります。

　なお、短期間で契約できないときも、できるだけ早いタイミングで重要事項説明を行い、もし、売主または買主のキーマンと会えていなければ、できるかぎり会いに行きます。

[7] 交渉が後ろ向きになったとき

1 簡単にはあきらめない

　他社に先行されて契約直前になっている案件でも、最終的に成約できないこともあるので、その契約締結の事実がはっきりするまでは、簡単にあきらめる

べきではありません。

　交渉をどのタイミングで断念するかは、自社の顧客と相談して決めます。買主の場合は、購入の意思決定できない要因は何なのかをこまめに聞き、その対応策を支援します。お互いの気持ちが切れてしまわないように心がけます。

　買主が希望の地区・タイプの物件を探し疲れている場合や、売主が自分の希望価格で物件が長期間売れなくて焦っている場合があります。そのような場合は、顧客の真のニーズに立ち戻り、再度視点を変えて提案してみます（コラム「仲介担当者の醍醐味」⇨167ページ）。

２ 顧客の感情のレベルを共有する

　「説明しました」「いや聞いていない」など、顧客と対立し、交渉が後ろ向きになった場合、ロジックで対応できればそれに越したことはありませんが、感情的なやりとりになり、解決できないことが多いものです。

　そのような場合、相手の人格を非難しないのはもちろん、感情を共有し、そのレベル（驚きや怒り）にあわせて説明します。そして、今まで説明不足はなかったか、相手の理解不足はなかった等、これまでの会話の中身を冷静に検証してみます。

　最後まで対立が解けなかったとしても、「率直な意見をお聞かせいただき、ありがとうございました」「今後もお手やわらかに」など、悪い感情を残さないよう心がけましょう。

３ 契約キャンセルへの対処

　売主・買主が基本的な合意をして、契約に向けて莫大な時間と費用をかけて準備し、いざ契約という段階になって、一方がキャンセルを申し出ることがあります。その場合、まだ契約を結んでいないからといって、キャンセルした側に責任はないのでしょうか。

　民法上明確な規定はありませんが、「契約締結上の過失」という法理論で、キャンセルされた相手は損害賠償を請求できる可能性があります。

仲介担当者としては、このような事態も想定し、ステップごとに合意書や覚書で当事者に意思確認しておきます。仲介手数料も、どの段階から請求できるか、媒介契約書であらかじめ定めておきます。

４ キャンセルに対する抗議、抗議は複数で

売主や買主が売却承諾書・買付依頼書に捺印後、あるいは契約の直前になって意を翻してキャンセルをした場合、その当事者に抗議を行うことがあります。上記 ３ のとき以外は法的責任を問えない場合が多いのですが、節度は守りつつ、その当事者に対して道義的責任を問うためです。

抗議を行うときは、必ず上司を含めて２人以上で行い、担当者がとことん抗議する一方、上司は「まあまあ、そこまで言うな」となだめる役に回ることもあります。

相手に強烈な印象を与えることは必要ですが、行きすぎないように注意してください。

５ 転んでもただでは起きない

最終的に破談になったら、いったん手仕舞いするしかありません。しかし、もし担当者レベルで断られたのなら、決裁権限者に再度説明させてほしいとお願いしてもよいでしょう。できれば破談（別の仲介業者を選んだ）理由を知りたいものですが、聞き出すのは難しいかもしれません。

失敗をさらなる情報取得のチャンスとして、関係を続けるようにします。「転んでもただでは起きない」ことを心がけましょう。

III

契約成就プロセス

7　詳細調査、重要事項説明書、契約書作成

●活動の内容と共創価値

仲介業者のアクション	共創する顧客価値	売主／買主の アクション
・完璧な調査結果、交渉過程を重要事項説明書、契約書に盛り込む。 ・顧客へもれのない正確な説明をする。 ・弁護士など他の専門家を利用する。 ・万一のトラブルを予防する。	・完璧な調査を実施した上で、その結果と、交渉過程の内容、および想定されるトラブルの解決方法が、重要事項説明書・契約書に規定されていること ・重要事項説明書、契約書が売主、買主に正確に理解されていること	・翻意しない条件を明確化する。 ・売主は、知り得る事実の提示（売主の表明保証）、買主は、その確認（買主の容認事項）をする。 ・重要事項説明書、契約書の説明を受け、正確に理解する。

　成約が近くなると、再度調査もれがないか、詳細調査を行います（内容については I「3.　基本調査・詳細調査」⇨138 ページ）。

　そして、重要事項の説明や契約書作成から残代金の決済等、本取引が最終的に終了するまでの各イベントについて、その意味と、必要書類などの手続きを最初に示しておきます。変更があれば、そのつどスケジュール表を更改して、当事者に確認してもらいます。

［1］　重要事項説明書の作成、事前説明

　売買契約書とともに買主への重要事項説明書の説明は事前に十分に済ませておきます。ただし、当事者は理解しているようで実はそうでない場合もあります。顧客にとって都合の悪い情報でも、正確に理解してもらわないと後にトラブルの原因になります。

　最近は、重要事項説明書を売主にも説明し、売主がこれに押印することが多くなりました。その際、売主のみが知りうることを再確認することによって、契約不適合責任などのトラブル防止になっています。

　重要事項説明時の宅地建物取引士証の提示はいうまでもありません。顧客が不動産取引の素人であるのをよいことに、契約日の直前（最悪の場合は契約日）に重要事項説明や契約書の説明を行うようなことはないようにします。

　また、経験の浅い仲介担当者は、事前に上司に模擬説明を行い、説明の不備等を見つけてもらっておきましょう。

［2］　契約書等作成（ドキュメンテーション）のポイント

　難しい契約でなくても、契約書等を一から完璧に自分で作成できる仲介担当者はそう多くありません。1件1件緊張感を持って、ていねいにドキュメンテーションをします。

■1 契約書・重要事項説明書の重要性

　不動産取引が何の問題もなく終わることは少ない、と考えておいたほうが良いかもしれません。広い意味でのトラブルを予防し、かつそれが起こったときに適切な措置がとれるためにも契約書、覚書、重要事項説明書等は大変重要です。

　取引ごとの問題点を認識し、それを再調査したあと、売主・買主の権利と義務を調整します。多くの案件を担当する中では、まれに裁判になることもあり

ますので、細心の注意を払って契約書を作ります。

　阪神・淡路大震災や東日本大震災が起こったことをきっかけに、それまでは
あまり適用のなかった、債務不履行、危険負担、売主の契約不適合責任等の法
律問題が現実のものとしてクローズアップされました。これらの条項は定形的
であまり注目されない条項でしたが、今後は地震等の自然災害が現実にあるこ
とを前提として、注意深く条項を作成する必要があります。

2 契約書の補完のための覚書、確認書

　契約書の内容を補足し、確認する事柄（固定資産税の精算、支払い方法等）が
ある場合や、契約書の内容と異なる取扱いをする場合（売買代金の減額等）は、
残代金決済が完了する前（あるいは同時）に、必ず、口約束ではなくすべて確
認書、覚書の形で残します。これを怠ると、あとでその何倍も苦労する可能性
があります。

　また、契約直前に新しい合意ができたときや、契約解除になった場合の解除
証書を作成するときなど、状況に応じて素早く文章を作成する必要があります。
仲介担当者は、ふだんからそれぞれの場面で、当事者の権利関係を確定させる
ための文章を、自分で考えるくせをつけておきたいものです。

3 契約直前の状況確認および重要事項説明書、契約書等の二重チェック

　調査の不備に気づいたら、調査をやり直す必要があります。それに気づかず
に決済時に不備が見つかると、売主・買主との調整に苦労し、最悪の場合は破
談になります。

　収益物件のレントロールについては、テナントから解約予告が入っているも
のはないか等、売主や管理会社にヒアリングするなどして、最新のものである
ことを注意深く確認する対応が求められます。

　また、調査の内容だけではなく作成した契約書や重要事項説明書等の文書は、
必ず複数の目でチェックします。優秀な担当者であっても、誤字・脱字、間違
いは作成した本人には見つけにくいものです。「ミスは必ずある」という意識

でダブルチェック、トリプルチェックをします。これは組織における基本動作
です。

4 自分で作成し、顧客にしっかり説明できること

　リーガルチェックを受けた定型の条文を使い、必要な個所以外は変更しない
という仲介会社も多いのですが、まずは担当者が自分自身で、定型の条文には
ない事項をもれなく特約条項の案文に落とし込みます。

　また、定型の条文も含めて、条文をおく理由・意味をしっかり理解し、顧客
にそれを説明できることが重要です。

　定型のひな型を用いる契約書の場合、2020年4月の民法改正により、表明
保証、容認事項とともにさらに特約条項の重要性が増していることに注意が必
要です。

5 あいまいな表現、不十分な表現は禁物

　間違いではないが曖昧な表現、内容の不十分な表現により、取引関係者の解
釈に相違や誤解を招いた結果、契約後にトラブルとなり、調整が必要になるこ
とがあるので、できるだけ、詳細、明瞭に記載する必要があります。

　例えば、什器・備品類などを含めて、引き渡し時に残置されたものについて、
誰の責任で処置するのかということなどは、契約書に規定しておくことはもち
ろん、残代金の決済・引き渡し時には、それを実際に確認する必要があります。

　ただし、細かく条項を規定しすぎて、身動きがとれなくなって揉めることも
あります。

6 法律、判例の深い理解（再掲）

　契約書を作成する際には、民法、借地借家法や公法上の規制など法律の深い
理解が必要です。万が一紛争になった場合、裁判ではどう扱われるかを考えな
がら交渉し、契約書の条文を作ります。

　仲介担当者には、基本的な法律知識が必要です。過去の判例レベルくらいま

では、担当者自身で調べておくに越したことはありません。

7 専門家によるリーガルチェック

借地権、境界確定、その他疑義がある案件固有の論点、ふだん使わない法律が適用される場合、難しい法律問題を含む場合には、売主・買主自身が顧問弁護士等によりリーガルチェックを行うとともに、仲介会社としても法務部門や弁護士等の専門家に相談し、リーガルチェックを行います。

その際は、問題が起きたときに当事者もしくは仲介業者の誰が責任をとるのか、明確にする文言を入れるように助言をもらいます。

8 手付契約決済、即金契約決済

売買契約を結ぶ場合、決済の時期に関して基本的に「手付―残金決済」と「即金決済」という方法があります。契約から残代金決済までの期間が、何らかの事情で1年以上ある場合など長期の場合には、途中で中間金を入れる場合もあります（この場合は、所有権移転の仮登記を行うことがあります）。

境界を確定して実測することが契約条件であるときや、買主のファイナンスに関して正式の承認がおりるまで時間がかかるときなどは、通常、買主が売買金額の10％程度（建物完成前物件の青田売りの場合は5％が多い）の手付金を契約時に売主に払い、その数か月後に残代金決済、物件引き渡し期日を設定します。

売主・買主が契約後、決済までの間に、ローン審査や実測など特に新たに行うことがない場合や、売主または買主の信用状態に問題がある場合には、契約と決済を同時に「即金決済」を行います。

9 近年規定されることが多くなった条項

外資の会社が買主や売主になることも多くなったことや、判例の積み重ねにより、以下のような欧米の契約書の慣行が日本にも持ち込まれています。

（1）表明保証

契約時や残代金決済時など、一定の時点における契約当事者に関する事実、契約の目的物の内容等に関する事実について、当該事実が真実かつ正確である旨契約当事者（特に売主側）が表明し、相手方に対して保証するものです。

多くの場合、表明保証違反の場合、契約解除や売買代金の減額などの条項が規定されます。

（2）容認事項

重要事項説明書記載事項などに関して、一般に買主側に不利益となる事実を売主が告知し、買主がそのことを了解した上で取引を行うものであることを確認する条項です。売主や仲介業者が知っている事柄・リスクは、契約書にできるだけ明らかにしておくべきです。

例えば、土壌汚染問題や建物の耐震性等に関して、売主が知っていたのに言わなかった、あるいは聞かれたことにきっちり答えていない、という事態が後に発覚して争われると、契約不適合責任（旧瑕疵担保責任）とは別に信義則上の説明義務違反を問われることもあり得ます。

🔟 民法の改正の理解（2016年成立、2020年4月施行）

短期消滅時効の廃止、法定利率の引き下げと変動利率の導入（法定利率は年5%から3%に）、事業の融資に個人保証は事実上原則無効（保証人保護の強化）、敷金関係の判例法理の明文化、瑕疵担保責任がなくなったこと（契約責任説を採用し契約不適合責任となった）、定型約款の新設等、民法改正による取引への影響についてはしっかり理解して、実際の取引に応用できるようにする必要があります。

［3］　特殊案件の扱い方

手付金の保全が必要な場合や、停止条件や解除条件をつける場合など、通常の取引の上に特殊な条件を加えることがあります。

　このような場合、仲介担当者はその解決策を考え、必要があれば弁護士に相談して契約条項を詰めていきますが、仲介業者としても、成約した事例の中で特殊な部分（弁護士に相談した記録等）をピックアップして類型化し、解説をつけて継続的に集積し、どの担当者も参照できるようにしておきたいものです。

　それにより、ある問題に直面した担当者は短時間のうちにより高度で、詳細な問題点を議論できるようになります。これによりリスクを軽減し、顧客へのサービスの質を高めることにもなります（第一部 4. 2「[3] ナレッジマネジメント」⇨ 47 ページ）。

　以下は、その特殊案件の例です。

■1 当事者の信用状態に不安があるとき

　売主の信用状態に問題がある場合、何らかの保全処置を講ずる必要があります。それができない場合は、即金取引等できるだけ手付金を授受しない契約に変更します。

　売主の信用状態（債務超過等）が不安で、手付金を受け取ったあとに破産状態に陥る場合や、債権者や税務当局が対象不動産を差し押さえる可能性がある場合などには、正常に所有権を買主に移転できず、買主が事実上違約金をとれないばかりか、手付金の返還さえ受けられないリスクにさらされます。特に、契約から残代金決済までの期間が長い場合に問題になりやすいものです。

　解決策として、次の 4 通りの方法が考えられます。

（1）手付金なしの契約

　手付金なしの契約を結び、違約金は手付金相当額を規定します。

　この場合の問題点は、売主・買主双方に契約の拘束力が小さくなってしまうことです。

（2）手付金への質権設定

　銀行等で手付金に質権を設定することです。この場合、弁護士に相談して質権設定契約を結ぶ手間と費用がかかります。

（3）中間金の支払い、仮登記

手付金および中間金で売買代金の半分近く払い、所有権移転の仮登記をつける、または所有権移転登記をすることです。

（4）即金決済、所有権移転登記

売買代金の即金決済をして、所有権移転登記をします。売主が一定の期間当該不動産を使用するときは、買主が貸主となる使用貸借契約を結びます。期間終了後の明け渡しを確実にするため、下記 **3** の即決和解の手続きをとる場合もあります。

2 停止条件・解除条件付契約

当事者が契約を履行できないときでも違約金の条項を適用しないようにする必要があるとき、解決策として2通りの方法が考えられます。

（1）停止条件付契約

ある一定の条件が成就したとき初めて契約が有効に成立するという条項で、例えば、当局より開発許可がおりること等を停止条件とします。

（2）解除条件付契約

ある一定の条件が成就したとき有効に成立している契約が効力を失うという条項で、例えば、銀行からの融資不能が正式決定すること等を解除条件とします。

（1）（2）のいずれの場合も契約書上の債務不履行条項の例外規定にあたります。停止条件であるか解除条件であるかは実態上大きな差はないことが多いのですが、法的構成は変わります。

3 即決和解

実際に係争になっているわけではなく、合意ができていても当事者が債務を履行しない可能性が高い場合、あるいは、あとから面倒な手続きが必要になりそうな場合などに、即決和解という手続きをとることがあります。

これは起訴前の和解といわれる民事裁判上の和解手続きで、合意内容につい

て簡易裁判所のお墨付きをもらう手続きです。その内容は**債務名義**（債務者に強制執行を行う際にその前提として必要となる公的機関が作成した文書で執行力が伴い、判決と同様の効力がある）になります。

　例えば、テナントの立ち退き交渉が成立したものの、「○月×日までに立ち退く」という約束の履行が守られるかどうか不安である場合など、当事者に契約を確実に履行させる必要があるときにこの方法を使います。

４ 「第三者のためにする契約」と「買主の地位の譲渡」

　2004 年の不動産登記法の改正により、それまで行われていた中間省略登記はできなくなり、現在は**「第三者のためにする契約」**と**「買主の地位の譲渡」**というスキームで、合法的に中間者である転売業者に対して不動産取得税・登録免許税が課税されることなく、買い取り転売の取引を行えるようになりました。

　売主 A から買主 B を介して最終的には買主 C が所有権を取得するものですが、所有権移転後に対象不動産に欠陥があることが判明した場合の売主としての契約不適合責任（旧瑕疵担保責任）は、B あるいは A どちらが負うのかという問題を契約上明確にしておくこと、また、2 つの取引が同時に起こり、残代金決済が同日に 2 度行うことよって起こるリスクを十分検討しておく必要があります。

　なりすまし事件において、真の当事者をわからなくするために利用されたことがあるので、十分注意が必要です。

（1）第三者のためにする契約

　当事者の一方が第三者に対してある給付をすることを約する契約で、第三者の権利は、その者が受益の意思表示をしたときに生じます。

　この場合には、

① 　第三者のためにする売買契約（A → B、所有権は直接 C に移転する特約付き）

② 　他人物売買契約 （B → C、A の所有権を C に移転する）

という 2 つの契約を締結します。

これにより、A→B→Cという譲渡をA→Cと登記できます。

なお、宅地建物取引業者は、原則として他人物売買契約の締結が禁止されていますが、第三者のためにする売買契約が締結されている場合などは例外です。これは実務でもよく行われています。

（2）買主の地位の譲渡

地位譲渡契約とは、契約上の地位を包括的に第三者に譲渡する契約のことです。

例えば、ある不動産に対してA（売主）とB（買主）が売買契約を締結し、BがCに買主の地位を譲渡する契約を締結することにより、買主がBからCに入れ替わることです。

2020年4月施行の改正民法では、契約の相手方の承諾が地位の譲渡の条件として加わりました。つまり、上記の場合にAの承諾が必要になりました。

> 第539条の2　契約の当事者の一方が第三者との間で契約上の地位を譲渡する旨の合意をした場合において、その契約の相手方がその譲渡を承諾したときは、契約上の地位は、その第三者に移転する。

5 フォワードコミットメント（停止条件付売買契約と売買予約契約等）

デベロッパーが開発中の不動産を対象としてあらかじめ売買契約を締結し、建物の竣工後に売買の実行を行う場合や、建物完成後に賃貸借契約を結ぶ場合などに用いられる契約形態で、不動産取引でも用いられています。

建物の竣工後に土地建物を売買する旨の売買契約をあらかじめ締結する場合の契約形態としては、上記 2 で説明した停止条件付売買契約と売買予約契約が考えられます。

（1）停止条件付売買契約

停止条件とは、条件の成就によって法律行為の効力が生じる条件を意味し（民法127条1項）、停止条件付売買契約とは、典型的には、当該契約に定められた条件が成就することにより当該売買契約の効力が生じるものを意味します。

　条件が成就するまでは売買契約の効力が発生しないとするケース以外にも、契約自体はその締結により効力を生じるというケースもあり、条件の性質（条件が成就した場合の効果）、条件が成就しない場合の取扱い等について留意する必要があります。

（2）売買予約契約

　予約契約については、当事者が予約完結権を有する売買の一方の予約（民法556 条）の形態と、別途本契約を締結することを前提とする形態があります。

　前者では、予約完結権を有する当事者が予約完結権を行使することにより、相手方当事者の承諾なくして売買契約を成立させることができます。

　フォワードコミット型取引においては、建物が竣工した場合において、売主または買主がオプションとしての予約完結権を持つ（つまり、予約完結権を行使しないという選択肢を持つ）ことはあまり想定されないため、停止条件付売買契約を用いる例のほうが多いといえます。

6 その他

　売主の信用状態が悪化して建築が中断しているビルの売買、売主または買主が外国人の場合、セールスリースバックの取引、借地権・借家権付き売買等、まれに出てくる取引についても、その対応策をまとめておく必要があります。

8　契約締結（契約直前〜契約日の実務）

●活動の内容と共創価値

仲介業者のアクション	共創される顧客価値	売主／買主の アクション
・本人確認（なりすまし詐欺防止）、意思能力、行為能力の調査・確認等を行う。	・堅実、確実な契約事務による契約締結の実現	・本人確認、意思能力、行為能力の確認への協力を行う。 ・買主：手付金を用意する。

　契約締結から残代金決済までのプロセスは、通常何の問題もなく終わると思われがちですが、そうではありません。広い意味でのトラブルを予防し、かつそれが起こったときには的確な措置がとれるように、仲介担当者は基本動作をしっかり身につけておく必要があります。

　これは顧客に対するサービスの中でもっとも基本的な「できて当たり前」の部分といってよく、これができない仲介担当者は、他のことがどんなに立派にできても顧客の信頼を得ることはできません。

［1］　契約直前のチェック事項

■1 契約直前の現地の再チェック

　建物の状態など、契約前には必ず重要事項説明書・売買契約書に書かれた通りの対象不動産が存在し、その状況に変化がないことを再確認します。

　例えば、筆者は契約直前の現地チェックの際、それまで何度も訪れていた現地で、敷地の上空を隣地のための電線が通過していることに気づいてヒヤッとした経験がありました。この場合は、電話局に連絡して電柱を移設するように要請し、売主・買主に了解をもらいました。

❷ 重要事項説明書、売買契約書

　宅地建物取引業法に則った重要事項説明書、売買契約書であるかどうか、基本事項を再確認します。

［2］　本人確認の問題点

　本人確認の問題は、下記[3]の所有者本人の意思確認能力の問題とあわせて、高齢化社会における大きな問題です。

　一人暮らしの高齢者が一等地の不動産の所有者で、相続人もはっきりしないときなど、その所有者になりすまして詐欺を行う「地面師」が暗躍し、大手デベロッパー等の買主から何十億円という大金をだまし取った事件が実際に起きています。

■ 本人確認の困難さ

　当事者本人であることは、基本的には運転免許証、パスポート等の身分証明書で登記名義人であることを確認します。相続が発生し登記名義人が被相続人のままの場合は、遺産分割協議書等で真の所有者が誰かを確認する必要があります。

　代理人が契約する場合は、委任状への署名、実印・押印と印鑑証明書を確認しますが、さまざまな問題が起きています。

　本人確認は、司法書士や弁護士にお願いすることが多いのですが、詐欺を仕掛ける側の手口は巧妙化しています。例えば、精巧に偽造されたパスポート等の書類が出されたとしても、仲介業者が専門的なチェック機器を持っていることは少なく、その場にある書類を形式的にチェックすることしかできないため、100％の本人確認することには無理があります。専門家でも、本物かどうかを簡単には見分けることはできません。

　以下は、主に司法書士の確認義務として議論されている事項ですが、不動産仲介担当者にとっても同様の注意が必要と考えられます。

② 本人確認のために必要な司法書士の調査義務

　司法書士自身が本人確認情報や保証書に虚偽の記載をしてしまうような異常なケースは論外として、以下のコラムのような確認手段が考えられます。ただし、以下の項目すべてが常に司法書士に求められる調査義務であるというわけではありません。

　一般的に、

・特に依頼者からある事項について調査による確認を委託された場合
・依頼の経緯や業務を遂行する過程で知り得た情報から、当事者の本人性や登記意思を疑うべき相当の理由が存する場合
・司法書士が有すべき専門的知見に照らして、書類が偽造または変造されたものであることが一見して明白である場合

には、司法書士に調査義務が生じると考えられています。

Column　本人確認のための確認手段、偽造例

① 確認書類の種類
(1) 公的資料
　・登記済証、印鑑（実印）、印鑑証明書、住民票、戸籍事項証明書、健康保険証、国民年金手帳
　・写真付き公的証明書（自動車運転免許証・パスポート・住基カード・マイナンバー（個人番号）カードなど）
(2) 私的資料
　・名刺、所属団体の身分証明書等、私的な身分証明資料
　・間接的な本人確認資料（銀行口座の通帳、固定資産の納税通知書、電気・ガス・水道等の公共料金の領収書（建物の場合）、アルバム（写真）等）
② 確認書類の偽造（不正）例（判例で見られた偽造例）
(1) 登記済証
　・登記済証の登記権利者の住所が現存しない

・土地の所在と登記上の所在とが不一致

・登記済の印（印影）が真正なものと異なる

・登記済印の庁名・庁印が当時は存在しなかった

・登記済印下部の 7 桁のコードの記載なし

・登記済印の字体が異なるケース、登録免許税の価額の表示が誤っていた
　等

以下のような場合には、偽造が疑わしい。

・法人である売主の役員（特に代表取締役）の登記等について、直前に法
　人の役員の大規模な変更があった場合（後に株主総会決議不存在の判決
　が出される可能性あり）

・取引直前に住所変更（登記名義人表示変更登記）があった場合で、不正
　な転居届が行われ、その後不正な印鑑登録がなされ、不正な印鑑証明書
　を利用して不正な移転登記がなされたケース

(2)　印鑑証明書

　印鑑証明書の透かしがない、末尾部の定形文「この用紙に横浜市章のすか
し……が入っていないものはコピーです。」という定形文の文字が、真正の
ものに比べて大きい等

(3)　運転免許証

　実際には、運転免許証を偽造してなりすますケースが多い。

・ケースから取り出さないでチェックしたため偽造を見抜けなかった。

・厚さが本物より厚い、文字の誤記（例えば、氏名の「藏」と「蔵」）、文
　字の大きさが異なる、写真の輪郭が不自然、顔写真と本人の顔とが似て
　いない等

(4)　パスポート

　大手デベロッパーのなりすまし事件では、パスポート以外はすべて真正な
書類で、偽造パスポートにより印鑑証明が正式に作成されていた。

③　自称当事者や代理人への直接の面談による確認

(1)　自称当事者や代理人との面談

・売主の自宅・職場を訪問する。ただし、この場合、地面師（なりすまし役）

が自宅建物等に侵入（占有）していたら見抜くのは難しい。

- できれば自称所有者との面談の際にスマホで写真や動画を撮影する。後日、近隣住民に売主から提示を受けたパスポートの写し、写真や動画を見せて、「所有者とはまったく異なる」というコメントを得て不正が発覚した例がある。

(2)　自称当事者・代理人への質問内容

- 生年月日・年齢・干支、住所、今回の取引内容、その経緯、および今回の申請とは別の（過去の）登記の内容を質問する。
- 経済合理性がないなど取引の内容に不合理・不自然な場合、例えば取引の当事者や関係者同士面識がない、あるいは接触の程度が低い場合や、依頼者が即座に正確な回答をできない場合は、なりすましを疑う。

(3)　本人面談を欠いた理由の例

- 紹介者がリピーターや知り合いで、過去にトラブルが発生したことはなかった。
- 信頼できる金融機関（担当者）や信頼できる他の専門職（弁護士、税理士、土地家屋調査士など）からの依頼だった。
- 過去に登記を依頼された者であり、その際本人確認を行っていた　等

④　他の仲介業者、金融機関への聞き込みによる確認

- 先行して売却や担保権設定による融資を持ち込まれた不動産業者が複数ある場合、その仲介業者や金融機関への聞き込みにより、怪しさが判明する場合がある。

⑤　郵送による確認

- 当事者の現住所や旧住所にあてて、本人限定受取郵便により書面を送付する。

〈出所〉弁護士法人みずほ中央法律事務所　司法書士法人みずほ中央事務所　ウェブサイト（https://www.mc-law.jp/contents/fudousan/fdsn_tk/jmzs/）登載、雑誌、判例等からの引用を筆者加工。

3 公証人による本人認証の問題

　公証人役場における本人確認の責任については、以下のような判例があります。印鑑証明書が偽造されていた事例について、公証人の責任は次のように判断されました。

> 　公証人は、私署証書の認証に当たって嘱託人から提出された印鑑登録証明書の真否につき、一見して不自然な点がないかを確認すれば足り、印鑑登録証明書の見本との照合や検査器具による検証により確認すべき職務上の法的義務を負わない。　　　　　（東京地判平成 28 年 5 月 25 日訟月第 44 巻 6 号 2162 頁）

　つまり、公証人役場での本人認証は「一見して不自然ではない本人と考えられる人が、×年○月△日に、確かに公証役場にやってきた」という証明にすぎない、ということです。

　公証人による本人確認には注意が必要です。

[3]　売主本人の意思能力の再確認

　売主が所有者本人であることが確認できても、認知症などによって意思能力がなくなっていると、契約行為が無効になる恐れが出てくるので、対策を講じる必要があります。

　代理人と契約する場合でも、本人に直接確認することが必要です。

　取引の目的をよく聞き、本人にとって経済合理性に反するような取引である場合は、理由を突き詰め、疑問を残さないようにします。

　この確認のために、できるだけ本人の本社事務所や自宅に出向き、確認書類はもちろん、本人と実権者に会い、そのときの雰囲気にも注意します。2 人以上で、できれば複数回、面談して確認し、後にトラブルにならないよう記録をつけておきます。

　当事者が高齢者の場合、自分の名前を正しく書けるかを確認し、またできる

だけ本人に話をしてもらうようにします。依頼人が複数で委任状を用いる場合などでも、少なくとも面談または電話での意思確認などが必要です。意思能力に問題が見つかったため、1年がかりで成年後見人を立てて成約したケースがあります。

　以上、仲介業者として少しでも疑義があれば、司法書士等に協力を求めることが必要です。

[4]　買主の資力、判断能力チェック

1 基本姿勢

　個人との取引は、できれば金融機関や税理士等からの紹介により、信用状況が判明している人とすることが望ましく、そうでない場合は詳細に調べる必要があります。

2 保有資産、信用状況確認

　個人投資家の場合、本人への聞き取り等により、自己資金、預貯金・株、保有不動産等の個人資産や、過去の物件購入履歴、取引金融機関、融資残高、融資金利（金利が低ければ優良顧客の蓋然性が高くなる）、資金調達方法等の調査を行います。

　許容される範囲で金融機関へヒアリングし、残高確認等を行う場合もあります。融資利用の場合は、早めに銀行担当者を紹介してもらい、融資承認を得られる顧客かどうかをチェックします。売主の要請などにより高度なチェックが必要な場合は、融資証明、残高証明を求めることがあります。

　それでも、個人投資家の資力や判断能力のチェックは非常に難しく、商談を重ねていく中でこれまでの購入経験や金融機関との付き合いなどを確認するしかない場合もあります。

　売主が高齢である場合と同様、買主の意思能力に少しでも疑義があれば、買主側の司法書士とともに本人との面談を実施して問題がないことを確認し、ま

た、本人であることの確認もする必要があります。

3 取得の動機確認とシミュレーション

　過去の経験、取得の動機・効果の妥当性等の確認と買主の資力を考慮し、キャッシュフロー表等を作成して購入の妥当性を確認します。

　仮に賃料や稼働率が悪化した場合でも融資返済に問題ないか、そのリスクをとれる判断能力があるかどうか等のシミュレーションを行います。金融商品取引法上の受益権売買における「適合性の原則」は、現物の売買においても適用されるべきでしょう（第一部5．3［5］「3．金融商品取引法による規制」⇨ 64 ページ）。

4 特殊対応

　本当に資金繰りが心配な買主の場合には、即金取引を行います（7［2］「8. 手付契約決済、即金契約決済」⇨ 213 ページ）。その場合でも、買主の了承を得て、調達先の金融機関等にヒアリングをします。

［5］　売主・買主が制限行為能力者の場合

　売主もしくは買主が未成年者、成年被後見人、被保佐人、被補助人など制限行為能力者の場合、取引の安全が害される可能性が多いので、保護者（法定代理人、成年後見人、保佐人、補助人）の権限についてよく理解し、チェックする必要があります。

　例えば、成年後見人は、成年被後見人の日常の財産処分等については代理権が認められていますが、居住用不動産の処分については、家庭裁判所の許可が必要です（民法 859 条の 3）。また、後見監督人が選任されているときは、後見監督人の同意を得る必要があります（民法 864 条）。

9 契約内容の履行（契約後残代金決済まで）

●活動の内容と共創価値

仲介業者のアクション	共創される顧客価値	売主／買主の アクション
・金融機関（融資）、土地家屋調査士（実測）、司法書士など、他の専門家と協働で契約書の条件成就を確認する。 ・トラブル発生時には適切に対処する。 ・債務不履行問題、危険負担問題発生時には適切な対応をとる。	・契約条項の堅実、確実な履行（融資、境界確定・実測など） ・契約が破談しないようにトラブル発生時等には、早急・確実に解決されること	・売主：実測など売主の義務を遂行する。 ・買主：融資の確認など買主の義務を遂行する。 ・トラブル発生時等はできるだけ仲介業者に協力をする。

[1]　確認書、覚書

　契約締結後に、売買代金の減額等、契約書の内容と異なる取扱いをする事態になった場合や、契約書には書いていない新たな合意事項が生じた場合などは、口約束ではなく、必ずすべて確認書や覚書の形で残します。

[2]　実測と越境問題

1 公簿取引と実測取引

　不動産取引には、登記簿上の面積をベースに取引する「公簿取引」と、実測面積をベースに取引する「実測取引」があります。

　公簿取引は、文字通り法務局備え付けの図面を信じ、それをもとに面積を確定し、売買代金を確定します。後に実測して面積が変わっても、売主・買主は

意義を述べない旨、売買契約書に規定します。近年になって実測され、それが公図に反映されている比較的新しい分譲地などの取引においては、公簿取引を行うことが多いといえます。

　ただし、公簿取引であっても隣接地との境界線（境界点）を現地で確認する必要があります。

　実測という言葉は多くの意味で使われています。測量の資格ある土地家屋調査士等がこの作業を行います（下記 **2** 参照）。長い間、実測が行われていない土地は境界線（点）が不明瞭な場合が少なくなく、また、登記簿面積が実測面積と大きく食い違う土地があるため、後々のトラブルを避けるためにも、できるだけ売主・買主には実測取引を勧めるべきです。

2 実測とは

　実測とは、以下のような意味で使われています。

（1）不完全な測量図面の作成

　ここが対象地の所有者が境界線だと思われるところを、道路上の起点から測ってみることで、時間がないときに面積の概算を出す場合に行われます。単に、実際に測ったという意味です。このような仮測量図と呼ばれるものから、民 - 民境界は確認済みで、官―民境界が未確定のものなど、不完全な段階の図面の作成です。

（2）取引で一般的に用いられる測量図面の作成

　土地家屋調査士等による上記(1)の図面に基づき、前面道路の管理者である市など公共団体も含めて、すべての隣接地所有者に現場に出てきてもらって、境界点と境界線を確認してもらいます。

　その結果をもとに測量図を作り直し、再度隣接地所有者を訪れ、合意したことを明示する書面（測量図付）に署名・押印（このレベルでは通常、実印ではない印鑑による）してもらいます。

　境界線は、境界線上にあるブロック塀の内側か、外側か、あるいはその真ん中か等で揉めるケースがあります。対象地でも隣接地でも、所有者が代替わり

●隣地境界の確認

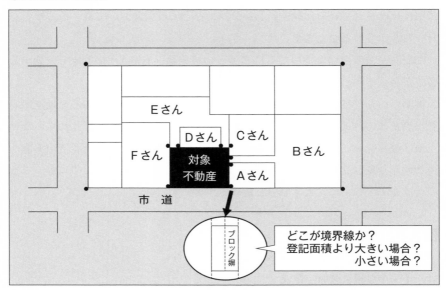

して、境界を決めたときの事情がわからないことがあるからです。

　また、隣接地にある建物の屋根の庇が対象地に越境している場合や、実測の結果、隣接地所有者の土地の実測面積が公簿面積を下回るような場合など、隣地所有者に押印してもらうことが容易ではないことがあります。

　隣地所有者の土地面積が減る場合は、最悪の場合、対象地を含むブロック内の全画地を測量することが必要になります。1ブロック全体で、公簿面積より実測面積が小さい場合は「**縄縮み**」、大きい場合は「**縄延び**」といい、前者の場合によく揉めます（Ⅰ「3. 基本調査・詳細調査」⇨ 138 ページ）。

　上図の例では、官（市）の他、AさんからFさんまで6人の隣接地所有者がいて、その一人でも境界点（線）の合意ができなければ、対象不動産の実測は完了しません。

　通常の不動産取引で「実測取引」と呼ばれるのは、この(2)のレベルが多いです。

（3）地積更正登記ができるレベルの測量図面の作成

　上記（2）のケースで、隣接地所有者に実印で押印してもらい、印鑑証明書を提出してもらう方法です。この場合、法務局で公簿面積を訂正し、実測面積を新しい公簿面積にすることができます。分譲地の素地や分譲マンションの敷地など、土地を再販売する場合には、このレベルの測量を行います。

③ 越境の発見

　契約後に対象不動産の実測が行われた際（特に建物が密集する商業地における取引の際）、隣の建物の軒、庇、雨樋、塀等が境界線を越えて当該地に越境しているケース、電柱から隣接地への引き込み電線が当該地をまたいでいるケース、隣接地の下水管が当該地の地中を通っているケース等がよくあります（逆に、対象不動産の屋根の庇や配水管が隣地に越境している場合もあります）。もともと一筆の土地を分割して売却された土地などによく見られます。

　そこで不動産のプロは、現地実査する際は必ず「空を見て、隣接建物を見て、地中を見る」ことを心がけ、想像をめぐらせて問題になりそうな点にできるだけ早く発見します。

④ 越境問題の解決方法

　隣接地からの越境が発見された場合、売主・買主は残代金決済時までにおよそ以下の 3 通りの方法でこの問題を解決します（ここでは隣接地から屋根が越境し、越境されている側（売主）を A、越境側を B とします）。

①　B に屋根の越境部分を切り取ってもらう方法です（本来切り取りの費用は B が持つべきものですが、これは A から B への急なお願いなので、特殊な場合を除き、A が大部分を負担することが多いと考えられます）。

②　将来 B が建物を建て直す場合に、境界線まで引き下がって建築する旨、境界協定書に規定します（これが一般的で、買主およびその承継者はこの内容を引き継ぐことを境界協定書に規定します）。

③　現状の B の越境状態のまま売主 A は買主に引き渡し、買主は売主に以

後異議苦情を述べない旨の確認書を作ります。この際、買主から売主に対して越境部分についての減額を要求されることがあります（例えば、隣の軒が10cm越境していたとして、それが奥行20mにわたっていれば、買主から2㎡（20m×0.1m）分の売買代金減額を要求されることがあり、坪単価500万円（151.25万円／㎡）の土地であれば減額幅は約300万円にもなります）。

隣接地の下水管が当該地の地中を通っているケースでは、越境が判明するのは引き渡し後で建物取り壊し後であることが多く、配管の付け替え費用負担の問題など、隣地所有者との交渉が難航することがあります。

これらの測量、道路管理者である地方自治体を含む隣地所有者との境界の位置確認、確認書への押印、隣地からの庇などの越境がある場合の境界協定書（確認書）の作成等の一連の手続きや交渉は、土地家屋調査士（測量士）に依頼する場合がほとんどです。

越境問題等を含む測量には、測量技術だけではなく隣接地権者との折衝力・交渉力がある有能な土地家屋調査士（測量士）の協力が必須です。

Column　**「神様」は簡単には立ち退いてくれない**

売買契約前後に、建物の屋上にある祠や、物件の前の道路上にある祠やお地蔵さんをどう取り扱うか、揉めることがあります。

まず、買主がそのままにしておくのを認めるのか、撤去してほしいのかを確認します。後者の場合、誰がどのような経緯でお祀りするようになったのかを調査します。それが町内会のものだったりすると、簡単には動かせません。

筆者が担当した例では、神主さんを呼んできてお払いをしてもらい、移動させていただいたことがあります。

---

［3］　残代金決済までのスケジュール管理

　引き渡しまでに土壌調査、境界確定、建物滅失登記、抵当権抹消登記が間に合わないという事態にならように、スケジュール管理を徹底します。

　契約前には、売主・買主が行う作業および期限を明確にしておきます。前述のように、できれば残代決済についても融資予定銀行へ残高証明と融資証明をもらうなどして確認しておきます。

　残代金決済の２週間前には登記書類・残金案内を行い、また、残代金決済後に電気・水道・ガス代などの二次精算が発生するため、その項目の選別や時期を早めに伝えておきます。

10　残代金決済・引き渡しの実務、アフターフォロー

●活動の内容と共創価値

仲介業者のアクション	共創する顧客価値	売主／買主のアクション
〈決済（引き渡し）〉 ・残代金決済直前の物件の確認。 ・事前書類確認、登記確認の司法書士への手配。 ・確実な事前準備（必要書類、精算金等）を行う。	・堅実確実な事務履行による残代金決済、引き渡しの実現 ・当事者の利益確定	・本人確認、意思能力、行為能力確認に協力する。 ・買主：残代金を確実に用意する。 ・売主：登記関係書類を確実に用意する。

〈アフターフォロー〉 ・事後精算（決済後請求書が届くもの、水道・電気代など）を行う。 ・不都合がないか当事者へのフォロー	・精算と引き渡し後にトラブルがないこと ・当事者の認知的不協和の払拭	・仲介業者に協力する。

［1］　対抗要件である登記についての基本的理解

　日本ではほとんどの場合、登記名義人は真の所有者ですが、日本の不動産登記には**公信力がない**ため、登記名義人が真の所有者と断定することはできません。

　例えば、A→B→Cと所有権移転登記がされた場合で、もしAが認知症など意思無能力者であった場合、A→B間の取引は無効になり、Cは最終的に所有権を取得することができません。

　ただし、登記は有効な売買契約が複数存在するとき等、どちらの買主が所有者になれるかということを決める**対抗要件**になります。

　例えば、売主Aが二重売買で、買主Bとは別の買主Cに不動産を売却した場合（A→B、A→C）、先に登記したのが買主Cだとすると、Cが所有者として保護され、売主Aと買主Bとの関係は債務不履行の関係になり、Bは契約解除し支払った手付金など原状回復請求（民法545条1項）することができます。

　売主には、所有権移転するための登記申請書類を用意する義務（不動産登記法60条：共同申請で登記に協力する義務）があり、買主には登記を売主に請求する権利があります。

　買主は実際に登記する義務はありませんが、未登記のまま放置すると、上記の二重売買のように別の「所有者」が先に登記すると、所有権を最終的に得ることができなくなる可能性があります。

　したがって、仲介業者としては、買主に取り壊し予定の建物以外は未登記の

まま放置しないことを要請します。

---

［2］　残代金決済直前の確認事項

1 本人確認

　契約時と同様に、残代金決済・物件引き渡し時には、当事者（署名する人）の権限の確認や、本人であることの確認を行います。代筆がないか等には細心の注意を払う必要があります（8「［2］本人確認の問題点」⇨ 221 ページ）。

2 直前の現地再チェック

　契約前と同様、契約後残代金決済までに、対象不動産に何らかの変化がないか、現地で入念にチェックします。

　まれに、第三者が所有者に無断で物を置いて占有していたり、何者かに現地に意味不明の看板を立てられて取引を妨害されたりするケースもあり、油断は禁物です。

3 司法書士による書類確認

　司法書士に依頼して、所有権移転、抵当権抹消のための書類や、所有権移転登記関係の書類にもれや不備がないかを前日までに（できれば余裕を持って 1 ～ 2 週間前までに）作成し、現物をチェックしてもらいます。

　共有者が海外に住んでいるなど、押印してもらうのに時間がかかる場合があるので、事前に調べて確認しておくのです。もし不明事項があれば、それを事前にクリアしておくことは必須です。

4 登記事項に変更がないことの直前確認

　残代金決済日の当日には必ず、登記に異動がないかを司法書士に法務局で確認してもらいます。それを証明する登記記録、登記簿謄本の取得は、取引の基本動作です。

5 送金準備

　買主には、事前に送金の準備ができていることを確認します。最終的に、何らかの事情で融資が実行されないトラブルもたまにあります。

6 売主からの引き継ぎ書類等

　賃貸借契約書や、建築確認等の建築関係図面、鍵等の引き渡しは、原本（現物）がない場合も多いので、事前に十分確認し、残代金決済時には「引渡確認書」を用意して、売主、買主に押印してもらいます。

7 残代金決済、引き渡しの実行

　残代金決済は、多くの場合、売主の指定する金融機関で行います。

　買主側の司法書士が売主側の用意した書類を確認した後、買主は取引金融機関に売主の指定口座への送金を指示します。

　入金確認には、長いときは1時間近くかかります。売主が自分の口座に残代金が入金されたことを確認し、買主に関係書類を渡したとき、取引は成立し、その時点で所有権が移転します。若干の時間のずれはありますが同時履行です（民法533条の同時履行の抗弁権）。その際登記必要書類の「引渡完了書」を用意します。

　その後、通常は買主側の司法書士が管轄の法務局に出向いて、登記を申請します。

　所有権がいつ買主に移転するかは、重要なポイントです。東日本大震災が起こった2011年3月11日の午前中に、残代金決済、引き渡しがあった取引がありました。しかし14時46分に起こった大地震による津波で、建物はすべて流されてしまいました。この場合、危険負担の問題になりますが、登記の有無にかかわらず所有権とともに危険はすでに買主に移っており、売主にとっては間一髪セーフという事態で、買主にとってはまったくの不運でした。

　通常、法務局への申請は同日に行いますが、これができないときは要注意です。

　第三者のための契約などにおいては、同一の不動産に対し、同日付けで、残代金決済と、それに伴う資金の送金も複数あるため、法務局の受付時間（17 時15 分）に間に合わなくなる可能性があります。

　複数の取引が同日にできる場合でも、残代金決済の場所が異なる場合、タイムラグにより着金の確認等に遅れが生じます。そのためなりすまし、偽造などの不正がある場合、そのスキを狙われ、発見が遅れることがあります。

　担当者は、以上のようなさまざまなリスクを想定し、決済当日の流れを事前におさらいしておく必要があります。

［3］　精算

■1 売買金額以外の収入・支出は、残代金決済日を基準に精算

　残代金決済と同時に、仲介手数料など、売主・買主から支払われる金銭も含め、精算できるものは原則その日に行います。

　売買代金以外に売主と買主との間で精算する金銭として、支出としては、固定資産税、都市計画税、損害保険料、マンションの場合の管理費、修繕積立金、電気代、ガス代、水道代があります。収入としては、貸家の場合の賃料収入、自動販売機収入、広告収入などがあります。

　固定資産税は、毎年 1 月 1 日に所在する不動産の所有者に対して課税される税金ですので、残代金決済日がその納付期限の前後にかかわらず、売主に支払い義務があるので、売主が支払います。

　また、貸家の場合、通常テナントから売主が預かっている敷金・保証金も買主に引き継がれます。

　いずれの場合も、1 月 1 日または 4 月 1 日を起算日として、前日までの分は売主負担（または売主の収益）、残代金決済日以降は買主負担（または買主の収益）として、日割り計算することが多く、通常は売買契約書に規定します。

　また、残代金決済時には、残代金、精算金等金銭の種類（銀行振り出し小切手、その枚数、登録免許税の現金）、振り込み銀行等の確認が必要です。

❷ 残代金決済日に終わらない精算

　電気代、ガス代、水道代等は、上記❶のとおり日割り計算で精算するのが原則ですが、残代金決済日には、まだ請求書が手元になく、精算ができません。それは2～3か月後になることもあり、仲介業者としては、これが終わるまでは気を抜けません。

❸ 精算書の作成、チェック

　精算項目は、チェックリストを作成し、特に、引き渡し時期による固定資産税・都市計画税等の精算方法（東京・大阪の起算日の違い）、消費税、償却資産税、印紙の扱い等に注意し慎重に計算します。

　特に日割り項目がある箇所は、必ず複数の目でチェックします。作成者本人はいったん作成すると、自分自身では間違いを発見することが難しいことが多いからです。

　精算書は、内容の正確さはもちろん、誰が見ても理解できるようわかりやすい内容にする必要があります。また、事前に精算書のドラフトを作成し、売主・買主双方に事前に確認してもらっておきます。

❹ 取引時書類の整備等

　引き渡し前、契約書における条件、内容が成就していることをすべての条項に関して確認し、引き渡し後はいつ社内外の検査があってもよいように、取引時の必要書類、その写しがすべて整っているか、必要書類の意味をよく考えながら再確認します。

［4］　契約が成就しない場合

　契約締結後、残代金決済時までの間や物件の引き渡しの後に、売主または買主の責めに帰すべき事由により、あるいは自然災害等の不可抗力により、契約書通りに契約が履行されないときがあります。この場合、一般的には債務不履

行責任、危険負担、売主の契約不適合責任の問題になります。

1 まず当事者の意向確認

このような場合には、弁護士と相談しながら、仲介担当者として当事者によく事態を説明して理解してもらうことが重要です。

とことん訴訟までしたいのか、訴訟はしたくないのか、「当事者の意向は何か」ということをよく確認した上で、その後の対応策を決めます。

2 敏速な処理対応

相手からの契約解除の申し入れが口頭であった場合など、申し入れを受けたほうは、履行の準備をしておかないと、逆に相手から債務不履行を主張される可能性があります。

仲介担当者は、今すぐとるべき対応について弁護士に相談しつつ、敏速に、合意書等に確定日付をとる、内容証明郵便で意思表示をする、裁判所に仮処分を申請する等、対処します。

合意による契約解除の場合も、どちらかが契約書上の債務不履行の状態になる前に、その合意事項を解除証書に盛り込み、素早く解除契約を締結します。

[5]　残代金決済時の必要書類、チェックリスト

残代金決済時の登記必要書類は、原則として司法書士にリストアップしてもらいます。これらを誰がいつ用意し、チェックするのかを確認します。

1 必要書類一覧表の例（抜粋）

項目	書類名	所有者準備	仲介会社準備
1. 土地	登記簿謄本（閉鎖謄本込）		○

	隣地境界確認書（写）	◯	
……………	……………		
2. 建物	登記簿謄本		◯
	検査済証	◯	
……………	……………		
3. 権利関係	登記識別情報、権利証	◯	
	賃貸借契約書	◯	
……………	……………		
4. 管理関係	建物管理委託契約書	◯	
……………	……………		
5. 公租公課	固定資産評価証明書	◯	
……………	……………		
6. 保険関係	（火災・地震）保険証券	◯	
……………	……………		
7. 収支記録	現賃料収入・敷金等明細	◯	
……………	……………		
8. その他	テナント募集パンフレット等	◯	

❷ 契約時、残代金決済時必要書類一覧表の例（抜粋）

	金額	授受方法	その他
契約時（売主）			
手付金	◯◯円	買主→売主	現金、銀行振込
契約書印紙代	◯◯円	売主→仲介会社	現物（売主用意）

契約時（買主）			
契約書印紙代	○○円	買主→仲介会社	現金（仲介会社用意）
…………			
残代金決済時（売主）			
残代金（振込）		売主→買主	銀行振込
権利証・登記識別情報		売主→司法書士	
鍵等の引き渡し確認書（受領書）		売主→買主→売主	
登記書類等受渡完了確認書（受領書）		売主→買主→売主	
…………			
残代金決済時（買主）			
抵当権設定契約書		買主（司法書士準備）	
…………			

３ 決済資金管理表の例（抜粋）

項目	相手方	支出・収入	金額	振込日	振込み口座
売主側（契約書印紙）					
…………					

〈項目例〉
・売主側：契約書印紙、登記費用（報酬含み）、敷金・預託金、家賃精算金、
　　　　　固定資産税精算金、損害保険料精算金等
・買主側：契約書印紙、登記費用（報酬含み）、敷金・預託金、賃料精算金、
　　　　　固定資産税精算金、損害保険料精算金等
・仲介業者：仲介手数料

11　取引におけるトラブルの対処

［1］　トラブル、クレーム等への対処

　トラブルや顧客からのクレームはないに越したことはありませんが、仲介業者に何ら責任がない場合でも、多くの取引を手がけているうちには必ずといってよいほどこれに出くわすものです。細心の注意を払って取引を進めるのは当然ですが、何らかの問題が起こるのが当たり前と思っていてちょうど良いぐらいです。

　トラブルやクレームを担当者が個人的に抱え込むと、ますます事態が悪化するばかりではなく、最悪の場合周りの人も巻き込んで前向きな営業がまったくできない状態になるおそれがあります。したがって、どんな些細なことでも、できるだけ早くトラブルの種をなくしていく必要があります。組織としての対応はどうあるべきでしょうか。

■1　基本姿勢、初期対応

　当事者意識を持って、過剰に恐れず正面から対応し、逃げ出さない、投げ出さないという姿勢が大事です。また、リカバリーできた時にはそれが自分の力になると信じて「毅然」とした姿勢で臨む必要があります。

■2　早期に組織内、取引関係者で事態を把握、共有し、組織として対応

　トラブルは、対応が遅れたら遅れるほど事態は悪化するので、担当者個人は問題の先送りをせず、どの仕事よりも優先し、まず上司に、そしてクレームを管轄している部署等にも報告して、事態を共有し、組織として早期に対応します。

　そのためにはふだんから、担当者がトラブルの気配を感じた段階で、早めに

上席に相談できるような風通しの良い関係を作っておく必要があります。「発生から 24 時間以内に必ず部門のトップまで報告する」というルールを作っている会社もあります。

　担当者はその上司とともに、拙速で不信感が起こらないように気をつけながら、現場や取引先にすぐに向かい、「誰が・いつ・何をしたか」というトラブルの事実や、当事者の属性を正確に把握するために、できるかぎり当事者双方の意見を聞き、過去の事実関係も業務日誌や関係者からのヒアリング等で確認します。

　それをもとに冷静に状況を分析し、最悪の事態を想定しつつ、最善の解決方法を探ります。もちろん、事態発生以後の日誌は、時間等も詳細にもれなく作成します。

❸ 上席者による応対

　通常、トラブルの当事者が直接話をすると、相手方は興奮状態に陥ることもあるので、事態をよく理解した上席者がメインで応対するほうがよい場合があります。これで担当者の責任がなくなるわけではありませんが、決して 1 人では対応せず、顧客対応は必ず複数で行います。

　ただし、最初に課長が応対すれば次は次長、最初が次長ならば次は部長が応対せざるを得ず、誰が最初に先方と応対するかはよく検討して決めます。

❹ 面接による応対

　電話でのクレームも、原則は相手方に出向いて対処します。顔を見せて話せば、相手の興奮状態が収まるときがあります。ただし、相手がプロの場合は別で、弁護士等と相談してどのように応対するかを決めます。

❺ 先入観を持たず冷静に、キーマンと応対

　先入観を持たず、感情を抑え、冷静に何ができるのかを考え、当方に非があれば、真摯に対応します。謝るべきことは良いタイミングを見計らってきちっ

と謝ります。嘘をつかない、けんか腰にならないことも重要です。

　解決の糸口を見極めるためには、まず双方のキーマンは誰なのかを把握することも大切です。

⑥ 弁護士等に相談

　事態が法律問題を含み、社内で収拾がつかなくなったとき、言いがかり、または将来に係争の種を残しそうなときには必ず弁護士に対処の仕方を相談し、必ずその相談記録もとっておきます。

⑦ 事態の収拾

　解決策が決まれば、相手方に対して責任のある立場の人が同席し、事情を説明し、必要があればお詫びをします。解決策の売主・買主への説明および負担については、偏りのないようバランスを重視します。

　また、起こったトラブルについては、共有できるシステムを作成し、社内で勉強会を開催するなど、再発防止に努めます（ナレッジマネジメント）。

［2］　トラブルを避けるために〜仲介活動の限界〜

　不動産取引においては、素姓の知れない人が出てきてトラブルになることもあります。

　ブランドや信用をバックに仕事をしていて、トラブルになりそうな取引であることがわかった場合は、たとえ進談中であってもこれに係わらないようにします。

　もちろん反社チェックは基本動作として行いますが、トラブルになりそうな人物かどうか不明のときには、リスク回避のために業者仲間やある分野の情報通の人などの情報網を駆使して調べます。もちろんその情報通の人は反社会的勢力ではなく、仲介業者にとって信頼できる人物でなくてはなりません。

　以下は、仲介業者として取り扱わない取引の例です。

1 反社勢力の係わる取引

　これは売主、買主、借地人、借家人、仲介業者本人であるときはもとより、隣接地所有者等である場合もできれば避けたほうが無難です。

2 脱税ほう助行為

　売主が譲渡所得税を安くするために、いわゆる「B 勘定」を用いて売買金額を低めにして、売買契約書上の売買価格以外の金銭を買主から受け取る行為を要求されたとき等です。

3 将来買主が法令・条例等に違反することが明らかな場合

　開発行為の許可を受ける審査を逃れるため、本来開発許可を受けなければならない広さの土地を、最低面積（例えば 500 ㎡）以下の土地に分割し、売却時期をずらして、建売り業者等買主のグループ内別会社にそれぞれ売却するような場合です。

4 社会的弱者に対する強引な行為

　身寄りのない老人に対する強引な明け渡し交渉を前提とした取引等です。

---

［3］　トラブルの原因（例）

　本書で紹介したプロフェッショナルとしての注意を怠るとすべてトラブルの原因になりうる、といえますが、以下その典型的なケースをいくつか挙げます。

1 調査から売買契約まで

（1）資料と現地、対象物の相違、瑕疵

　売主にヒアリングした内容と現状が異なる場合があります。例えば、建築基準法 42 条 2 項道路のセットバック面積について、売主が市役所で調査したという説明と、実際に指導されたセットバックの結果に相違があり、対象物件の

セットバック面積が大きくなったことがありました。売主の調査を信じないで、仲介担当者自身でしっかり調べることが必要だという教訓です。

（2）法律・規制の見落とし

　土砂災害区域、公有地拡大法の届け出等は、見落としがちです。特に、公有地拡大法の届け出が漏れると契約日に契約できなくなるので要注意です。

　なお、大規模な土地の取引成約後に、買主が国土利用計画法の届け出を失念するケースがあるので、仲介業者は取引終了後もフォローが必要です。

（3）テナントの不退去

　テナント退去前提の取引で、実際には退去してもらえなかったケースがあります。立ち退き交渉の内容、その確実さについてよく確認し、できない場合の対応を取り決めておく必要があります。

（4）現地実査時における基本動作ができていない

　建物内覧時に、買主が仲介業者に「細かいところまでは見なくてもいい」と言ったのですが、引き渡し後にトラブルになったことがありました。買主が必要ないと言っても、必ず隅々まですべて見てもらうことが必要です。また、対象建物等の遵法性を見落としたケースもあります。

2 売買契約から残代金決済・引き渡しまで

（1）隣接地との関係（境界確定・実測・越境、配管等）

　実測の完了を解除条件にするなど、解約条項の設定の甘さによって契約解除になった、近隣とのトラブルが原因で境界確定印がもらえない、境界ポイントの座標軸がずれている、水道管等の配管のため私道の掘削の必要がある場合でその承諾得られない、配管の隣接地からの越境や隣接地への越境、新築予定建物の利用人数により水道管等が容量不足になる、他人名義の土地が対象地内に一筆存在した、等々、さまざまなケースがあります。

（2）残代金決済時

　権利証の確認もれ、契約直前に金融機関の担保設定があった、買主が金融機関をだました借入詐欺や、売主なりすまし事件、などのケースがあります。

（3）その他

　土壌汚染問題、建物の耐震性、地盤問題等で、契約不適合責任が問われうるトラブルがあります。

12　専門家の活用

［1］　専門家活用の必要性と知り合うきっかけ

　社会・経済環境の大きな変化により、どのような専門家であっても、自分の専門分野だけでは顧客ニーズのすべてを満たせる場合はまれであり、他の分野の専門家と協働して、個別の専門サービスの束を提供する必要があります。

　仲介担当者は、自分がその専門サービスの束をまとめる元締めになると同時に、他の専門家が顧客の窓口になるときには、自分も専門分野における頼りになる専門家として呼んでもらえるような信頼関係のある専門家のネットワークをつくることが理想です（第三部 2「2．専門性の深さと広さ」⇨ 298 ページ）。

　そのような専門家と最初に知り合いになる方法としては、有力者に紹介してもらう、社内外のセミナー講師として依頼して親しくなる、場合によっては、ウェブサイトで業務内容を確認して飛び込みで関係を構築する方法などが考えられます。

　理想的な専門家に出会えたら、それを個人的な付き合いで終わらせるのではなく、会社の「財産」として社員間で共有します。

［2］　他の専門家との関係維持のために

■1 顧客の相互紹介

　知り合って良かったと思う外部の専門家には、勉強会や懇親会などで定期的

第 二 部　実務編

に接触する機会を作ります。お互いに仕事を発注すればその関係は深まります。

　1対1のギブアンドテイクの関係にならなくても、むしろギブのほうが多くてもよいという気持ちで専門家と付き合い、特にお世話になることのほうが多い人には、お中元やお歳暮などで定期的にお礼をしておくほうが良いでしょう。

　ただし、自分の顧客を他の専門家に紹介して直接やり取りをしてもらう場合でも、その相談内容についてはしっかりフォローしておく必要があります。

2 個人的なネットワーク、ブレイン作り

　いったん知り合った信頼できる弁護士・税理士・司法書士・土地家屋調査士・建築士など、何でも相談できる（少々無理を聞いてくれる）個人的なネットワークを構築し、自分のブレインとして維持したいものです。

　長く同じ業務を続けていると、自然とネットワークはできますが、その関係を続けていくためには自分自身の実力・人間性も問われます。要は、相手の専門家が自分ともう一度付き合いたいと思ってもらえるか、自分も相手をそう思えるかということです。

[3]　仲介業者として協働したい専門家とは

1 弁護士

　協働したい弁護士とは、不動産業務をよく理解し、精通している有能な弁護士です。例えば土壌汚染地問題が生じた場合は、この分野に強い弁護士に依頼します。

　その他、緊急の場合にも快く応対してもらえること、簡単な法律問題にも気楽に相談に応じてもらえることが挙げられます。

　売主・買主に顧問弁護士がついている場合でも、難しい法律問題が絡む場合は、仲介業者としての立場で独自に不動産問題に強い弁護士に相談し、顧客の顧問弁護士にはセカンドオピニオンをもらうほうが良い場合があります。

　しかし、特に難しい案件以外は、あくまでも弁護士には相談するのであって、

248

すべてを処理してもらうのではありません。仲介担当者には、少なくとも弁護士と基本的な法律の議論ができる程度の法律知識が必要です。

　弁護士に相談する際には、しっかり事態をメモしていき、問題点を理解してもらう必要があります。また、弁護士報酬を誰が、いつ、いくら払うのかを、前もって確認しておきます。

❷ 司法書士

　登記の要になる専門家です。協働したい司法書士とは、不動産登記法や手続き法に精通し、質問に気軽に応えてもらえ、事前の書類チェック、事後処理を含めて、手続きに完璧に信頼がおける人で、特に証券化・流動化案件等の複雑な取引では、経験を積んだ信頼の置ける司法書士に頼むことが望まれます。

　また、本人確認についてはできる限りの手を尽くしてもらえることも重要です（8「[2] 本人確認の問題点」⇨ 221 ページ）。

❸ 土地家屋調査士、測量士

　土地取引における実測の要になる専門家です。協働したい土地家屋調査士とは、越境部分を明らかにすることも含み、間違いのない正確な測量ができるとともに、隣地所有者から境界確認印および境界協定書をとれる説明力、交渉力があること、地積更正が必要なときには印鑑証明付きで隣地所有者に確認印をもらえること、測量の期日を常に、きっちり守ること等が挙げられます（9「[2] 実測と越境問題」⇨ 228 ページ）。

❹ 税理士（税務署）

　税務問題は、顧客自身の顧問税理士に相談してもらうのが鉄則ですが、複雑な案件では仲介業者としても信頼できる税理士に相談することがあります。

　協働したい税理士の要件は、最新の税制改正、利用できる不動産に関する特例に通じ、説明が的確で理解しやすいこと、税務署の実務判断と近い見解を持っていること、税金に関する簡単な質問にはできる範囲で気軽に応じてもらえる

こと、等が挙げられます。

　税理士に相談する際には、条文・通達レベルまでは担当者自身でも調べて準備します。また、事態をメモ（抽象的でよい）していけば間違いが少なくなります。

　ただし、税理士からの回答をそのままにせず、当事者（納税者）自ら税務署に足を運んで確認してもらうことは欠かせません。

　万が一、所轄の税務署（担当の国税専門官）で明確な回答が得られない場合は「伺い書」を出して確認しておきます。これに対して書面では回答してもらえませんが、伺い書は庁内保管されるので、後々の何らかの助けにはなる可能性があります。

5 一級・二級建築士、設計事務所

　協働したい建築士とは、特に建築に関する各種規制に熟知していて、違法建築、既存不適格建物についての的確なアドバイスがもらえ、耐震補強など多くの工法に精通している方です。

　不動産にも精通して地主との権利調整などもできる建築士は、不動産コンサルタントとして活躍されています。日本の大学、大学院の建築学科における教育においても不動産に関する法律や経済とともに、不動産ビジネスを学べるような環境ができることが望まれます。

　また、更地の価格を算出するときのCADによる容積率計算等を比較的低価格で、継続的にお願いできる設計事務所は、ありがたいパートナーです。

6 不動産鑑定士

　直近の地価の動き、各種規制とその撤廃の動きに精通し、不動産鑑定評価基準に則って堅実・着実に評価できるのはもちろんのこと、権利調整を行う際に相談でき、その権利の価値の考えについて明確に説明できる鑑定士、借地・借家・底地、継続賃料、共有関係、区分所有などの難しい案件でも、相手方との交渉や、裁判における理論的根拠として通用する鑑定評価書を書ける鑑定士が、

パートナーとして理想です。

7 その他

　ハウスメーカーで、借地権やマンション建替えに強い専門家には、土地の有効活用の際の権利調整、収支計算、などについて相談できて頼りになります。

13　プロジェクト管理

　組織として不動産仲介を行う場合、担当者が自己完結できる人ばかりであれば問題ないのですが、担当者にはベテランもいれば新人もいます。

　また、規模の大きな不動産取引においては、営業に専念する担当、契約関係の準備担当、接触できていない顧客のフォロー担当、広告等の企画担当など、機能的・効率的に役割分担してチームで活動する場合もあります。

　このような場合、仲介サービスの堅実な推進には課長レベル、ときには部長レベルの管理職の役割は重要です。仲介サービスの基本各要素がうまくできても、メンバーをまとめながらこれを連続的につなぎ、推進する力がなければ案件は動きません。これは一種のプロジェクトマネジメントといえます。

［1］　プロジェクトマネージャーの役割

1 プロジェクトマネージャーの意義とメンバーの役割分担

　プロジェクトマネージャーとは案件全体のプロセスを熟知し、リーダーシップをとってそれを統括する人です。まず、案件の全プロセスをリストアップし、担当メンバーに売主または買主の要求事項の全体像を説明、理解してもらった上で、プロセスの一部を各メンバーに役割分担します。

　また、プロジェクトマネージャーは弁護士、司法書士、土地家屋調査士、会計士などの専門家とのコーディネート力が求められます。

2 メンバーとのコミュニケーション

　プロジェクトマネージャーはわかりやすい言葉で具体的行動をメンバーに指示し、日々の密なコミュニケーションを通して、チーム内に情報格差を生まないようにする必要があります。メンバー全員が当事者意識を持てるように、調査・交渉・ドキュメンテーションなど取引の一部の「作業」を分担しているという意識ではなく、全員が取引の全体像を理解できるようにプロジェクトを進めます。

　そのため、情報共有の場を設け、当事者の取引目的、価格やスケジュール等、力点を置くポイントを明確にし、スケジュールについて常に共通認識を持てるようにしておく必要があります。

3 メンバーの報・連・相と要所でのチェック

　メンバーである担当者からは、案件日誌等で、日常の報告・連絡・相談を徹底させます。それに対し、プロジェクトマネージャーは、メンバーに指示を投げっぱなしではなく、自分自身も案件にコミットし、すべてのプロセスを納得いくまで確認します。

　現地立会いの場に同席するなどにより、日常の途中経過を把握します。また、要所要所で、案件スケジュールの進捗状況、目標達成状況、契約までの無理のない時間配分かどうか、契約条項中の特約条項の内容、過去にクレームが発生している事項、問題をなりそうな部分はないか等について、重点的にチェックし、スケジュール通りに進捗していない場合はその原因を確認します。

　このように適宜、自分自身が参画することでメンバーの緊張感も保たれます。ただし、初歩的なレベルの業務については、メンバーの実力に応じて、メンバー間でチェックをさせることもあります。

［2］　メンバー構成

■1 役割のローテーション

　金額が大きく複雑な案件の不動産仲介においては、調査だけ、ドキュメンテーションだけ、交渉だけという担当者を決める場合がありますが、それだけに役割を固定せず、担当者の役割をローテーションさせることが望まれます。例えば、契約書のドキュメンテーションは、基本的には物件調査、交渉を担当した経験し、その重要チェックポイントを理解している人が担当することが原則であり、担当者が、全体の仲介プロセスの中での自分の役割を理解できるようにします。

　これを可能にするには、プロジェクトマネージャーは担当者に多くの小さな案件を１人で担当させ、自己完結できるように育てておく必要があります。

■2 シニアスタッフとジュニアスタッフ

　また、案件はできればシニアとジュニアの組み合わせで担当するのが良いと思います。シニアは、自分の暗黙知をジュニアに伝えながら仲介プロセスを進めることができ、ジュニアが成長したときには、しばらくの間低い賃金で大きな成果が得られるようになるからです。

14　グローバル取引

［1］　外国人との国内取引

　日本人の海外不動産投資や外国人の日本の不動産投資が増加する中で、2019年の入国管理法の改正により、コロナ禍の影響により中断しているものの、多くの外国人労働者が来日しているので、外国人と共生し、不動産取引を行うこ

とも当たり前の時代になりました。

1 法律、取引慣習

　まず、外国人は、商慣習、法律の違い、準拠法、文化等取引のベースとなるものが異なるので、契約条項の解釈や本人確認の方法について、十分確認する必要があります。

　日本の不動産取引を日本法のもとで行う場合には、契約条項もできるだけ国内基準に合わせるほうが、取引がスムーズにいきます。

　また、金融商品取引法、犯罪収益移転防止法などの日本の法令はもちろん、相手国の規制に抵触しているかどうかも確認する必要があります。

2 言語

　国内取引の場合、原則は日本語を使用言語とします。しかし、相手の外国人の日本語力が一定レベルに達していないと、正確に伝わっているか、聞きもらしてないか不安なので、英語にも対応できる担当者をつけることが望まれます。

3 交渉

　日本の仲介の慣習が通じない国があるので、注意が必要です。

　外資系企業との取引の場合、本国で最終決済をとるのにかなりの時間がかかり、そこで結論がひっくり返るケースがあるので、その覚悟で話を進めます。

　また、資金面、決済手段、税制面の不明点など、確認できない点が多いので、相手の外国人のペースに乗らず、信用面が不明の場合は特に、できるだけ妥協せず、日本でのやり方に従ってもらいながら取引を進めるのが良いと考えます。

4 銀行口座

　海外との送金手続きがスムーズに行かないことも多々あるため、効率性の観点から、できるだけ相手方の法人組織に、日本国内で銀行口座を作ってもらうほうが良いでしょう。また、日本に送金してもらう際、名義は購入者と同一で

あることや、本人確認には十分注意します。

---

［2］　海外不動産取引

　まず現地の不動産マーケット、法律やルール、不動産取引の慣行など、基本
事項の理解が必要です。そのためには、現地の信頼できるパートナーを見つけ
ることが現実的です。

　上記の国内での外国人との取引との留意点は共通です。また、日本側の担当
者は、英語で外国人とコミュニケーションができることが必須です。

15　価値共創に反する不良サービスの例

　仲介担当者による顧客との価値共創に反する行動によって、顧客が冷静に自
分にとって最も良い物件を選択する機会を奪い、顧客の得るべき価値を損なう
不良サービスが、実際にはマーケットにおいて提供されています。

　個人住宅仲介の場合を含め、売主・買主が不動産取引の素人の場合、法令違
反ではなくても、顧客にとって避けたほうが良いと考えられる仲介業者・仲介
担当者の資質、行動パターンがあります。このような行為はプロフェッショナ
ルのものとはいえず、仲介担当者としては反面教師にしたいと思います。

　以下、宅地建物取引業法違反にもなり得る不良サービスの例を列挙します。

① 情報収集
・超高値あるいは超安値の査定による売り物件の受注
　意図的に高額で査定し、専任媒介契約、専属専任売却契約を結んで、
しばらく活動してから値下げに誘導することや、逆に、顧客が相場を知
らないのをよいことに、業者自身が転売目的で、超安値に誘導して買い
取るケースなどです。
・おとり売り物件による集客

　　・架空顧客の「求むチラシ」による集客

②　案内、物件説明

　　・重要な悪い点を契約直前まで故意に話さない

　　・心理的圧迫感を用いて決断させる

　　・最後に本命の物件を見せる等、物件案内のテクニックを使い、強引に押し込む

　　・買い替えを考えている人に、移転先の買いを先行させる

　　・自社の取扱い物件しか勧めない

　　・勉強不足によるごまかし　等

③　ルール違反、業法違反の犯罪

　　・紹介したリノベーション業者等からの高額のバックリベートの受領

　　・脱税行為の幇助

　　・情報の囲い込み

　　・偽造、なりすまし　等

第3章

投資用不動産の
仲介・
コンサルティング

1 投資用不動産の仲介の留意点

[1]　物件情報の提供について

■1 投資物件としての良否の見極め

　まず、仲介担当者自身がその物件の良否を見極めなければなりません。立地、建物の状態、その他のリスクを判断し、価格が妥当かどうかを自らが投資家になったつもりで、プロとしてチェックする必要があります。

■2 買主がプロとアマの場合の違い

　プロの投資家と個人では説明で強調すべき点は異なります。プロ相手の場合、極端な話、情報の提供だけで取引ができることがあります。しかし、個人のアマ投資家には、一棟貸しのリスク、ワンルームマンションのリスク等マーケットの説明や不動産に関係する諸リスクを詳細に説明する必要があります。

　アマ投資家にとっては、現物不動産を保有するより、J-REITへの株式投資のほうが適している場合もあるでしょう。ただし、アマ投資家は実際には、物件のリスクに対して関心がそう大きくなく、立地や金額が気に入れば販売業者の勧めに従って、投資用不動産を購入していることが多いかもしれません。

[2]　確実な調査と手続き

　前記の不動産一般の調査に加え、収益用不動産については、特に建物の物的確認や入居テナントとの契約等のデューディリジェンス、および維持管理状況の確認が重要です。

　問題となった例としては、売主の提示した資料上のレントロールと実際の入金実績が異なるケース、物件の引き渡し後に売主から事前に説明がなかった支

出があることが判明したケース、オーナーの自主管理の収益物件で、売主が賃借人と口頭で賃料減額していたことが売買契約後に発覚し、トラブルになりかけたケース等がありました。

　したがって、実際の入金ベースでの確認を必ず行い、レントロールとの相違検証を行います。

［3］　管理会社について

　オーナー自ら管理を行っている場合は別ですが、収益用不動産にとって管理会社、プロパティマネジメント会社の選択は重要です。その収益性に大きく影響するからです。仲介を行う際、売主が委託していた管理会社を買主が引き継ぐ場合、その引き継ぎをしっかり行うことが重要です。

　仲介会社としては、管理委託契約の内容はもちろんのこと、ビル管法（建築物における衛生的環境の確保に関する法律）や消防法を遵守し、定期点検や定期報告が実際に行われているかどうかのチェックを行い、できればその内容を重要事項説明書に記載することが望まれます。

2　収益用不動産の評価

　不動産の価格（価値）の評価には、原価法、取引事例比較法、収益還元法の3つの基本アプローチがあります。また、デベロッパーが、マンションや戸建て住宅の素地を取得する際の評価手法で、上記3つの観点を用いる開発法があります。

　それぞれ留意事項は多いのですが、本書では、以下、収益用不動産の評価において重視される収益還元法の考え方、利回りや賃料を見る際の留意点のみ簡記します。

　（注）不動産鑑定評価については、公益社団法人日本不動産鑑定士協会連合会監修・鑑定

評価基準委員会編著『要説 不動産鑑定評価基準と価格等調査ガイドライン』（住宅新報社）参照。

［1］　収益還元法とは

　対象不動産から得られる収益、効用の観点から、対象不動産が将来生み出すであろうと期待される純収益の現在価値の総和を求めることにより、対象不動産の試算価格を求める手法を収益還元法といい、この手法による試算価格を収益価格といいます。

　収益還元法には「直接還元法」と「DCF法（Discounted Cash Flow Analysis）」があります。直接還元法でもDCF法でも、求める価値は同じです。賃料の急な下落時や上昇時、あるいは、例えば3年後には新築住宅の税金固定資産税減額の特例措置が切れると考えられる場合など、確かな変動要因がある場合、DCF法ではより精緻な分析ができます。

■ 直接還元法

　直接還元法は、一期間の純収益を還元利回りによって還元して収益価格を求める手法です。

　右ページ図の通り、2つのフォーマットがあります（ここでは「A方式」「B方式」とします）。一般に利用されているのはB方式で、総収益から総費用を差し引いて純収益を求めます。この純収益を還元利回りで除して収益価格を求めます。

　A方式は、証券化対象不動産におけるDCF法の収益費用項目として不動産鑑定評価基準の各論第3章で規定されているものですが、一般の鑑定評価でも使われています。

　A方式・B方式とも求める純収益や還元利回りは同じものです。

　近年、海外投資家を含め、プロの投資家はA方式を多く用いているといわれています。A方式では、収益項目として敷金、保証金の運用益を、また費

●直接還元法の2つの表示方法

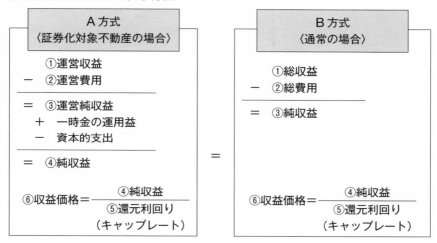

用項目で、大規模修繕などの資本的支出を、それぞれ運営収益、運営費用のあとで別途計上するものです。

　通常、国内・海外にかかわらずプロの投資家は、Ａ方式における③運営純収益（英米で用いられている収益還元法のフォーマットでのNOI（Net Operating Income）とほぼ同義）を収益還元法における分子として採用し、それに対する利回りとして還元利回り（Cap Rate）を求め、大規模修繕費（資本的支出）や一時金の運用益は別途考慮しています。

　したがって、日本の鑑定評価で用いられている純収益（Net Operating Income）に対応する還元利回りとは意味が異なることに注意する必要があります。

2 DCF法

　DCF法（Discounted Cash Fow法）は、一定の投資期間（分析期間）（次ページの例では10年間）に得られると予想される毎年末のキャッシュフローとその一定期間後に対象の不動産を売却することで得られるキャッシュフロー（復帰

●DCF法（例）

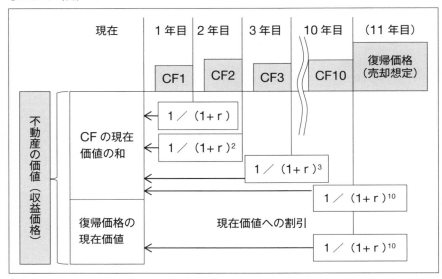

　価格）をそれぞれ現在価値に割り戻し、その合計により収益価格を求める手法です。

　永遠の時間の中で、キャッシュフローの変化を予測しうる将来の一定期間（通常は5年から10年）を区切って、精緻に毎年のキャッシュフローの現在価値を求めるものですが、本来**1**の直接還元法と同じ価値を求めるものです。

　DCF法は、証券化対象不動産の鑑定評価では必須の評価手法とされています。

［2］　収益還元法における実務的留意点

　投資用不動産で最も重要な収益還元法適用の際の主な留意点を、若干詳しくなりますが以下に述べます。仲介担当者としても必要な視点ですが、場合によっては、不動産鑑定士の協力を得ましょう。

　まず、上記[1]の直接還元法の A 方式、DCF 法における収益、費用項目の
フォーマットを用いて、それぞれの項目の内容とその定義をしっかり押さえま
す。

■1 DCF法における収益費用項目（A方式）

運営収益	貸室賃料収入 （満室想定）	対象不動産の全部または貸室部分について賃貸または運営委託をすることにより経常的に得られる収入
	共益費収入 （満室想定）	対象不動産の維持管理・運営において経常的に要する費用（電気・水道・ガス・地域冷暖房熱源等に要する費用を含む）のうち、共用部分に係るものとして賃借人との契約により徴収する収入
	水道光熱費収入 （満室想定）	対象不動産の運営において電気・水道・ガス・地域冷暖房熱源等に要する費用のうち、貸室部分に係るものとして賃借人との契約により徴収する収入
	駐車場収入 （満車想定）	対象不動産に附属する駐車場をテナント等に賃貸することによって得られる収入および駐車場を時間貸しすることによって得られる収入
	その他収入	その他看板、アンテナ、自動販売機等の施設設置料、礼金・更新料等の返還を要しない一時金等の収入
	空室等損失	各収入について空室や入替期間等の発生予測に基づく減少分
	貸し倒れ損失	各収入について貸倒れの発生予測に基づく減少分
運営費用	維持管理費	建物・設備管理、保安警備、清掃等対象不動産の維持・管理のために経常的に要する費用
	水道光熱費	対象不動産の運営において電気・水道・ガス・地域冷暖房熱源等に要する費用

	修繕費	対象不動産に係る建物、設備等の修理、改良等のために支出した金額のうち当該建物、設備等の通常の維持管理のため、または一部がき損した建物、設備等につきその原状を回復するために経常的に要する費用
	プロパティーマネジメントフィー	対象不動産の管理業務に係る経費
	テナント募集費用等	新規テナントの募集に際して行われる仲介業務や広告宣伝等に要する費用及びテナントの賃貸借契約の更新や再契約業務に要する費用等
	公租公課	固定資産税（土地・建物・償却資産）、都市計画税（土地・建物）
	損害保険料	対象不動産および附属設備に係る火災保険、対象不動産の欠陥や管理上の事故による第三者等の損害を担保する賠償責任保険等の料金
	その他費用	その他支払地代、道路占用使用料等の費用
運営純収益（NOI）		運営収益から運営費用を控除して得た額
一時金の運用益（＋）		預り金的性格を有する保証金等の運用益
資本的支出（－）		対象不動産に係る建物、設備等の修理、改良等のために支出した金額のうち当該建物、設備等の価値を高め、またはその耐久性を増すこととなると認められる部分に対する支出
純収益		運営純収益に一時金の運用益を加算し資本的支出を控除した額

〈出所〉国土交通省「不動産鑑定評価基準」各論第3章より

2 資料および価格形成要因共通の留意点

○依頼者（売主）から提供された資料の数字をベースに、どのような仮定をおいたか、前提事項を明示しつつ、現実味のある想定を行います。

○収益項目、費用項目とも、特に、何らかの影響で空室率等が大きく変動した
ときなど、少なくとも直近３年間程度の複数年の実績データの収集に努めま
す。

○収益費用項目のそれぞれ定義を確認した上で、１項目ずつ、他の類似物件の
数字と㎡単価などで比較します。また不動産に関係の少ない、あるいは異常
な経費等が含まれていないかチェックし、あればその理由を追求します。

○マルチテナントか、複数の階層を利用するテナントか、あるいは全棟シング
ルテナントかによって、通路部分やエレベーターなどが共有部分か、専用部
分扱いかが異なるため、共用部分の範囲（逆に、専用部分の面積、契約面積）
に注意する必要があります。これは賃料単価や経費率の査定、比較において
大きく影響します。

○一般のオフィスビル、賃貸アパート、商業ビル、スーパーや路線営業の店舗
等の違いによって、賃貸割合（共用部分の割合）やテナントの負担する修繕費・
管理費の範囲が異なります。また、定期借家・定期借地、契約期間等の違い
によっても、収支の数字は大幅に異なる場合があります。商業施設の場合、
固定賃料か売上歩合賃料か、またはその組み合わせ等、賃料の決め方は複雑
であり、またエンドテナントとの契約なのか、サブリース契約なのかの区別
等にも注意を要します。

Column　**継続賃料の鑑定評価とコンサルティング**

　不動産鑑定評価では、賃料には新規賃料と継続賃料という分類があります。
　新規賃料は文字通り新規に貸主と借主との間で成立する賃料で、継続賃料
は、契約更改時において賃貸借を継続する際に、適用される賃料のことです。
　1990 年代のバブル崩壊期のような急激な地価下落時などにおいては、契
約更改時（あるいはその前でも）、現在の契約書に定めた賃料そのままの高
い賃料が適用されるのか（貸主の立場）、あるいは新規賃料まで引き下げる
のか（借主の立場）、という貸主・借主の対立が起こり、その多くは訴訟に

も発展しました。これは「契約自由の原則」と「事情変更の原則」という相反する民法の原則の対立である、ともいえます。

　この種の訴訟では、単に契約に基づく合意事項と経済合理性だけが争点ではなく、契約締結時の経緯、前回賃料決定した時点からの貸主・借主それぞれの事情の変化などが争点になり、貸主が主張する賃料と借主が主張する賃料の間のどこかで決着をつけるため、鑑定評価では、貸主・借主双方に対して説得力があり、裁判官が納得できる説明が求められ、不動産鑑定評価の中でも難しい評価類型であるといわれています。

　継続賃料の鑑定評価では、以上のような当事者の事情の変化を踏まえて、現行賃料と新規賃料の差額を、理由をつけて貸主・借主に配分して評価額を決定する**差額配分法**、近隣の同種物件の賃料、地価の動き、物価指数の変化や、商業施設であれば近隣の同種の競合者の売上の推移等、本係争に関連すると考えられる指標を選定し、その変化に合わせて現行賃料からスライドさせて評価額を決定する**スライド法**、その他、**利回り法**、**賃貸事例比較法**の4つの手法を用いて評価額を決定すると規定されています（「不動産鑑定評価基準」）。

　（注）さらに地代の評価実務においては、地代が固定資産税等の何倍かで評価する**公租公課倍率法**と、地価に対する利率を統計的に把握して地代水準を求める**平均的活用利子率法**が使われています。

　賃料値上げ、値下げ交渉の当事者である貸主・借主、あるいは弁護士、仲介担当者、投資物件を検討する投資家等は、訴訟になれば不動産鑑定士から鑑定評価書をとられることになるでしょう。また、訴訟になる前の値上げ・値下げ交渉においても、鑑定評価で用いるロジックやデータを用いて、貸主として立場で主張できる要因と、借主の立場で主張できる要因に分けて整理し、相手方からどのような主張をされうるかを踏まえた上で、当方からどのように主張するかを検討することは、交渉において大変有用な武器になると考えます。

　このような内容のコンサルティングを行っている不動産鑑定士等のコンサルタントがいますので、資料の改定でお悩みの方は相談されることをお勧め

します。そういうアドバイスを踏まえた交渉によって得られる利益は、支払うコンサルティング報酬に比べて、かなり大きい場合が多いのではないかと思われます。

③ 運営収益の算定における留意点

○有力賃貸仲介業者からマーケットの新規賃料、空室の動向を入手し、マーケットの新規賃料と既存テナントの継続賃料の乖離を見て、楽観すぎではないかチェックし、妥当な賃料を査定します。DCF法で将来キャッシュフローを予測する場合は、継続賃料が一定の期間（例えば3年間）でマーケットの新規賃料に収束するようにテナントの入れ替えがあると仮定し、毎年のキャッシュフローを査定します。

○新規テナントの場合、オーナーがフリーレント（賃料無料）を提供する場合があります（入居後数か月から1年程度まで）。また、複数年契約において、何年かに一度、1か月分の賃料を無料にする等、レントホリデーと呼ばれるものをテナントに提供しているビルもあります。これらはオーナーが表面上の賃料募集単価を下げたくないという事情等があるためです。

○最近は共益費込みの賃料が提示されることが多く、テナントから徴収する収入としての共益費はあまり重要性を持たなくなり、さらには、共益費込み賃料とも呼ばないことも多くなりました。この場合、「賃料」の意味が異なるため、㎡単価で比較するときに注意する必要があります。一般に、ビルオーナーがテナントに請求する場合の共益費（収入）の請求額には費用の実費の額だけでなく、オーナーの手数料や賃料相当分が含まれています。

○共益費（収入）や水光熱費（収入）がテナントから徴収されている場合は、費用項目としてオーナーが実際に支出する維持管理費、水道光熱費等の共益費関連支出（実費）との対応関係を確認する必要があります。

例えば、テナントから徴収する共益費（収入）、水道光熱費（収入）について、ビルオーナーが、テナントの専用部分に対応する費用を共用部分に対する費用とともに収益として計上していれば、費用のほうもテナントの専用部分と

共用部分に対応する管理会社や、電気、ガス、水道会社に支払うすべての金銭を、このビルの費用として計上する必要があります。

ビルオーナーが、ビルの共用部分のみに対応する管理費収入、水道光熱費収入しか収益計上していなければ、費用のほうも、共用部分のみに対応するそれらを支出として計上すべきです。

○売主から提供される資料によっては、現在の入居率ではなく、満室想定で表示している場合もあるので注意が必要です。なお、賃貸業者の空室率データには、現状の空室をベースにするものと、現状はテナントが使用しているが解約届が出ている潜在的空室率の場合があるので、これらを区別する必要があります（第2章Ⅱ．5［2］「4. 売主資料（レントロール等）の独自チェック」⇨183ページ・［3］「3. 収益物件の場合、収支データ、還元利回り、融資条件等」⇨184ページ、本章1「［2］確実な調査と手続き」⇨258ページ）。

○シングルテナントの場合は、空室率ゼロで見積もりますが、シングルテナント、あるいは大規模ビルでの数フロアー貸しの場合の退去リスクは、マルチテナントの場合と比べて非常に大きいといえるので、退去リスクを別途還元利回り等に織り込む場合があります。ただし、テナント数が多いほどテナント退去リスクは小さいのですが、管理コストは大きくなるため、ビルの規模に応じた適切なテナント数が望まれます。

○テナントの倒産等、法的手続きに入ったときにおいても、賃料収入、原状回復費用を担保できる程度（最低半年分程度の賃料相当額）の敷金、保証金等の預り金は必要です。これが十分確保できていれば通常貸し倒れ損失は計上しないことが多いです。

また、テナントの信用状況が不安なとき、できれば法的手続きに入る前に、管財人に賃貸借契約の解除を申し入れることが望まれます。そのためにも、入居テナントの状況を日頃現場でよく把握しておく必要があります。

4 運営費用の算定における留意点

○対象建物の管理の質とビルメンテナンスコスト（清掃費、設備管理費、警備費、

衛生管理費等）とのバランスをとることが必要です。㎡単位で同種、同様の
不動産の各項目について、ベンチマークと比較することにより、当該物件の
コストが、必要な品質に対応する適切なコストの範囲に入っているかどうか
について調べます。品質もコストも低い安かろう、悪かろうの状態、品質は
良すぎ、コストも高すぎの場合、最悪のケースは、品質は悪いがコストは高
い、という状態です。

このようなメンテナンスコストの現状をチェックし、仕様書を見直して、現
状の管理会社に対してアドバイスを行うコンサルティング会社があります
（住商ビルマネージメント㈱等）。

○特に、自社ビルを収益物件化（リースバック）したときなど、管理費が効率
的でない場合もあり、プロパティマネージャーを替え、管理仕様、外注費用
を見直すだけで、30 ～ 40％も管理費用を削減できる場合があります。

5 運営純収益（NOI）の算定における留意点

○運営収益から運営費用を差し引き、運営純収益を求めます。これは海外にお
けるNOI（Net Operating Income）とほぼ同じであると考えられています（下
記 6 参照）。

6 純収益の算定における留意点

以上、運営純収益に一時金の運用益を加え、資本的支出（大規模修繕）を加
算して、純収益を求めます。

○日本における鑑定評価では、特に取り決めをしているわけではありませんが、
一時金の運用益を求める際の運用利回りは、現在1％程度を採用している鑑
定会社が多いようです。

○大規模修繕、設備の取替えなど資本的支出の実績およびエンジニアリングレ
ポートによって今後のその予測数字が実際に利用できればそれを検討しま
す。ただし、エンジニアリングレポートの数字は、建設会社系、管理会社系、
鑑定会社系等、作成者によって見方が若干異なることがあるので注意が必要

で、根拠があれば適切に修正する必要があります。

7 還元利回り（Cap Rate）査定における留意点

「利回り○○％」の表示には注意が必要です。共通の定義において議論・検討する必要があります。

○利回りの種類

  (1)　純収益（Net Cash Flow）を分子にした利回り

    これは、日本の不動産鑑定評価において採用されているものです。

  (2)　運営純収益（Net Operating Income）を分子においた利回り

    NOI 利回りと呼ばれることもあります。

  (3)　総収益、あるいは賃料収入を分子に置いた利回り

    表面利回りとも呼ばれ、仲介物件概要書にはよく採用されています。現実の空室を反映している場合と、満室稼働を前提にしている場合があります。

    また、建物等の減価償却費を差し引いた後の純収益に対する還元利回りか、減価償却費差引前の純収益かという区別があります。現在の不動産鑑定評価基準における利回り（上記(1)）は、減価償却費を差し引く前の純収益を用いる償却前利回りです。

○実際の投資採算価値を求める際のシミュレーションでは、純収益に当たるキャッシュフローを算出する際に、法人税相当額や借入金利、減価償却費を控除後のものを用いる場合があります。減価償却費は、課税利益を計算する際には差し引きますが、キャッシュフローを求めるときには、実際には企業内に残るものなので、足し戻しする必要があります。

また、不動産所有者が支払う全体の税額に対する節税効果を踏まえた利回り計算をするときもあります。

○還元利回りの決定、検証手段としては、以下の方法があります。

  (1)　近隣の同種のビル等の取引事例との比較

  (2)　J-REIT の目論見書、決算報告書における鑑定評価事例との比較

  (3)　日本不動産研究所の投資家調査

⑷　借入金と自己資金に係る割引率から求める方法

⑸　金融利回りに不動産の個別性を加味して求める方法

その他、事例が多数収集できる場合は、重回帰分析を用いて求めることがあります。

Column　不動産におけるリスクとリターン

① 不動産のリスクとは

　不動産に係る「リスク」とは、個別不動産に関連する多様な「不確実性」を意味し、損失や危険等のネガティブなものだけを意味するものではなく、機会創出をもたらすポジティブな側面もあります。

　これを式で表せば、以下の通りです。

　　　リスク（Risk）＝影響度（Impact）×発生頻度（Probability）

② 不動産リスクの分類

　物理的リスクとしては、災害リスク（地震、風水害、事故・火災など）および環境リスク（土壌汚染、アスベスト、地下埋設物、周辺環境など）があり、法的リスクでは、遵法性リスク、および法規制・・税制・会計制度変更リスクがあります。

　また、管理運営リスクや市場リスク（市場変動、信用、金利、流動性等）のリスクがあります。

〈出所〉不動産リスクマネジメント研究会「不動産リスクマネジメントに関する調査研究～資産価値向上と不動産市場の活性化・透明性の向上に向けて～報告書（平成22年3月）」より

③ ESG 投資におけるリスクの整理

　日本企業も数多く参加している TCFD（気候関連財務情報開示タスクフォース）において議論されているリスクは、物理的リスク（Physical risk）として、急性リスク（河川氾濫、土砂崩れ、沿岸洪水、山火事等）、慢性リスク（気温の上昇、海面上昇等）に分類されており、移行リスク（Transitional risk）と

して、政策・法規制の強化のリスク、技術リスク（新技術の台頭等）、市場リスク、評判リスク等に分類されています。

　近年のESG・SDGs重視の急激な環境変化に伴って、これらのリスクにより、不動産も「座礁資産」になる可能性を秘めています。

　特に、政策・法規制の強化のリスクに関して、例えば、英国ではEPC（Energy Performance Certificate）と呼ばれる商業用不動産の環境認証をとって、取引相手方へ提示することが義務化されています。この認証の、A〜Gの7つのランクのうち、下位の2ランク（F・G）では、新たに賃貸することが2018年から禁じられ、2023年以降は、既存の借主を含めてF、Gランクは全面的に賃貸が禁止される見込みで、2030年以降は、上位2ランク（A、Bランク）以外は賃貸ができなくなることが議論されています。

〈参考文献〉三井住友トラスト基礎研究所 主任研究員 深井宏昭「環境規制強化がロンドンのオフィス市場に与える影響（2021月10日4日）」他

⑧ 収益還元法におけるリスクの見方

　以上のような不動産のリスクを、収益還元法（直接還元法）の公式「P＝a/r」やDCF法のどこで加味すべきでしょうか。分子である純収益は総収益－総費用と表わすことができ、総収益は、主に賃貸マーケットにおけるリスク、総費用は、物価変動などのリスクを反映します。また、分子の還元利回りや割引率は、主に投資マーケットにおける金利や期待利回りの変動リスク等を反映します。

　もしリスクをすべて分子で考慮するならば、分母はリスクフリーレート（10年国債等）になるはずですが、そのような想定には無理があります。

　実際の評価においては、諸リスクを分子と分母の両方で見ています。分母の還元利回りや割引率は特に、リスクフリーレート＋不動産特有のリスク要因等、積み上げ法でも説明していますが、実際には、J-REIT等の公表の還元利回りや割引率を参考にしながら、マーケットアプローチ（比較の観点）で、ほぼ決まっているいってよいと思います。実際、積み上げ法はマーケットアプローチでの結果の検証、説明に用いています。

　留意すべきことは、分子における今後の賃貸借マーケットの予測が異なれば、分母の還元利回り、割引率も変わるということです。つまり、賃料が上がるという楽観的な予測に対しては、資本市場は大きなリスクがあるとみて、還元利回り、割引率は大きくなり、賃料が大きく下がるというような保守的な予測をすれば、資本市場は、その見方でのキャッシュフローの実現性は高く、還元利回り、割引率は小さくなるはずです。

　分子と分母の組み合わせは一対になっており、不動産鑑定士は、最も説得力が高いその組み合わせを判断しています。したがって、一般的には、複数の鑑定評価書の還元利回りや賃料変動を単純に比較することは難しいといえます。

3　提案書の作成（シミュレーション、感度分析）

［1］　提案書作成の目的

　提案書の目的は、投資家の投資判断の助けとなる判断材料を提供することです。提案書は断定的に投資を強く推奨するものではなく、中立的な表現で、投資家自ら判断して購入を決定するための判断材料、参考資料を提供するものです。

　売主の売却基準や買主の投資基準を盛り込んだ上で、購入希望価格や売却希望価格が市場価格から大きく離れないような、もっともらしいシナリオを提示できれば、提供された会社での進談が促進されます。

［2］　分析のスキル

　代表的な分析手法には感度分析（Sensitivity Analysis）があります。これは、ある項目、指標（説明変数）の変化が最終の評価結果（被説明変数）にどのよう

に影響を与えるかを明らかにすることであり、不動産の価格分析の例では、収益還元法の DCF 法において将来の賃料、空室率、還元利回り、割引率等を変えることにより、結果として評価額がどう変わるかを調べることなどが挙げられます。投資家が実際投資採算価値を出す際は、このようなシミュレーションを行っています。

　不動産鑑定評価では、不動産鑑定士が、評価のプロセスでさまざまなシミュレーションを経て、最も確からしい1つのシナリオを選んで不動産の価値を算出しています。

　以下、収益還元法（直接還元法）によるシミュレーションの単純な例を挙げます。

　その他の条件は一定として、説明変数を㎡当たりの賃料と還元利回りとし、ある賃貸オフィスの平均賃料が現在 5,000 円／㎡、利回りは近隣のオフィスの利回りから 5.0％と査定できるとき、

　　a.　将来標準的には 4,500 円／㎡に下がる「悲観ケース」
　　b.　毎年そのまま 5,000 円／㎡で続く「普通ケース」
　　c.　毎年 5,500 円／㎡に上がる「楽観ケース」

とし、還元利回りをそれぞれ同様に、

　　p.　悲観ケース 5.5％
　　q.　普通ケース 5.0％
　　r.　楽観ケース 4.5％

として、3×3のマトリクスを作れば次ページのようになります。

　「b－q」の普通ケースの組み合わせを査定額とし、「a－p」を最も悲観的なケース、「c－r」を楽観ケースの査定結果として示します。

　賃料だけ見て 4,500 円／㎡から 5,500 円／㎡という幅はあり得ることで、また還元利回りの 4.5％から 5.5％という幅もあり得るケースとしても、悲観ケース同士、楽観ケース同士を組み合わせて比較すると、結果は大きく変わることになるので注意が必要です（上記のケースでは約 1.5 倍（122,222 ／ 81,818）の差）。

　賃料のほか、空室率、費用項目、割引率、最終還元利回りなど、さまざまな

●賃貸面積を1,000㎡としたシミュレーション　　　　　　　（単位：千円）

還元利回り ＼ 賃料/㎡	a. 4,500円/㎡	b. 5,000円/㎡	c. 5,500円/㎡
p. 5.5%	81,818	90,909	100,000
q. 5.0%	90,000	100,000	110,000
r. 4.5%	100,000	111,111	122,222

要素を説明変数に選び、計算結果をマトリクスで表すことができます。

　また、これを応用し、DCF法を用いるときに、「5年でキャッシュフローが黒字化する条件は？」「10年で投資回収できるか？」、あるいは悲観シナリオで見た時に「3年後に、現有の現金で資金繰りが回るか？」等のリスクの分析を行うことができます。

［3］　投資家の投資基準、想定条件等

　投資家の投資基準には、利回り（粗利回り、NOI利回り、鑑定評価の還元利回り等）、Net Present Value（DCF法により投資キャッシュフローの現在価値の和を求めるもの）、IRR（内部収益率法）、ペイバック（回収期間）法などがあります。

　投資家が独自の投資判断基準を持っている場合は、仲介担当者はそれを理解して投資家と同様の感度分析を行うことにより、共通のものさしで話せるようになります。

［4］　スプレッドシート作成上の留意点

　売主サイドから提供されるキャッシュフロー表における数字は、実態を表しているかもしれませんが、将来予測については、楽観的な数字でありがちです。

　したがって、諸条件（説明変数）を厳しめに変動させることにより、結果が

どう変化するかを、チェックする必要があります。これを「ストレスチェック」といいます。

　また、顧客と議論する際は、共通のフォーマットを用いる必要があります。各案件資料で作成されている収支項目のフォーマットはそれぞれ異なり、その収支項目の内容が異なるので注意を要します。不動産鑑定評価基準に定義されている証券化対象不動産の収支項目のフォーマット（A方式）においては、その内容が一義的に定義されています（2「[2] 収益還元法における実務的留意点」⇨ 262 ページ）。

Column ## コロナ禍が不動産価値に及ぼす影響

　2020 年以降、コロナ禍によって不動産マーケットは大きな影響を受けました。緊急事態宣言などによって街の人出が減り、ホテルや飲食店などの売り上げが落ち込んだこと等によって、多くの地点で地価や賃料が下がりましたが、その原因は単純ではありません。

　緊急事態宣言によって在宅勤務を強制されたことで「オフィスは何をするところか」を問い直されるようになりました。少なくとも賃料の高いところでは単純な「作業」をするところではなく、クリエイティブな発想を生み出す場であると考えられるようになり、働く場所は、自宅、サテライトオフィス、コワーキングスペースなど選択の幅が広がりました。

　一方で、ソーシャルディスタンスをとる必要性が言われ、ESG における「S」の健康・快適・安全なワークプレイスであるべきという観点からは、ワーカー 1 人当たりの面積の需要は増えると考えられます。

　2021 年から、東京都心への人口流入が減少し、千葉、埼玉、神奈川へ流失しているという統計があります。在宅勤務が増え、より広い住宅を求める人が増えているので、戸建て住宅への需要は堅調です。

　商業施設は、コロナ禍前から進行していた EC 化が一気に進み、また、ショールームの機能しかない「売らない」店舗の出現や「バーチャル店舗」など、現実の店舗のありかたが問われています。

　ホテルマーケットも、コロナ禍の影響を受けて低調で、特にコロナ前好調だった民泊などは、コロナ後も衛生面の投資を迫られるため存続が難しいところが増えると考えられます。

　物流施設のマーケットは、商業施設の変化や在宅勤務の影響受けて好調です。

　以上より、コロナ前から進行していた緩やかな変化が一気に進み、たとえコロナ禍が収まったとしても元には戻らなくなった、といえます。また、全世界的な CO_2 削減など、ESG、SDGs への配慮もそれに拍車をかけており、不動産においても、省エネや再生エネルギーの使用（E）や健康性、快適性、利便性、安全性を備えたワーキングスペースの提供などが必須事項になってきて、新しいビジネス環境の秩序ができつつあります。

　将来予測を伴う不動産の評価やシミュレーションを行う場合でも、単に過去の数字上の根拠を引き延ばすだけでは予測が不可能であり、以上のような社会、経済の大きな動きを踏まえて説明することが求められています。

第三部

イノベーション編

どのような商品・サービスも、社会経済環境の変化とともに陳腐化していき、衰退期に入ります。不動産仲介を含めて不動産関連のサービスも、入手した情報を人に紹介しマッチングするだけでは成り立たなくなってきており、イノベーションが求められています。

　以下、不動産業界において現在起こりつつあるイノベーションについて説明し、不動産仲介サービスの今後のあり方を検討します。

1 情報通信技術(ICT)、人工知能(AI)の進化の影響

1 不動産テックの概要

[1] 社会経済の変化とICT、AIの発達

　はじめにでも述べた通り、現代の社会経済のキーワードとして、少子高齢化、人口減少、財政赤字、グローバル化、ICT（情報通信技術）・AI（人工知能）の発達等が挙げられます。不動産業界もこのような変化に対応し、変革することを迫られています。

　なかでも近年、情報技術や人工知能の発達は目覚ましく、不動産関連の業務にも大きな影響を与えつつあります。これにより、旧来の仲介・鑑定・管理などのサービスが根底から覆されるおそれがありますが、逆にこれを利用することにより、新しい産業として生まれ変わる大きな可能性を秘めているともいえます。

　海外でのこのトレンドの歩みは、日本の一歩先を行っています。不動産関連業界におけるそのような動きは、「不動産テック」と呼ばれ、多くの企業がこの分野に参入しはじめており、今後の不動産ビジネスを考える上で必要不可欠なものです。

[2]　不動産テック（Prop Tech）とは

　不動産テックとは、不動産（Real Estate、Property）と Technology の造語で、海外では「Prop Tech」と呼ばれることが多く、IoT（モノのインターネット活用）、AI などを用いて従来の不動産関連業務、サービスを変革していく技術またはその取組みのことです。

　利用例としては、**2** 以下で述べる売買、賃貸情報のマッチングサイト、価格査定サイト、顧客・情報の管理支援サイトなどが挙げられます。近年、AIや ICT の発達ともに、欧米を追いかけながら不動産分野でも急速に発達してきました。

　大きな分類方法としては、不動産売買取引において、売物件と買主、貸家と借主のマッチングや、その取引に伴う、建材、金融、人材を結びつける**マッチング系サービス、**情報の透明性を高め、不動産に係るオープンデータや独自のビッグデータを分析する**ビッグデータ分析系サービス、**労働集約的で非効率な不動産の取引等におけるプロセスを ICT や人工知能を使って効率化させる**業務効率化系サービス**に分類するものがあります（※）。

> ※　「不動産テックの展開領域」出所：株式会社野村総合研究所 コンサルティング事業本部上級研究員 谷山智彦（第 25 回国土審議会土地政策分科会企画部会資料）より。

[3]　ビジネスの基盤となる利用可能なデータの進化

　日本の不動産市場において利用できる地価や賃料などの公的なデータや民間企業の公表情報は限られており、世界的に見ても情報透明度が低いと言われてきました。

　しかし近年、地図情報システム（GIS）によって、人口統計、所得統計や商業売上など蓄積されたデータが出店の際の商圏分析等に利用できるようになり、またドローンや建物内外における監視カメラ、各種センサーや、携帯電話の移動履歴、衛星等から得られた莫大なデータを、AI による機械学習により

分析し、投資判断や不動産の価値評価等にタイムリーに利用することが可能に
なってきました。

（注）このような今まで使われてこなかった非定型、非金融のデータをオルタナティブデー
タといい、その活用を目的として、一般社団法人オルタナティブデータ推進協議会が
設立されています。

　ただし、これらのデータの登場により、マクロデータなどの統計データを調
査することや、また個別不動産の現地における物的調査や、役所における法的
調査等の重要性は変わりません。

　今後の不動産プロフェッショナルは、以上のような今まで得られなかった
ビッグデータやオルタナティブデータを、工夫して利用することが求められて
います。これらのデータを利用し、従来の不動産ビジネスでは考えられなかっ
たようなサービスを自ら考えて実践していくことはワクワクしませんか。

　以下、不動産取引のプロセスの流れに沿って、［1］売買・賃貸借情報プラッ
トフォーム、シェアリング、［2］購入・投資判断支援、［3］仲介業者等営業支
援、［4］検討、契約プロセスの合理化、効率化、［5］金融、［6］建築、リノベー
ション、［7］管理、プロパティマネジメント、［8］IoT と、現状の日本におけ
るさまざまな不動産仲介に関連するテックを、再分類して概説します。

●主な不動産テック関連サイト(例)

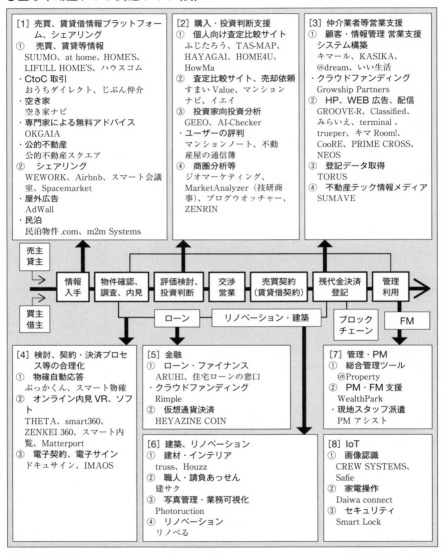

<出所>「不動産テック業界 カオスマップ」(リマールエステート株式会社) 等から抽出、作成。
ただし、網羅的なものではなく、各サイトは複数の機能を持つものも多いため、厳密
なものではありませんが、代表的と考えられる機能で分類しました。

2	さまざまな不動産テックサービス（例）

［1］ 売買、賃貸借情報プラットフォーム、シェアリング

1 売買・賃貸等情報プラットフォーム

　不動産の売物件、賃貸物件が随時更新されながら掲載されているサイトは住宅系が多く（SUUMO、HOME'S、at home）、一般消費者は、物件概要を見て掲載主の不動産会社等に連絡をとって詳しい情報を集めます。

　仲介会社が介在しないビジネスでは、CtoC 取引モデルの会社（おうちダイレクト）や、公的不動産を扱う会社（公的不動産スクエア）、空き家を中心に扱う会社（空き家ナビ）、専門家の無料アドバイス（OKGAIA）をサービスとして提供している会社など、さまざまな形態があります。

　個人の投資用不動産探索の入り口としてはウェブサイトが圧倒的に大きくなってきており、掲載件数が増加しています。

2 シェアリング

　シェアオフィス（WEWORK）や民泊（Airbnb など）等、シェアリングエコノミーをベースにした情報サイトです。

［2］ 購入・投資判断

1 個人向けの住宅価格査定

　近隣の取引事例や売り出し価格などを AI に機械学習によって算出し、将来の見込価格や過去の価格推移なども掲載するものがあります。日本では、AI を使った機械学習による無料査定サイト（ふじたろう、TAS-MAP、HOME4U）があり、ビジネスモデルとしては広告収入に結び付けるものや仲介へ誘導する

ものです。これらは担保評価等の査定にも利用されつつあります。

　アメリカでは Zillow が有名で、2006 年から一般利用者が物件登録できる機能を掲載しています。

❷ 査定価格比較サイト、売却依頼

　大手を含む各不動産会社が同一物件を査定し、その比較表を依頼者に提供するプラットフォームです（すまい Value、マンションナビ、イエイ）。

❸ 投資家向投資分析支援

　収益用不動産の投資のシミュレーションを行い、その判断を支援するもの（GATE、GEEO、IESHIL、AI-Checker）、マンションや仲介会社の評判、口コミなどユーザーの評判を載せるものもあります（マンションノート、不動産屋の通信簿）。

❹ GIS（地理情報システム）を用いた商圏分析等

　GIS（Geographic Information System）は、地形図、行政界、道路、鉄道、駅、河川、などの電子地図の上に、エリア・メッシュで、人口、世帯数、年齢別人口、性別人口、事業所数、小売業店数、売上などの商業統計、家計消費支出、所得などの**統計データベース**、および、本店、支店、営業所、競合店、スーパー、コンビニ、病院、学校、レストランなどの**ポイントデータ**、店舗規模、出店年度、売上高、カード顧客数、売り場面積、取引状況、地代などの**企業内部のデータ**等を層状に装塡、構築したもので、あるエリア、ある物件のポテンシャルをビジュアルに表示、分析できます。

　また、GIS は新規出店計画や既存店舗の立地分析、評価、将来予測、営業重点取組み地域の選定や広告宣伝チラシの効果的な配布に利用されます。

　さらに、ビルの築年数、テナント名、不動産オーナーの企業情報等がデータベースに入力されていると、老朽化したビルで建替え候補のビルの検索や、多くのテナントビルに分散している企業に対してオフィスの集約化を提案するこ

とが可能になります。

　ゼンリン（ZENRIN）、昭文社、グーグルマップなどの地図作製会社は、電子地図情報を提供するとともに、それを用いたさまざまなサービスに参入し、ジオマーケティング、技研商事、ブログウオッチャーなど各社は、GIS を活用した商圏分析などにより出店などの意思決定支援サービスを行っています。

5 携帯電話の移動履歴、衛星データ等の利用

　近年カードデータ、会員ポイントデータ、店舗の POS データ、EC（電子商取引）データ、SNS のデータなどと、携帯電話の顧客移動履歴や衛星から得られたデータを組み合わせて分析することによって、個人のプライバシーは配慮した上で、顧客がいつ、どこからどこへ移動し、どれだけの時間滞在し、何をどれだけ買って、帰宅したか等がわかるようになり、店舗の売上予測、顧客理解が可能になっています。

　携帯電話会社（NTT ドコモ、AU、ソフトバンク）が、個人情報を特定できないようにして各種データを利用してビジネスを行っています。

　また近年、衛星データを利用し、防災、土木工事のモニタリングや夜間光を利用して経済活動の盛衰を計る試みなどが実用化しています（JAXA、NTT データ、パスコ）。

[3] 仲介業者等営業支援

1 顧客・情報管理、営業支援システム構築

　物件のリスト化とマッピング、物件資料の作成、顧客の管理、物件ごとに紹介先と進捗状況を一元管理など行う会社（キマール）や、ポップアップ機能やサイトへ入った人のニーズなどを可視化する会社（KASIKA）、物件管理や顧客管理、集客、仲介を支援、効率化するサイト（@dream、RIMS、NOMAD）、AI による売り・買い情報の自動マッチング、ビッグデータを利用した自動物件紹介プログラムを提供する会社などがあります。

2 調査・ボリュームチェック

役所調査情報のデジタル化、価格査定、ドローンを用いた物件調査、本社事務所にいながらの動画による遠隔地の調査等を行うサービスがあります。

また、建物のボリュームチェック（実際の容積率算定）のサービスを提供するサイトがあります（各設計会社）。

3 WEB広告、配信

ホームページや広告コンテンツの作成、チェック、配信などを効率化するサービスです（GROOVE-R、MIRAIE、terminal trueper）。

4 登記データ取得

法務局によるオンライン登記情報・登記簿謄本取得サービスや、登記情報のビッグデータにより、相続の発生した不動産の相続人情報、金利の高かった時期の抵当権設定された物件の情報、アパートのオーナーリスト、空き地（更地）の情報を提供するサービスなどがあります（TORUS）。

5 ブロックチェーン

ブロックチェーンは、一度書き込むと取り消しができないので、登記の移転情報、登記情報取得等に活用できる可能性があり、検討されています。

［4］　検討、契約プロセスの合理化

1 物件確認

物件確認の自動応答システム（ぶっかくん、スマート物確）や問い合わせをチャットで行うサービスや、ネットで来店予約できるサービスなどがあります。

2 オンライン内見VR、ソフト

バーチャルリアルティによりオンラインで、部屋を内見できるサービス

（THETA、smart360）や 3D の CG をモデリングするサービス（Matterport）などがあります。

3 電子契約、電子サイン、自動ドキュメンテーション

売買・賃貸借契約、建築請負契約等を電子化（スマートコントラクト）し、署名も電子署名で行うサービス（cloudsign、ドキュサイン、IMAOS）や、契約書、重要事項説明書、提案書のキュメンテーションの自動生成などのソフトがあります。

4 IT重説

国土交通省でも、2015 年 8 月から対面での説明実施を義務づけられていた不動産取引における重要事項説明を IT によって行う社会実験を主導し、2017 年 10 月より、IT 重説が本格的に解禁されました。

[5] 金融

1 ローン、クラウドファンディング

複数の住宅ローン商品を比較するサイト（住宅ローンの窓口）や、少額不動産投資のクラウドファンディングのサイトがあります（第一部 5. 3 [1]（※）⇨ 61 ページ）。

2 仮想通貨決済

不動産取引、決済を仮想通貨で行うサービスです（HEYAZINE COIN）。

[6] 建築、リノベーション

1 BIM（ビム）、CIM（シム）

BIM（ビム）（Building Information Modeling）は、建築物をコンピューター上

の 3D 空間で構築し、企画・設計・施工・維持管理に関する情報を一元化して活用する手法です。主に設計、建築に用いられますが、ファシリティマネジメントでの活用も始まっています。

　CIM（シム）（Construction Information Modeling）は、建築分野で広まりつつある BIM の概念を土木工事において活用しようというもので、ICT インフラが大きな基盤となっており、土木工事におけるさまざまな情報を共通化し活用しようという取り組みです。

❷ 建材・インテリア

　建材（truss）、インテリア（Houzz、RoomClip）などの選択のためのクラウドサービスがあります。

❸ 職人・請負あっせん

　建築職人のあっせんや請負工事のあっせんなどのサイトです（R＋house、建サク）。

❹ 工事写真管理・業務可視化

　生産過程の図面や写真などを一元管理し、共有し、業務を可視化するものです（Photoruction）。

❺ リノベーションサイト

　リフォーム、リノベーションのための工事、費用見積もりのサイトです（リノべる、RENONAVI）。

［7］　管理

❶ 総合管理ツール

　企業不動産（CRE）管理や投資物件の総合的な不動産管理サイトがあります

（プロパティデータバンクの@プロパティ、三菱地所リアルエステートサービスの CRE@M 他、三井情報サービスの MKI CRE Suite）。

2 PM、FM支援

　物件管理、契約管理、顧客管理、マッチング、競合物件分析などプロパティマネジメントやファシリティマネジメントの支援サイト（WealthPark、Owner-Box）や、不動産のレントロールと収支表、財務情報等と連携したソフトなどがあります。

3 現地スタッフ派遣

　不動産管理を効率化するための、現地作業を依頼できるサービスです（PMアシスト）。

[8]　IoT

1 画像認識・顔認証

　遠隔監視・映像分析をクラウドで行うもの、ドライブレコーダーの機能を持つもの（CREW SYSTEMS、Safie）、建物点検、外壁診断のアプリなどがあります（クラスコリテック）。

　また、大手メーカーなどの参入もあり、セキュリティ対策としての顔認証が普及してきています。

2 家電操作

　スマートフォンで家電を操作するものです（alyssa、Home watch、Daiwa connect）。

3 鍵・ゲート

　スマートフォンで入退出の管理、鍵の操作をするものです（Link Gate、akerun、Qrio Lock、Smart Lock）。

4 その他

不動産テック関連の情報メディア（SUMAVE）などがあります。

3 不動産テックの今後

［1］　既存不動産業への影響

1 同業種、異業種の多くのプレーヤーが参入

電気自動車が普及しはじめた際、従来の自動車メーカー以外の異業種、ベンチャーが参入してきたように、不動産業界において不動産テックサービスを提供する新しいプレーヤーが参入してきました。特に、システム開発系のベンチャー企業や中小企業にとっては大きなビジネスチャンスであるといえます。

2 業務の分化と新しい組み合わせ

2000 年前後に不動産証券化が発達したとき、所有者の機能がアセットマネジメント、プロパティマネジメントが分化した他、建物調査、土壌調査などのデューディリジェンスの専門家、法務、税務、会計分野の専門家が生まれ、不動産業の業務の専門分化が起こりました。そしてこれにより不動産マーケットは大きく拡大しました。

上記仲介業務の不動産テック化で見たように、不動産テックにより、仲介業務はそのプロセスのパートに機能が分解され、そして関連するさまざまなサービスが最適に組み合わされ、独自の総合サービスが提供されるようになったと思います。

3 中古住宅の流通拡大への貢献

　不動産価格査定の簡易化、透明化、無料化は、中古住宅の流通拡大に貢献すると考えられます。ICT、AI は、労働集約型業務を人に替わって行うとともに、少子高齢化による労働力不足を補うという側面もあります。1980 年代以降に生まれたデジタル・ネイティブ世代が社会人になり、今後ますます進展するものとみられています。

［2］　不動産分野におけるICT、AIと人間の領域

　これまで人間が行ってきた仕事は ICT、AI にとって代わられるといわれています。そして、人間がやるべきことは何か、機械にとって代わられないものは何か、ということが問われています（「シンギュラリティ」の議論）。

　現在、住宅の流通仲介・サービスはすでに不動産テックの影響を大きく受けてきており、ビジネスモデルが変わったともいえる状態です。ただし、業務用不動産の仲介・流通の場合は、現在でも属人的な情報交換により多くの売買が行われています。

　CRE の取引は、一般に取引額が大きく、売主・買主等の経営判断が入るので慎重な対応が求められるためであり、また、不動産投資の場合も、株式投資と同様に、不確実性・リスクが大きく、投資家が投資判断するのが難しいものだからです。

　特に、昨今重視されている ESG 投資に関していえば、それは投資家にとって大きなリスクであり、機会でもあります。例えば、環境を軽視して高いリターンを求めて投資をすると、将来規制が強まって投資適格ではなくなるリスク（移行リスク）、いわゆる「座礁資産」になってしまうリスクがあります。そのリスク判断においては、不動産テックを用いて最大限の情報収集をしますが、最終的に判断するのは人間です。

　したがって、業務用不動産仲介では、利用できるところで不動産テックを駆使しつつも、住宅仲介のように大きな影響を受けるまでには時間がかかると思

われます。

　保険の販売や証券会社の営業において対面営業の重要性が再認識されているように、不動産仲介においても、対面での接客、商品説明・交渉、コンサルティングは今後も欠かせない重要なものと考えます。それは、価値共創の項（第一部6．1「[2] 仲介において共創する顧客価値」⇨ 69ページ）で述べた、知識価値・感情価値のウエイトが大きいからです。

　不動産の評価や、評価を伴うコンサルティング業務についても同様のことがいえます。

　近年、主にファイナンス領域の分析のために、回帰分析などができる統計解析ソフトが発達してきました。データの利用可能性も、徐々にですが高まってきているので、不動産評価の領域のプロフェッショナルも、金融や統計の知識を身につけ、大量のデータを駆使して将来の動向を予測する機会が多くなりました。ただし、このような予測においては多くの前提条件がついています。計算自体は正確であっても、その前提になっている条件が現実にマーケットにいる人にとって納得感あるものなのか、ということをしっかり検証する必要があります。

　不動産鑑定業務に関していえば、特にホテル、商業施設、介護施設、病院などの「事業用不動産」の価値や賃料評価においては、対象不動産の利用者、事業者による事業の理解抜きでは評価することができません。そこで、最も重視される収益還元法におけるテナントあるいは借地人の「負担可能賃料」を求めることができないからです。この考え方は、オフィスやレジデンスの評価においても本質的には同じであると考えます。

　また、借地権や底地の評価や継続賃料の評価では、民法、借地借家法という法的側面と経済合理性の狭間にあって、その深い理解、考察と判断が求められます（第2章Ⅱ．4 [1]「3．潜在的ニーズ～借地権、底地～」⇨ 161ページ、第3章コラム「継続賃料の鑑定評価とコンサルティング」⇨ 265ページ）。

　さらに、税目的、担保目的等の簡易な評価・査定は、比較の観点で、機械（AI）により大量処理されるようになるかもしれませんが、素人が見て納得感がある

説明が提供されることはあまり期待できません。

収益還元法では、不動産の価値は将来キャッシュフローの現在価値の和です。人間にもわからない将来のことは、機械による予測でも限界があります。激変する政治、経済、社会の動きを見据え、データと機械を駆使しつつ、人間が判断を行い、社会の人々に最も説得力ある説明をするしか方法がありません。したがって、鑑定評価や査定においても、少なくとも人間による「お墨付き機能」は残ると考えます。それは、経済学者の方々が行っている将来の GDP の成長率の予測でも同じことがいえます。

以上が、顧客に寄り添い、価値を共創する不動産仲介・コンサルティングサービスや不動産鑑定業務において、将来においても「人の頭と手」が必要であると筆者が考える理由です。

2 不動産仲介サービスの新しい展開

1　プロフェッショナル・サービスの質的分類

　不動産仲介サービスの今後の方向性を考える上で、まずプロフェッショナル・サービスの性質を「**コンサルティング重視型サービス**」「**営業・経験重視型サービス**」「**効率・管理重視型サービス**」という３段階に分類します。

　このように分類する意義は、現状及び将来に提供することをめざすサービスの質によって、今後の経営資源の配分を変えていく必要があるからです。ただし、これらのサービスの間には優劣があるわけではありません。従業員であるサービス提供者個人にとっても、自分の現状の仕事と将来やりたい仕事、未来の仕事のイメージを描くためにこの３分類が有用であると思われます。

［1］　コンサルティング重視型サービス

　コンサルティング重視型サービスは、主に専門性（Expertise）を重視するサービスで、不動産業務については、再開発、賃料増減額、借地権関係の訴訟のための評価・権利調整や、本社・支店移転、業績不芳企業に対する事業再生支援、地方都市における中心市街地の活性化など街づくりの担い手としてのサービス、不動産投資分析サービスなどもこれに含まれます。

　非定型的、個別的、オーダーメイドによるノウハウの提供であり、競争、価格への感受性は相対的に小さく、個別案件の収益性は良いのですが、取扱い件数は多くありません。

　従事する人材には、専門性、独創性があり、かつ経営目線で考える能力があって、少なくとも経営者である顧客と同じ目線で、顧客の真のニーズが汲み取れる人が望まれます。

[2]　営業・経験重視型サービス

　営業・経験重視型サービスは、営業能力や経験（Experience）を重視し、かつ専門性や効率性も求められるサービスであり、営業力、ブランド力により、明確な情報をできるだけ数多く入手し、成約に結び付ける、ある程度定形化されたサービスです。

　例えば、住宅仲介サービスは、主に新聞広告やウェブサイトで集客し、営業力で買主と売主をマッチングして、定形的な契約のプロセスを踏むサービスです。

　不動産鑑定業務も、依頼を受注した後は、効率良く、不動産鑑定評価基準に則って鑑定評価書等を作成し、正確な事務力で提供するサービスです。これらの業務では、営業力や経験の深さが重要で、コンサルティング力によっても実力差が出ます。

　求められる人材は、営業的側面をベースに、上記[1]コンサルティング重視型サービスと、下記[3]効率・管理重視型サービスの両方の側面を持っている人が望まれます。

[3]　効率・管理重視型サービス

　効率・管理重視型サービスは、大量のニーズをできるだけ効率的に、安く、早く、正確に提供するサービスです。

　不動産仲介業では、前項で述べた、インターネットや不動産テックを用いた効率的な住宅仲介業務などがあてはまります。不動産評価では、金融機関の担保査定、減損会計のための大量の一次価格査定、M&Aの際にバルクで受注し

たデューディリジェンスサービスでの評価など、顧客の大量の簡易評価ニーズに応える評価サービスがあてはまります。

このサービスは、個別案件の収益性は良いとはいえないのですが、大量受注できれば収益性は大きいサービスです。

求められる人材は、テクノロジーを活用し、効率的に低コストで大量処理できる人材と、それをコーディネートできる人です。

[4]　際立った専門性追求の必要性

現実のサービス企業の中では、上記の３種類のサービスの要素のうち最低限の機能を少なくともそれぞれ一部は持っていると考えられます。その機能のうちどの分野に強みを発揮するコアコンピタンス（他者がまねのできない強み）があるかで、そのサービス組織の性格は決まります。

これまでの不動産仲介サービスは、[2]の営業・経験重視型サービスが中心でしたが、そのビジネスモデルにおけるサービスの妥当性が問われはじめています。今後は、[1]コンサルティング重視型サービスに重点を置くか、[3]効率・管理重視型に重点を置くか、際立った専門性を追求していく必要があると思われます。

2　専門性の深さと広さ

プロフェッショナルによるコンサルティングサービスには、「深さ」と「広がり」が必要です。「深さ」とは、ある分野におけるノウハウ蓄積・情報力・独創性に関する専門性の程度であり、「広さ」とは、所属する組織内外の幅広い専門家を集め、これをサービスの束にして使う能力です（第一部2. 2「[8]他の専門家との連帯力、オープンイノベーションを起こせること」⇨27ページ他）。

[1] 深さ

　第一部「4. 成長に必要な要因とは」（⇨ 44 ページ）では、不動産担当者が、一人前になってプロフェッショナルに育っていくための要因について述べました。プロフェッショナルの持っている専門技術は、常に新しい知識の吸収と、能動的に仕事をすることで得られる経験によって「深さ」を更新していかなければ、専門技術はすぐに陳腐化し、サービスの質が落ちて使い物にならなくなります。

　自分自身で責任を持って「深さ」を追求し、知識、経験という資産を形成していく必要があります。

[2] 広さ

　業務用不動産を扱うプロフェッショナルは、多様化する顧客の不動産に関するニーズに対応するために、仲介サービスを深化・高度化させるだけでなく、他のプロフェッショナルの知見・サービスを活用することが必要になってきました。

　サービスの幅の「広さ」とは、仕事を横に展開していく領域の広さのことです。プロフェッショナルが自分自身で広い分野をすべてカバーするのは難しいため、自分の専門外の専門家をコーディネートし、協働することが必要になります。

　ある顧客ニーズにマッチするように、自分が中核となるプロフェッショナルとして、他の適任の専門家を見つけ、そのサービスをまとめる能力が求められます。もちろん自らの専門性が、他の専門家にとって頼りになる存在でなければ、この協働は成り立ちません。

　ふだんから、勉強会や遊びも含めて、気心の知れた専門家のグループを作るように心掛けておく必要があります。そのためには、まず自分自身が専門家として焦点を絞り、「深さ」を極めていくことに集中し、徐々にその幅を広げて

●プロフェッショナルによるコンサルティング型サービス

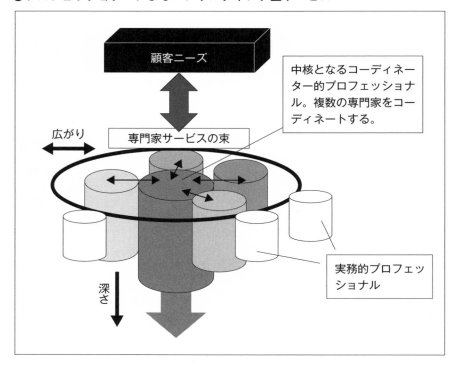

いきましょう。

　不動産の各種取引におけるプロフェッショナルには、顧客の不動産の課題に
直接相談にのり、核になりうるプロフェッショナル（宅地建物取引士、不動産鑑
定士、建築士、再開発コーディネーター、弁護士、税理士など）と、その課題解決
のための実務的プロフェッショナル（土地家屋調査士、司法書士、土壌環境調査
技術管理者等）があります（上図参照）。

［3］　複数の専門性

　あるプロフェッショナルが個々の顧客ニーズのすべてを解決できる、複数の

専門性を持っているに越したことはありません。宅地建物取引士、税理士、不動産鑑定士など資格を複数持ってそれぞれの顔で活躍されている人も多くおられます。例えば、税理士と不動産鑑定士の資格を両方持っている人は日税不動産鑑定士協会という協会を作り、両方の顔で活躍されています。

テクノロジーの発達により、従来型の専門職業が変質することになっても、ダブルの専門性は強いものです。専門性を拡げていくには、関連のある分野へ拡げることが効果的です。例えば、宅地建物取引士を軸にして不動産鑑定評価、建築、司法書士、弁護士、測量、土壌分析など、土地・建物という共通項で広げていくのです。

また、医師が税理士をめざすように、一見関係がないような分野であっても医師×税理士＝医療分野に特化した税理士というような、特定の分野にめっぽう強い専門家になれるかもしれません。

以上、資格を持つ専門家の専門性の例を出しましたが、これらは必ずしも「士業」である必要はありません。

（注）1つの分野に特化して優秀な人材は、「Ｉ型人材」と呼ばれることがあり、スペシャリストとも呼ばれる人材です。これに対する人材は、いわゆるジェネラリストとよばれ、さまざまな分野に精通する人を言い、日本の会社組織における管理職に多いタイプです。

この2つのタイプの両方を備えている人材、すなわち1つの分野に精通し、しかも広い知識を持っている人を「Ｔ型人材」と呼ぶことがあります。多様化、グローバル化の進んだ世界で、必要とされる人材像です。

さらに、2つの専門分野を持っている人を「π（パイ）型」人材と呼ぶことがあります。医者と弁護士、あるいは不動産鑑定士と税理士の両方の資格を持っているようなダブルメジャーの人で、このような人は数少ないだけに、顧客に対してより多くの価値を生み出せ得るといえます。

---

3 新しい不動産仲介サービスミックス

上記 **1** で、コンサルティング重視のサービスか効率重視型サービスか、どちらかに重点を置いて、際立った専門性を追求していく必要があると述べまし

●**不動産仲介サービスミックス**

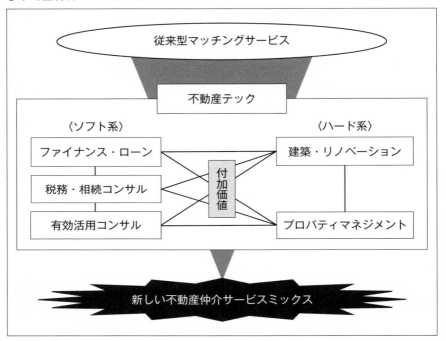

　たが、仲介における従来型マッチングサービスそのものに、不動産関連の他の
サービスを付加することにより、顧客の複雑なニーズに対応し、コンサルティ
ング重視のサービスの方向に進むことができると考えます。

　以下、不動産仲介業務に相性の良く、付加していくべき他の不動産サービス
はどのようなものかを検討します。

　すでに多くの不動産会社では実践されていることですが、ここでは他社から
差別化するために、従来の不動産仲介サービスへの付加価値として考えられる
ものを、以下に整理します。

[1] ハード面

■1 建築、リノベーション領域

　不動産を購入した際、買主は自分自身で土地に建物を新築したり、既存建物にリノベーションを行ったりしますが、買主にリノベーションや建築の相談する特定の依頼先がない場合には、これを仲介業者に依頼することがあります。これをワンストップで受けることができれば仲介業者としての大きな付加価値になります。

　最初はリノベーションの相談を受けたときに、リノベーション業者を単に紹介する段階、次はリノベーション提案付き仲介の段階、さらに売主がリノベーションした後に仲介する段階、最後に仲介業者自身が買い取り、リノベーション後転売という段階に進みます。

　これらの段階は、仲介業者としてリノベーションに関して、どの程度顧客のオーダーメイドのアイデア受け入れ、顧客と「共創」できるかという度合、またその資金負担、売れ残りなどのリスクを、不動産のプロとして自分自身でどの程度とれるかという段階を表しています。

■2 管理、プロパティマネジメント、ファシリティマネジメント領域

　特に投資用不動産の場合、合理的な日々の**ビルメンテナンス**においてはサービス品質とコストのバランスをとること、**コンストラクションマネジメント**では、中長期的な大規模修繕におけるライフサイクルマネジメントを実践すること、**リーシングマネジメント**では、良いテナントを見つけ、コミュニケーションを深めることにより入居テナントの満足度を高めること、あるいは自社ビルにおける**ワークプレイスマネジメント**では、従業員の安全性、快適性、利便性等を高めることにより従業員の満足度を高め、生産性を上げること、が求められます。

　これらの業務により不動産オーナーのサポートを行い、管理床を増加させる方向性が考えられます。このような業務そのものが大きなビジネスですが、オー

ナーとの接触機会が増え、アセットマネージャーのような立場でさまざまな相談を受けることになれば、結果的に売買仲介の依頼を受ける機会も増えるでしょう。

［2］　ソフト面

1 ローン・ファイナンス領域

　住宅ローンや不動産ファイナンスの相談に応じ、紹介することです。海外でこの分野のコンサルタントが数多くいるようですが、日本ではあまり多くありません。また、受益権の売買など、流動化・証券化ビジネスに入ることで、特定の金融機関との提携も考えられます。

2 税務・相続アドバイス領域

　税理士や弁護士と協働し、事業承継や相続準備のための対策（節税、納税、法務対策、相続争い防止、不動産有効活用）についてのコンサルティングを行うことです。これができると結果的に不動産の売買仲介の依頼を受ける機会も多くなるでしょう。

3 不動産有効活用領域

　不動産の売却も有効活用の一種であるといえますが、更地にどのような業種を誘致すればよいのか、古いビルを建替えすべきかリノベーションで耐用年数を伸ばすか、賃料の増減額請求、借地、借家、底地、立ち退き、共有持分権の解消問題など、不動産オーナーの問題を解決できるコンサルティングができる実力があれば、結果的に完全所有権になった後の不動産の売買を任される機会も増えるでしょう。

　ただし、最初から「売却してもらう」ことだけを前面に出してコンサルティングを行うことは、やめておいたほうが良いでしょう。

Column　不動産仲介業務のおもしろさ (まとめ)

① 不動産の取引は「**縁のもの**」です。結婚における仲人（紹介者）と同じように、**自分がいなかったらこの取引は成功していなかった**、といえます。自分がお金を出して買ったわけではないけれど、数年後に自分の取引した不動産が立派なビルや店舗になり、繁盛しているのを見るとうれしくなります。

② 不動産の取引は「**縁のもの**」であるので、どうみても問題なく成約し、取引が完了する、と思われた取引が予想もしなかった理由で壊れたり、逆にあきらめていた取引に思わぬ救いの手が差し延べられたりして一挙に成約してしまう場合があります。これも人の縁と同じです。

③ 不動産を売買することは、個人にとっても、会社にとっても非常に大きな出来事ですので、最終的に決断する人は経営のトップに近い人です。このため不動産仲介業務においては**どんなに経験が浅い若い担当者であっても他の業務では会えないようなトップの人に会う**ことができ、その経営理念、経営者の人柄に接する機会が持てます。その反面、経営のトップから一度信頼を失ったら、出入り差し止めになり、その修復には骨が折れます。

④ ある法人の**潜在的ニーズを、不動産のプロとしての提案によって実現させたり、変えたりすることができる**おもしろさがあります。例えば、買主の出店の基本的な考え方を熟知することによって、それに適合する範囲で、買主の希望する地域、面積以外の物件も提供します。また、買主の考える地域でのビジネスの将来性について意見を述べることによって、買主の考え方に影響を及ぼすこともあります。

⑤ 不動産仲介は、たとえはあまり良くありませんが、魚釣りに似たプロセスです。釣り糸をたらして餌をまき、魚がかかり、手元に引き上げます。魚が針にかかるまでは、夢を持って自由な気持ちで、どこでどんな魚を釣ろうか、どんな餌をまこうかと計画して、「大きな魚が釣れたらいいのになあ」と空想にふけります。魚がかかってからは、糸を切られて逃げられたりしないように細心の注意をはらって引き上げるための努力をします。

　　不動産仲介でも、**情報の提供においては、楽観的で豊かな発想、行動力とともに、進談してからは取引の細部にわたって綿密に行き届く注意力**が必要です。

⑥　単に声が大きくて、お客様に愛想のよい、いかにも不動産屋さんというタイプの人がよくできる仲介担当者とは限りません。声が小さくあまりしゃべらないが、この人は絶対にウソをつかず信用できる、とお客様に感じてもらい、多くの取引を成約させる人も少なからずいます。また、かなり強引に自分の考えたシナリオをお客様に押しつけていくタイプの仲介者も入れば、ほとんど自分の考えを述べずお客様の話をよく聞きながら、自然の流れに任せて話をまとめていくタイプの人もいます。

　　仲介のしかたは、その人の個性や人生観がにじみ出てさまざまですが、要するに**「この人の言うことなら信じてみたい」とお客様に思ってもらえることができるか**どうかが問題です。

　　住宅仲介では不動産テックが利用されることが多くなりましたが、不動産取引は基本的には属人的なものです。あるお客様と相性が合う場合と合わない場合があり、不動産業務を始めたばかりの新人でも、この人以外では他のベテランをもってしても成約できなかった、という取引は確かにあります。

⑦　不動産取引において**問題のない取引はありません**。もし、何も問題なしに進談している案件があれば、**「まだ問題点が現れてきていないだけ」**と警戒します。

　　取引ごとに特有の問題点があり、それを売主と買主の間で調整するのが仲介者の役目で、喜びでもあります。そのような問題解決の経験において得られた教訓を書き留めておき、まとめ、同僚や次の世代に伝えていく努力をし、それを積み重ねていくと、知らず知らずのうちにその人は成長していくものです。

　　そもそも利益が相反する関係にある売主と買主の双方から感謝されて、取引を終了させるのが不動産仲介の理想の姿です。

おわりに
〜プロフェッショナルとしてのキャリアを歩む〜

　おわりに、本書で述べてきた不動産仲介に限らない一般的なテーマになりますが、プロフェッショナルとしてキャリアを歩む際に道しるべになるのではないかと思われる事柄について、先人の教えと若干の私見を述べます。

1　職業の選択、志向について

［1］　自分は何に向いているか

　就職前、学生時代は、これからのキャリア、人生において自分が一番大切にしたいものは何かについて、じっくり時間をかけて自分に向かい合って考える初めての時期です。少なくとも一定の時間は悩み続け、ある時点で、自分の直感を信じてベストの選択をした、自分で選んだのだから後悔はしないという納得感のレベルに達することが大事です。将来自分が何をしたいのか、どうありたいのかについて、詳細に決めることができる人は少ないと思います。むしろすべてを一時に決めてしまわず、その時にイメージできるところまで大きな方向性だけは真剣に決め、後は偶然に任せるほうが良いように思います。

　一生にわたるキャリアの志向については、マサチューセッツ工科大学（MIT）のエドガー・シャイン教授が提唱したキャリア・アンカーという概念があります。キャリア・アンカーは、ある社員がいきいきと働くことのできるキャリアのタイプは、その人固有のものであり、最終的にはそこにたどり着くものだ、

という考え方です。組織の中で管理職になり、いずれは経営トップに立ちたいという強い思いの人もいれば、自分の専門性を活かしたこの仕事をずっと続けたいとこだわる人もいます。また、公務員等倒産する心配のない安全・安定した職場で働くことを最優先したいという人、組織に入るのは嫌で、独立して仕事したいという人、常に新しいことにチャレンジし続けたいという人、社会に貢献することを重視したい人、ワークライフバランスを重視したいという人もいます（※）。

ただし、多くの人は、キャリアの最初の頃には特定の比較的強い傾向の志向は持っているものの、どの要素も持っており、時間の経過とさまざまな経験、選択の機会を経て、それぞれの要素のウエイト付けが少しずつ変化していき、本当は何がしたいのか徐々にわかってきて安定するのが現実だと思います。学生のころから強い信念、志向を持っている人もいれば、社会人になってからだんだんその信念が強まってくる人、定年直前にそれに気づく人もいます。

※　キャリア・アンカーは、「総合管理能力（General Managerial Competence）」「専門・職能別能力（Technical/Functional Competence）」「保障・安定性（Security/Stability）」「起業家的創造性（Entrepreneurial Creativity）」「自立・独立性（Autonomy/Independence）」「奉仕・社会貢献（Service/Dedication to a Cause）」「純粋な挑戦（Pure Challenge）」「ワークライフバランス（Lifestyle）」の8つに分類されています（エドガー H. シャイン（金井壽宏訳）『キャリア・アンカー』（白桃書房、2003年）p95-96より）。

[2]　自分の目標達成を重視したいか、顧客満足を重視したいか

また、個人の信条、価値観は、具体的な業務において、組織の売上、収益を何よりも優先したいと思うか（目標達成志向）、顧客のニーズに応えることに何よりも喜びを感じるか（顧客志向）に大きく分類できます。個人として顧客志向であるほうが自らの学習は推進されて、結果的により大きい業績を上げ、また組織も顧客志向であることが、サービス提供者の顧客志向を増進させるといわれています。

ただし、中長期的な新しいプロジェクトに関われば、短期的には業績に結び

つかないことも多く、担当者はジレンマに陥ることもあります。目標達成志向と顧客志向のバランスをうまくとることが求められます。

[3]　従事するサービスの質に関する志向

顧客の経営課題、事業、業務上の重要な課題、問題点を整理し、具体的解決策の選択肢を提供するコンサルティング重視型サービス、明確になった定型的な個別課題の全部または一部を、早く、正確に低コストで行う効率・作業重視型サービス、その両方の性格を持つ営業・経験重視型サービスのうち、どのタイプのサービスを、自分に合ったものとして志向するかの選択もあります（2「1. プロフェッショナル・サービスの質的分類」⇨296ページ）。

[4]　計画された偶然

自分がやりたいこと、志向、価値観を持ち、その方向性を定めてみても、うまくいくこともあれば、うまくいかないこともあります。しかし、常に自分自身でそのやりたいことの方向性を決めて行動していなければ、本当は大きな可能性のあるチャンスを見逃してしまいます。

大きく変化する現代の社会経済環境の中では、自分の進路はほとんど偶然の機会によって決まり、そこでの経験から多くを学び、良い機会だったと言えることが理想です。

そのことをうまく表現したものにスタンフォード大学のジョン・D・クランボルツ教授によって提唱された「計画された偶然」理論があります。変化スピードの大きい現代社会においては、一定の方向性を定めて進みつつ、偶然の機会をチャンスに変えていく能力が必要とされます。

この理論は、以下の3つの骨子から構成されます。

・個人のキャリアは、予期しない偶然の機会によってその8割が形成される

・その偶然の機会を、本人の主体性や努力で最大限に活用することによって、

キャリアを歩んでいく力に発展させることができる。

・偶然の機会をただ待つのではなく、それを意図的に生み出すように積極的に行動し、自分の周りに起きていることに心を研ぎ澄ませることで、自らのキャリアを創造する機会を増やすことができる。自ら偶然を引き寄せるという思いと実行が、夢を実現する可能性を高める。

そして、このような偶然を引き寄せるために必要な個人の資質として、**好奇心**（curiosity）、**持続性**（persistence）、**楽観性**（optimism）、**柔軟性**（flexibility）、**リスクテイキング**（risk taking）、の５つを挙げています。

これらは、不動産仲介のプロフェッショナルにとっても必要で重要な資質だと考えられます。すなわち、現状にとどまらず常に新しい社会の動きや顧客のビジネスに興味、関心を持ち、学習を続ける姿勢（好奇心）、いったん目標を決めたら挫折を繰り返しながらも継続して物事を進めていくことができること（継続性）、いったんある顧客から断られても新しい機会はまたやってくる、うまくいくものと考えるポジティブな性格（楽観性）、大きな環境変化の中、さまざまなタイプの顧客にうまく対応し、固執せず、顧客からの批判に対しても誠実にそれを受け止め、そのフィードバックを活用できること（柔軟性）、リスクを見極め、コントロールできるリスクに対してできるだけの対策をとった上で、それに挑戦する姿勢（リスクテイキング）を持つことです。

このような不動産仲介のプロは、少なくとも常に安定を好み、確実・無難に仕事をこなそうとする人ではありません。

2 所属する組織との距離感、関係性

キャリアは基本的には個人自らが切り拓いていくものといえますが、何らかの組織に所属している限り、組織上の経験、組織との関係はその人のキャリアに大きく影響を及ぼします。

自分自身のやりたいことと組織の方針とは、トレードオフの関係になること

があり、また個人の組織上の地位、権限がその人のキャリアに大きく影響を与えます。

[1]　自ら進む方向の決定と組織とのベクトル合わせ

　自分の行きたい方向と自分の所属する組織の行く方向がまったく異なっていれば、組織には居ることができなくなります。時間が経過し、自分の行く方向も変わっていくと同時に組織の向く方向も変わりますが、ぴったり同じ方向ではないにしろ、個人としては緊張感を持ちながら組織が向かう方向とベクトルを合わせていく努力も必要です。ただし、その方向は、顧客のニーズへの方向にも合っている必要があります。

　また、組織は、従業員個人の進みたい方向性、ベクトルを確認した上で、個人に試行錯誤してチャレンジさせる機会を与えることが求められます。

　このようなベクトル合わせのためには、多くの企業で実施されていることですが、個人業績の定量的目標、定性的目標、自己研鑽目標、将来のキャリア目標等を評価シートにより、評価者、被評価者がすり合わせ、期初に当期のアクションプラン・キャリアプランとして決定し、期中にその進捗を確認し、期末には被評価者の自己評価と評価者の評価とをすり合わせ、さらに専門家としての強みを伸ばすためにはどうしたらよいか、という観点で上司が面談するなど、公正性、透明性、納得性のある人事評価を行う必要があります。

[2]　個人の組織へのコミットメント

　コミットメントとは、責任を伴う約束、公約、仕事についての強いやる気、組織に対する愛着、等を意味します。

　組織に対するコミットメントが高まって良い関係を構築できれば、個人は自分の能力を発揮して業績を上げ、成長することができ、組織にとっても、従業員の離職、欠勤を防ぎ、業績にとってプラスになります。

　個人が組織に貢献し、組織からその個人に対する信頼感が生まれると、多くの良い仕事の機会が与えられるようになります。逆に、組織に貢献しようとしない人に組織は重要な仕事を任せようとはしないでしょう。

　組織へのコミットメントは、**情緒的コミットメント**と**功利的コミットメント**の２種類に大別されます。情緒的コミットメントとは、金銭的理由以外の、組織への愛着の感情、組織に属することへの誇り、組織の目標に向けての没入、組織のメンバーとの仲間意識、組織への貢献意欲などを意味する感情的なコミットメントです。

　功利的コミットメントとは、組織に属することによって得られる金銭的、その他の利益のためのもので、また転職することによる不利益を考えて組織に居続けるという依存的な側面も含みます。

　組織の中の同僚との信頼関係は、コミットメントに大きく影響し、親しい同僚が多ければ組織へのコミットメントは強まります。また、会社経営が苦しい時でも人員削減を行わないような会社の社員は、組織に対するコミットメントが大きく、キャリア形成を組織の中で長期的に考えるようになるでしょう。

　コンサルタントなど個人の知識・スキルの汎用性が高い人は、労働市場における転職可能性が他の職種に比べて大きいため、組織に対するコミットメントは比較的小さいといえます。また、組織の中での昇進が遅れ、自分の専門性も伸ばせないと感じる個人は、組織とは心理的に距離をおいているかもしれません。

　情緒的コミットメントを持つ社員が多ければ業績に良い影響を与えるので、現在も企業はさまざまな取組みを行っていますが、個人の価値観の多様化や、転職する人が多くなったこと等の影響もあり、組織が情緒的コミットメントを強く個人に求めることは難しくなってきています。

[3] 組織と従業員の良い関係のための成功サイクルと失敗サイクル

組織と従業員の良い関係ができるためには、組織は、

① 高い技能の従業員を雇い、サービス品質管理の十分な訓練と権限を与え、高い賃金・良い待遇で処遇

② その結果、従業員は満足感を持ち、顧客にも品質の高いサービスを提供

③ 従業員の離職は少なく、継続的なサービス・関係を顧客に高く評価され、顧客ロイヤルティが維持され、収益性が高い（→①に戻る）

というサイクルを創る必要があります。これを**成功サイクル**といいます。

高い品質の顧客サービスを提供する店舗の店員は離職率が低く、従業員の離職率が減少すれば、顧客離脱が減少することにより収入が増加します。

これが逆のサイクルになると、

① 低技能の従業員を雇い、十分な訓練の機会や権限を与えず、低賃金・悪い待遇で処遇

② その結果、従業員は満足感を持てず、顧客に品質の高いサービスを提供できない

③ 従業員の離職が多く、常に慣れない新人が営業等の業務に従事するために顧客に評価されず、顧客の離反が起こり、収益性が低くなる（→①に戻る）

となります。これを**失敗サイクル**といいます。

新規従業員の募集コスト、訓練コストと、これを担当するマネージャーの時間的コスト等が大きくなるとともに、常に新規顧客を獲得するための大きなマーケティングコストを払い、それがなければ得られたであろう収益や、離反した顧客が広めたマイナスの口コミにより、大きな収益を失うことになります。

(注) クリストファー・ラブロック、ローレン・ライト（小宮路雅博監訳）『サービス・マーケティング原理』（白桃書房、2002年）p381-387 失敗サイクル、硬直サイクル、成功サイクル（ヘスケット等による論文を参考）。

3 キャリアの節目、転機

［1］ 不透明感、いきづまり、閉塞感あるときは立ち止まる

　社会人になりキャリアをスタートしてからも、常に自分の希望する道を進めるとは限りません。むしろほとんどの人には、キャリアが自分のデザインしたとおりにはならず、停滞感を持ち、いきづまり、挫折するときがあるのではないでしょうか。

　組織の中で自分が価値ある存在で、組織に貢献していると認められているか、その組織に属していることを誇りに思えるかということは重要であり、そう思えなくなると、いきづまり感を感じます。

　人生の節目、岐路に差し掛かったときや、何らかのショッキングな出来事があったときなどに、いきづまり感、停滞感、閉塞感を持つと、しばらく抜けることができなくなるときがあり、それが嵩じると思い詰めてしまいます。常識では計り知れないわけのわからない人が偶然上司に当たることもあり、抵抗することがバカらしく思うときもあります。しかし、組織の中で煮詰まってしまい、肉体も精神もボロボロになるのは馬鹿らしいことです。

　気持ちがどん底まで落ち込んだ時には、その後、上を向くしかなくなります。そしてそのことがきっかけで迷いつつ行った選択により、大きな展望が開けることがあります（開けないこともありますが）。

　人間の肉体と精神はつながっているため、心配事、悩み、不満、ストレスが高じて体を壊すことはよくあります。そのようなときにはいったん立ち止まり、体をリラックスさせ、所属する組織などから少し距離を置き、自分を客観的に見つめることが必要です。大きなストレスを簡単に解消することは難しいのですが、ときには一人になり、座禅やマインドフルネスなどを実践し、頭の中を空にするくせをつけておくのも良いと思います。そういうストレスが限界近く

になる前に、一人で悩まず早めに専門のお医者さんに相談することをお勧めします。

　また、出向や業界団体の集まりだけではなく、趣味の同好会や海外旅行など、ふだんから組織内外において色々なタイプの人と出会い、多くの経験をして、世界をできるだけ広く見ておくに越したことはありません。

[2]　節目ではしっかり考える

　企業では転勤、転職、昇格、プライベートでは、結婚、出産、親しい人の死など、大きな節目はそう頻繁にあるわけではなく、3年から5年くらいのサイクルで訪れるような気がします。自分自身に心の揺れを感じないと、節目であることに気がつかないかもしれませんが、節目にはしっかり自分の頭で考え、手作りでキャリアデザインをしていくべきだと思います。もちろん、自分のネットワークにある人々、信頼できる周りの人々からたくさんのアドバイスをもらい、後押しをしてもらってお世話になりましょう。

　節目では、自分なりにベストの選択をしたという割り切り感が持てるかどうかが重要です。

　自分のやりたいことを自覚し、夢を持ったら、実行に移すということが基本姿勢だと思いますが、それがなかなかできない人がいます。必死に考えたプラン、方向性について、最後に迷った場合、実行することが時間的に可能かどうか、「恥ずかしいかどうか」自問し、恥ずかしくなければ実行に移すほうが良いと思います。ただし、いったん選択しても実際にはうまくいくかどうかわかりません。

　決めたあとは、一定の期間は努力しつつ偶然に身を任せて、結果的にうまくいかなかったら軌道修正すればよいと思います。しかし悩んで選んだ限りは、後で後悔することなく、この道でよかったと思えるように歩んで行きたいものです。

4 **転職**

[1] 社会的背景、意義

　激変する社会経済の変化の中で、企業は従業員に早期の成果を求め、中途採用やリストラをせざるを得なくなり、また従業員も自律的なキャリアを求め、自分を活かすために、転職することに抵抗感が少なくなりました。

　社会では、求職者の思いと求人側の思いがミスマッチしている現実がありますが、人材が健全に流動化し、社会の適所に適材が配置されることは大きな意味があります。

　例えば、欧米企業では不動産のサービス会社（コンサル会社、FM 会社等）と顧客との間で、転職によって人材がよく交流していますが、これは不動産業界全体のサービスレベルを上げるのに大きく役立っています。

[2] 個人にとっての転職

　現在属する組織の中で自分が活かせており、将来のキャリアのビジョンがある程度描けていれば、安易な気持ちで転職しないほうが良いというのが筆者の基本的スタンスです。ただし、今がキャリアの節目であると感じ、自分を突き動かすような熱い気持ちがこみ上げてくるのであれば、転職も選択肢になります。これも個人次第です。

　また、企業のリストラや倒産によってやむを得ず転職した人も数多くいますが、その転機がなければ、大きく飛躍することがなかった、という人もいます。筆者の知り合いにも、バブル経済が崩壊し、思ってもみなかった金融機関の破たんという機会がなければ、この道（医療分野のコンサルティング）のプロにはなれなかった、とおっしゃっていた人がいました。ある元金融マンは、転職し

てすぐに会社が倒産し、その処理の過程で修羅場をくぐり、そのとき企業経営について自分自身で大いに勉強した経験を買われ、後に不動産ファンドの役員として誘われました。

[3] シニアの転職

　中年期以降のシニアにおいては、長年勤めた企業への帰属意識が若干薄らぎ、かつ自分のやりたいことが明確である人は、実質自分を活かせる職場を求めたい、という意識が一層強くなるでしょう。あるいは、自分は組織を出たら何もできない、と自分の可能性を過少評価する人や定年退職まで安定感を求め、どのような処遇であれ、退職後も組織から紹介された職場で自分のキャリアを全うしたいという人も多くいます。

　どちらが良い道であるというわけではありませんが、長い間1つの企業で働いてきた人が組織から離れる時には、大きなエネルギーが要ります。本当に外で通用するのかという精神的、経済的不安、独立する場合は諸事自分で行うことの煩わしさ、ブランド会社に帰属しているという意識の喪失感を克服する必要があります。

　求職者であるシニアに求められるのは、働く意欲のみならず、これまでのキャリアで培った何らかの分野の知識・スキルを持つスペシャリストとして即戦力になれること、内部監査などに要求される「リスク管理能力」や、「マネジメントスキル」です。それに加え、臨機応変に幅広い役割を担える柔軟性を持ち、IT、ネットの進化等によるビジネス環境の変化への対応力、逆境から立ち直る精神的回復力、抵抗力が求められています。

　また、リスク管理能力など年齢を重ねて経験を積むことにより上がっていく能力もあるので、採用側の経営者においても、シニア人材を単に安い労働力として処遇するのではなく、現役に負けない能力を持っている人にはそれなりの処遇をするよう、意識を変えてほしいと思います。

　組織の中に残ったとしても、組織に依存しきるのではなく、明確な価値観を

持って主体的に自らのキャリアを積み上げていく、まさにプロフェッショナル化することが、自分自身のためだけではなく、組織からも社会からも求められているのではないでしょうか。

［4］　資格試験へのチャレンジでブレークスルーも

　サラリーマンが所属する組織を離れて、自営業や独立したプロフェッショナルになりたいと思うとき、弁護士、公認会計士、税理士、不動産鑑定士など独立できる資格にチャレンジする道があります。

　資格を持っているからといって、仕事がうまくいくという時代ではありませんが、努力すれば組織を離れて、一気に独立して活躍することも可能です。しかしこれは大きな賭けでもあります。資格を持っていても組織内で働いているほうが似合っていると自覚している人も多いと思います。

［5］　組織にとっての人材流動化、ジレンマ

　企業にとっては、社内で旧態依然の知識や、陳腐化したスキルにこだわる従業員を抱えてしまうより、外部から新しい事業の経験者を中途採用できれば、社内のスキル、ノウハウは随時更新され、新陳代謝し、組織に適度に緊張感を与えて活性化させ、イノベーションの種になります。

　ただし、転職者が多すぎると企業内の知識、ノウハウなどの蓄積、継承が難しくなり、新規従業員の採用コスト、教育コストがかかり、サービスの質が低下して顧客が離れやすくなります。しかし、もし会社が個人に自立させず、会社から離れられないように縛ったとしたら、そのような会社は発展しないでしょう。

　企業は、外部企業でも十分通用する人を求め、そのような人を育てようとしていますが、外でもやっていけるような自立した人を育てたら、転職しやすくなるというジレンマを常に抱えています。

［6］　人材流動化を前提とした組織づくり

　現在は、有能な従業員が辞めても、魅力のある会社であれば、欲しい人材を確保できる時代でもあります。しかし、有能な人材を保持するには、その人が成長できる良質の機会を与え続けることが必要です。企業が従業員全員のさまざまなキャリアプラン、生き方に合うような職場を提供できないのであれば、ある程度人材が流動化することを前提とした組織づくりが必要でしょう。

　人材流動化を前提とすれば、個人の持つ知識、ノウハウ（人脈など）の社内での継承は、流動化の少ない組織以上に難しくなりますが、ナレッジマネジメントなどにより、できるだけ個人の知識、ノウハウを、組織に提供してもらう「仕組み」を作り、組織に貢献した人に対しては相応の報酬を払うべきでしょう。企業は、従業員にとって待遇や自分自身の自律的なキャリア形成において魅力的であるように注力し、従業員が退職しない、他の企業のプロが憧れるような組織をめざすべきだと思います。

　また、元社員をネットワーク化して情報交換する機会を設ける動きも出てきています。企業側としては、一度同僚として働いた人は気心が知れているため、ライバル企業への転職者でない限り、守秘義務を守った上ですが、情報交換はスムーズに行われやすく、また、転職者個人としても、嫌でなければ苦労を共にした元同僚との同窓会は楽しいことも多く、このような元所属した組織との緩やかな関係を、仕事で利用するのも楽しいことではないでしょうか。

（注）転職者のOB・OG会である「アルムナイ（卒業生）ネットワーク」と呼ばれる交流組織を作って、中途退職者が情報交換、交流を定期的に行っている企業があります。三井物産には「元物産会」という会があり、コンサル大手のマッキンゼーでは、退職者約34,000人が年100回以上の懇親会を開催しています。また、一度退職した社員の再雇用制度や、元社員と業務委託契約を結ぶ会社も出てきています（2020年1月15日付　日本経済新聞より）。

5　機会を活かし、プロフェッショナルであり続ける

[1]　偶然の機会「ご縁」

　人が一生において、出会える人、キャリア上の経験は限られています。そして、その機会は「ご縁」であり、二度と同じ機会はなく、同じ経験をすることはできません。「一期一会」などの人生観も同じような考え方です。どのような機会に「ご縁」があるかは、運、運命にかかっているというしかありません。少なくとも、運を引き寄せる努力のプロセスを楽しみたいものです。

　社会においては、家族、親戚や親友などつながりの強い人からの情報よりも、「つながりが弱い人々」との接点、ネットワークを持つことが、運を引き寄せる場になりやすいと言われています（※）。これは、ビジネスにおいても実感できるものです。ビジネススクールで、異業種で活躍する学生が議論することも弱い絆を作ることに役立ちます。

　※　ハーバード大学のマーク・グラノヴェッター教授他の「弱い絆の強い価値」

　自分自身にとってつまらないと思う人に出会って、腹が立つこともありますが、一歩引いて考えます。あるとき反面教師だと思った人へも感謝し、人生のプロセスで無駄なことは何もなかったと言えるようになれたら、と思います。

　特にシニアは、この人と関わることで血圧を上げることは時間の無駄だ、自分に残された時間を大事にしよう、という気持ちが出てくれば、その人との付き合いはほどほどにし、できるだけ関わらないようにするのが良いでしょう。

[2]　求めて得る機会、受けざるを得ない機会、選択できる機会

　人が直面するさまざまな機会には、自ら積極的に求めて得る機会、求めたものではないが受けざるを得ない機会、および選択できる機会があります。自ら

積極的に求めて得る機会の例としては、資格試験の受験などがあります。このような機会には、よく考え、しっかり覚悟を決め、期限を決めてチャレンジしたいものです。

　ただし、結局それが成功しないことがあります。むしろそのほうが多いかもしれません。このようなチャレンジにおいて、成功しなければそれまでのプロセスはまったく無駄だったのでしょうか。「絶対合格する」と休むことも忘れて準備し、夢中になって取り組んだことは、それだけでも十分意味ある経験であるといえます。

　結果的に願いが適わなかったときに、そのチャレンジがまったく無駄であった、恥ずかしいと後悔するような気持で取り組むのであれば、最初からやめておいたほうが良いと思います。もちろん、成功したときはもっと嬉しいのですが、転んでもただでは起きない、後の生活の肥しにする、という気持ちを持っていれば、思いが適わなくても、何かを得たはずです。そのプロセスを苦しみながら楽しみたいと思います。

　受けざるを得ない機会の例としては、組織の中での転勤があります。組織の中において、転勤による仕事の変化や上司や部下などの同僚とのめぐり合わせにより、自分の人生の方向性が変わる場合があります。また、自分の転勤の結果が他の人のキャリアの方向性を変えてしまうこともあります。

　筆者も、20代の前半に新入社員として入社したときに上司であった2人の先輩に、50歳前後に経験した別々の大きな転機において、それぞれ大変お世話になり、自分のキャリアに大きな影響を与えてもらいました。また、海外駐在員の後任者としてある国へ赴任予定だった人が、渡航直前の精密検査の結果出国できなくなったため、急遽筆者がその後継者に決まったという経験があります。逆に、筆者の急な人事異動によって、後任者となった後輩のキャリアの方向性を、思いがけなく、しかも2度も大きく変えてしまいました。

　選択できる機会の例としては、思いがけない人との出会いがあります。たまたま、会議やパーティなどで紹介されて知り合ったことがきっかけで、自分のメンター（仕事、人生における助言者）的存在になってもらった人や、キャリア

上の大きな飛躍、展開につながったという人がいます。そのような機会は活用しても、しなくてもよいものです。また、上記[1]で述べたように自分の気の合わない人と会う機会を避けるという選択もあります。その時間を別の機会のために有効に使いたいものです。

　自ら積極的に求めた機会は当然のことながら、受け入れざるを得なかった機会の結果も自分自身が責任をとるしかありません。選択できる機会はパスしてもよいのですが、いったんそれを選択したら、そこから新しい道が始まり、これも自分で責任をとることになります。

［3］　慎重に、かつ大胆にリスクをとる

　今日のような、コロナ禍を含め、AI、ICT など情報化、グローバル化のような大きな変化の時代には、企業としても、プロフェッショナル個人としても何もしないのは大きなリスクです。このような危機をよい機会に変えたいものです。

　リスクとは、悪い方向だけではなく、良い方向にも変動するブレ幅をいいます。リスクが高いということは自分の下した判断が、いちばんありうると予想した方向ではなく、思いがけない幸運に恵まれることや予想をはるかに超える悪い事態になってしまうことです。リスクには確率計算などで明らかになりコントロールできる領域と、コントロールできない領域があります。

　危機管理とは、コントロールできる領域を最大にすることです。100 年、200 年に一度の災害が、毎年のように起こり、甚大な被害が出ているのは、地球温暖化という大きな変化が起こっているときに、従来と同じリスク判断をしてきたからかもしれません。危機管理として、安易な仮定を置いて満足することが一番やってはいけないことです。

　不動産仲介業務における事前のリスク対策、危機管理の例としては、完璧な調査、デューディリジェンスを行うことが挙げられます。仲介者が調査漏れをすることや都合の悪いことを隠すことは、後々のトラブルの大きな原因です。

保険をかけることもできず、最善の策を尽くしてもどうしてもコントロールできないリスクについてはそれをとることを断念することも多いでしょう。

　周到な準備をした上でとれると判断したリスクは、大胆にとるべきです。そして、万が一、想定外のトラブルが起こってしまったら、その危機から脱するためにどのように脱するか、次善の策も事前に決めておきます。そのトラブルの真の原因を突き止め、教訓にするとともに、真摯に対応したことでトラブルの相手方が自社、自分のファンになってもらえたら、それもチャンスです。

［4］　自分が決めたという意識で、漂流し、出会いと別れを楽しむ

　人が生きていく環境は、何一つとして確実なものはありません。自分が決めた方向に向かって継続して進み、漂流し、出会いと別れ、偶然を楽しむしかありません。ただし、「自分が決めた」という意識がないと、漂流を楽しむことはできず、ただ流されてしまいます。流されるだけで出会う偶然と、自分で仕掛けて出会う偶然とは異なります。後者のほうがずっと面白いのではないでしょうか。

　元気を出して進む人は、元気を出すからやる気が出て行動を起こし、その結果を信じて、実際に成果をあげるまで頑張ってみるという良い循環が起こるものです。

　自分のキャリア、人生にプラスの影響を与えてもらえる出会いもあれば、逆に過去に自分のキャリアに大きなマイナスの影響を与えた人、裏切られた人、このような人にはなりたくないという反面教師との出会いもあります。

　よく考えれば、たまたま出会って、自分のキャリアに大きなプラスの影響を与えた人とマイナスの影響を与えた人が共にあって、現在の自分のキャリアが作られたのだということに気づきます。

[5] お世話になった人とのギブ&テイク

　筆者は、今まで出会った人々、特に学生時代や社会人になってから、先輩、同僚の方々に、仕事のイロハから人生観まで聞かせていただいたり、人の紹介など頼みごとを聞いてもらったりして、多くの人にお世話になってきました。

　このようにお世話になりっぱなしの人もいるし、頼まれることばかりの人もいます。お世話になった人に何か同じようなことでお返ししようとしても、現実にはできないことが少なくありません。

　結局自分を中心に考えると、生を受けてから死ぬまでの間に、ギブ&テイクの帳尻は合っているのではないかと思います。世代を超えて、できれば次の世代の誰かに進んで自分の持っているものを与え、ギブのほうが多い人生でありたいと思います。

[6] すべてなるようになるという姿勢と諦念

　大きな方向性を決めて突き進むものの、何かの偶然により思っていた以上にうまくいく場合もあれば、うまくかないときもあります。世の中にはどうにもならないこともありますが、自分の身に起こったことはすべて必然と考えます。しかし個人がそうありたいと思うことは、現実化する可能性が高いものです。良い流れが出てきたらその流れに乗りましょう。そのためにはすべてはなるようになるという柔軟な姿勢が不可欠です。

　偶然に思いがけない幸運な発見をする能力、またはその能力を行使することをセレンティピティ（※）といいます。

　※　セレンティピティとは、「偶然に思いがけない幸運な発見をする能力、またはその能力を行使すること。この能力により、失敗した実験の結果から予想外の有用なデータや知識を得たり、検索結果を点検しているときにノイズの中から偶然に当初の目的とは異なる価値のある情報を発見したりできる。ただし、すべてが偶然や幸運に依存するのではなく、有用なデータ、情報に気づくための基盤となる潜在的な知識や集中力、観察力、洞察力を要する。英国の小説家ウォルポール（Horace Walpole、1717-1797）がスリラ

ンカの昔話『セイロン（Serendip）の三王子』（Three Princes of Serendip）にちなんで造った語といわれる」（図書館情報学用語辞典）。また、セレンティピティを考えさせてくれる小説に、パウロ・コエーリョ『アルケミスト』（角川文庫、2013年）があります。

[7] プロフェッショナルであり続けること

　最後に、繰り返しになりますが、不動産サービスにかかわらず、どのような分野においてもこれからの時代を生き抜き、より充実したキャリアを歩むためには、好奇心、持続性、楽観性、柔軟性、誠実さ、チャレンジ精神、夢中になれる情熱を持ち、自分のやりたいこと、すなわちワクワクしてエネルギーをもらえる仕事を見つけて、プロフェッショナルであり続けることが必要なのではないでしょうか。

　そのために、社会人になったばかりの新人に限らず新しい分野の仕事を始めるときには、まずその分野の専門性ある知識を、時間を惜しんで叩き込む必要があります。そして得られた知識を仕事の現場で活かし、その現場で新たな知識、ノウハウ、教訓を得て、それをさらに実務の現場でそれを活かす、というサイクルを回して、常に成長を続けていきます。

　30代前後になれば、小さな組織を初めて任され、マネジメント力が問われる時期になり、経営的視点が求められます。そして歳をとるにつれ、マネージャーとなり、経営の一端として責任が大きくなる人もいます。

　その後、実務の現場から離れることが多くなったとしても、常に自分の分野の専門性を深化させ、かつ幅広い知見を持つように心がけるようにしたいものです。

　ある分野でプロフェッショナルといえる人であれば、定年などにより組織を離れても、引き続き楽しみながらその専門性を活かせる機会、仕事が見つかる可能性は高く、自分のキャリアを実質長く、充実させることができ、選択肢が増えます。不動産分野にもそういう方が数多くおられます。

　もちろん定年後は、完全に引退して悠々自適に過ごす人、仕事と趣味や家族

との時間の、ワークライフバランスを楽しむ人など、人それぞれでよいと思います。そして、残された時間を、嫌なことにできるだけ関わらず、自分のやりたいことを優先して、過ごしたいものです。

　筆者は学生時代の就職活動のとき、たまたま信託銀行で不動産業務に携わっている先輩の話を聞いたのがきっかけで不動産の仕事の面白さを感じ始めました。そして、社会人になってすぐ不動産鑑定士をめざしたのを皮切りに、今まで不動産に関するさまざまな業務に従事する機会に恵まれました。その間、厳しい局面に出会ったことも多かったのですが、常に不動産の仕事に面白さを感じてきました。

　本文で書いたように、不動産仲介、不動産鑑定、不動産管理などの不動産業務において、ホテル、商業施設、ヘルスケア施設等の事業との関係や、近年のESG重視の世界の動きとの関係を考えること自体面白いのですが、この業務を、グローバルにビジネスを展開する顧客の、経営戦略、ファイナンス、マーケティング、人材育成、組織などにどう影響するかを考えながら進めることには、興味が尽きません。大学、大学院など教育の世界でこのような不動産業務の面白さを伝えているところは少なく、残念ですが、若い人々にもできるだけこの面白さを感じてもらい、優秀な人がどんどんこの業界に入ってきてほしいと思います。

　偶然の機会との遭遇を楽しみながら、自分が常に成長し続けていくことに喜びを感じて、体力の続くところまでプロフェッショナルとしてこの仕事に関わることができればそれに勝ることはないと思います。

業務用不動産の仲介従事者および
顧客を対象とした調査結果

　本書の内容を充実させるために行ったアンケートおよびインタビュー調査の概要は、以下の通りです。

[1]　概要

1 実施期間

　2018 年 12 月 1 日〜 2019 年 3 月 31 日（2019 年 1 月 31 日を一次締め切りとしていたが、その後 2 か月延長した）

2 対象

（1）仲介従事者調査

　信託機能を持つ大手金融機関およびその関連会社、大手、中堅不動産会社、独立系不動産会社、大手建設会社、外資系不動産会社等における業務用不動産仲介担当者の方々

（2）仲介顧客調査

　大手、中堅不動産会社、民間一般企業、J-REIT、外資系不動産投資会社、商業施設運営会社、リース会社、商社等における不動産購入、または売却担当者（仲介経験者も含む）

3 調査趣旨、目的

（1）仲介従事者調査

　○顧客に提供するサービスの各プロセス（情報収集、マッチング、調査、交渉、契約、決済）や、顧客との応対等において、どのようなことに留意し、こだわっているか。

　○そのようなプロフェッショナルのキャリア形成に大きな影響を与えたその人の価値観、経験、教育等にはどのようなものがあるか。

　本調査は、プロフェッショナルまたはそれをめざす人にとっては、どういうことに留意して、自ら切磋琢磨していくべきか考えるヒントになり、その人が

所属する組織においても、プロ人材の育成についてのヒントになりうるものを
めざす。

（2）仲介顧客調査

　業務用不動産売買において、仲介業者の顧客である窓口である企業内の不動
産のプロフェショナルが、次の取引でもぜひ依頼したい、と思えるような仲介
業者、担当者はどのような資質を持っているか、言い換えれば、仲介業者の選
定理由について、以下の項目について質問した。

　提供される情報内容が、自社のニーズに合っていることだけではなく、

　　・業者の信頼性

　　・提供される資料の内容

　　・担当者の応対、態度

　　・契約不成就の際や、トラブルクレームへの対応等

について回答を得た。

４ 調査方法

（1）仲介従事者調査

　2018 年 9 月より、5 社 12 人の方々から、業務用不動産仲介従事者について、
プロフェッショナルとしての付加価値についてインタビュー形式で聞き取りプ
レ調査を実施。仲介担当者向けの調査では、この結果を踏まえて、アンケート
を作成し、主に業務用不動産仲介経験の長い担当者 73 人の方に、アンケート
およびインタビューを実施した。

（2）仲介顧客調査

　顧客調査も同様に、不動産売買経験の長い 19 人の方にアンケートおよびイ
ンタビューを実施した。

　調査は、原則匿名回答で依頼したが、結果的に記名での回答が多かった。仲
介従事者調査（74%）、仲介顧客調査（84%）。

5 有効回答

- ・仲介従事者調査：73 人
- ・仲介顧客調査：18 人

●回答者(仲介従事者)の基本情報

①	全回答者数	73人
②	性別	男性72人、女性 1 人
③	年齢	・20〜30歳：2.7% ・30〜40歳：27.4% ・40〜50歳：35.6% ・50〜60歳：27.4% ・60歳以上：6.8% ➡30〜59歳で90%を占める。
④	不動産経験	平均14.9年
⑤	社会人経験	平均22.1年
⑥	１件当たりの平均的な売買金額	回答数64（複数回答あり） ・100億円以上：0.15% ・30〜100億円：7.8% ・10〜30億円：26.6% ・5〜10億円：26.6% ・1〜5億円：39.0% ・5千万円以上1億円以下：9.4% ➡1億円〜30億円で81%を占める。
⑦	業績件数	業務分担がない場合(14人)：7.6件／年 業務分担がある場合(36人)：7.7件(2.7件〜16.7件)／年
⑧	転職経験	あり：41.3%（回答数63）

⑨	保有資格	回答数73（複数回答あり）
		・宅地建物取引士：98.6%
		・不動産コンサルティングマスター：27.4%
		・不動産証券化マスター：24.7%
		・不動産鑑定士：13.7%
		・建築士（1級、2級）：2.7%
		・税理士：1.4%
		・ビル経理管理士等：2.7%
		・FP：4.3%
		・再開発プランナー：1.7%
		・土地区画整理士：1.7%
		・測量士補：1.7%
		・管理業務主任者：1.7%
		・不動産流通業務検定：1.7%

●回答者（仲介顧客：発注者）の基本情報

①	全回答者数	19人（以下の情報につき有効回答者数15人。重複回答あり）
②	性別	男性15人、女性0人
③	年齢	・20～30歳：0％ ・30～40歳：6.7% ・40～50歳：13.3% ・50～60歳：73.3% ・60歳以上：6.7% ➡40歳以上で93%を占める。
④	不動産経験（年）	24.0年
⑤	社会人経験	30.1年
⑥	1件当たりの平均的な売買金額	・100億円以上：0％ ・30～100億円：13.3% ・10～30億円：26.6%

		・5〜10億円：26.6%
		・1〜5億円：20.0%
		・5千万円以上1億円以下：6.6%
⑦	保有資格	・宅地建物取引士：73.3%
		・不動産コンサルティングマスター：33.3%
		・不動産証券化マスター：26.7%
		・不動産鑑定士：20%
		・税理士：26.7%
		・ビル経営管理士：6.6%
		・管理業務主任者：6.6%
		・マンション維持修繕技術者：6.6%

［2］ 仲介従事者への調査結果の概要

1 定性的質問内容

　本書で取り上げた業務用不動産仲介の各プロセスにおいて、留意している点や自分が成長したと思えるきっかけについての生の声は、第二部（実務編）においてそのエッセンスを取り上げているので、再録はしませんが、第一部（基礎編）で取り上げたプロフェショナルとしての要件として取り上げた事項も含めて、本書の内容が確認できたと思います。

　特に、ご回答いただいた仲介従事者の方々が、自己の成長とともに、家族のために日々奮闘されている姿が伝わってきました。

2 定量的質問内容

　以下は、定量的にご回答を求めた質問の内容についての結果です。

　5点満点で、「5：よくあてはまる」「4：ほぼあてはまる」「3：どちらともいえない（ときどきあてはまる）」「2：ほぼあてはまらない」「1：まったくあてはまらない」としています（原データは、「1：よくあてはまる」〜「5：まったくあ

てはまらない」として質問したが、上記のように変換して掲載した)。

(1) 一般的性格

　不動産仲介従事者の性格の傾向は、**好奇心が強いこと**（4.29）から、**気配り、助言する**（3.98）、**リーダーシップ**（3.97）、**自律心**（3.81）、**継続力**（3.76）、**論理性**（3.76）、**柔軟性**（3.75）、**遵法性**（3.65）、**チャレンジ精神**（3.40）、**堅実・確実性**（3.35）、**楽観性**（3.31）、と続きます。

(2) 仕事、職場選択

　職業選択の際には、**社会貢献をしたいという意識が強く**（4.52）、**専門職志向**（3.02）、**独立志向**（2.53）はあまり強く出ていませんでした。

　仕事の質では、**コンサル志向**（3.85）、**営業志向**（3.82）、**効率志向**（2.60）で、コンサル、営業の仕事を比較的強く志向しています。組織に属する主な理由として、給料、労働条件等が重要か、職場への愛着、誇り、同僚との仲間意識が重要かという観点がありますが、**功利的コミットメント**（3.35）、**情緒的コミットメント**（3.68）という結果になりました。

(3) 顧客にする志向、応対

　顧客に対する志向、応対では、**反応性**（4.58）、**共感性**（4.11）を重視し、自分の業績より顧客ニーズを優先する**顧客主義**（4.16）が、自分の業績を優先する**業績主義**（3.66）をやや上回ることが、特徴として挙げられます。

［3］ 仲介顧客（発注者）への調査結果の概要

■1 定性的質問内容

　上記**［2］**で記したベテランの仲介担当者についてのコメントではなく、回答者が接してきた仲介担当者一般に対する回答ですが、手厳しいコメントや感心した経験について数多くいただきました。

　主な内容は、第二部（実務編）に反映していますが、一部を紹介します。

(1) がっかりした、ヒヤリとしたこと

　仲介従事者が、

・時間厳守でない

・物件の詳細をほとんどつかめていない（情報の精度が低い）

・担当者の都合で売買の時期を押し付けてくる

・担当者の個人的判断で説明する

・きちんと売主をグリップできていない

・他の仲介業者からの情報をそのまま横流ししている

・当方の契約条件が相手方に伝わってない

・不利益な事項をぼやかす

・顧客である自分のほうが知識レベルが高く、契約書の誤りを多く正す必要がある

・取引をまとめるため極端に相手よりのスタンスをとる

・契約がうまくいかなくなってきたとき逃げ腰である

その他、基本的事項ができていない例が挙げられていました。

（2）感心したこと、期待すること

その一方で、

・想定外の提案営業で喜んだ

・権利関係の複雑な不動産取引において各権利者を調整し、契約できた

・完璧な交渉戦略の打合せをした

・担当者は高度な専門性、情報量が多く、人間性・協調性があった

というお褒めの言葉も数多くありました。

2 定量的質問内容

以下は、定量的にご回答を求めた質問の内容についての結果です。

定量的な回答を求めた質問の結果で、上記**[2]**と同様に、5点満点で「5：よくあてはまる」「4：ほぼあてはまる」「3：どちらともいえない（ときどきあてはまる）」「2：ほぼあてはまらない」「1：まったくあてはまらない」としています。

（1）仲介業者の選定基準（売買共通）

　以前取引したことがあり、信頼できる仲介業者（4.50）が一番多く、**組織ブランド重視**（3.88）と続きます。継続顧客のフォローの重要性がわかります。

（2）買主としての仲介業者の選定理由

　買主として望ましい仲介業者は、**他社に優先して提供**（4.75）、**売主直情報を提供してくれる**（4.56）、**交渉力のある**（4.25）業者です。**現地実査、基本調査済で情報提供**（4.00）、**第一報を早く提供する**（3.38）、**多数提供する**（3.25）と続きます。

（3）買主として望ましい提供資料、情報内容

　買主が欲しい情報は、賃料、地価、CAP レートなどマーケット情報等の**マーケット情報**（4.44）**シミュレーション**（4.25）、**価格査定、意見**（4.19）、**精査済のレントロール**（4.13）、**借地権等難案件の精通者による説明**（4.13）、**高値の場合買主として納得できる理由の整理**（3.88）、が続きます。いずれも高水準です。その他、市場に出る前の物件情報の提供という意見もありました。

（4）売主としての仲介業者の選定理由

　買主等への**豊富な直接の情報ルートを持っている仲介業者**（4.81）がトップですが、**高価格で売る交渉力**（4.50）、**買主の信用状況を調査**（4.44）、**売れ残り物件を売る能力**（4.31）、**長期相談にのれる**（4.06）、**価格検討についてのシミュレーション**（3.56）と、これもいずれも高水準です。

（5）仲介担当者の応対態度、資質（売買共通）

　仲介担当者の応対態度、資質（売買共通）重視していることは、**専門能力が高く**（4.81）、**約束を守り信頼できること**（4.81）、**早くレスポンスがあること**（4.81）とともに、**正確、確実に事務をこなしつつ**（4.75）を特に重視し、**相談しやすいこと**（4.38）、宅地建物取引士は当然として**不動産鑑定士、税理士などの資格も持っていること**（3.56）、という結果でした。

　その他、**意思決定の手続き（事業収支シミュレーション作成等）に関わってくれる担当者、自分自身の考えを論理的に述べられる担当者**、という意見がありました。

<h1 style="text-align:center">〈参考文献〉</h1>

※ 本文中に記載したものを含む。

<h2 style="text-align:center">第一部　基礎編</h2>

・宮下清『組織内プロフェッショナル』同友館、2001 年、p167

1. ビジネスパーソンに必要な 6 つの視点

・クリストファー・ラブロック、ローレン・ライト（小宮路雅博監訳）『サービス・マーケティング原理』白桃書房、2002 年、p147-152、p163-176、p252-255

・近藤隆雄『サービス・マーケティング（第 2 版）』生産性出版、2010 年、p147-152、p170-178

・スティーブ・バロン、キム・ハリス（澤内隆志他訳）『サービス業のマーケティング』同友館、2002 年、p244

2. 不動産プロフェッショナルの要件

・川井健・塩崎勤『新・裁判実務体系 8　専門家責任争訟法』青林書院、2004 年、p11-18

・村上輝康・新井民夫・JST 社会技術研究開発センター『サービソロジーへの招待』東京大学出版会、2017 年、p215-219（戸谷）、p223-224（戸谷）、p147-150（丹野・戸谷）、p27-36（村上）、p21-47

・国土交通省『不動産鑑定評価における ESG 配慮に係る評価に関する検討業務 報告書』2021 年

・村木信爾「ESG の配慮が不動産の価値に及ぼす影響について」『土地総合研究　第 29 巻第 4 号（2021 年秋）』一般社団法人土地総合研究所、p65-70

・建築関連産業と SDGs 委員会『建設産業にとっての SDGs（持続可能な開発目標）導入のためのガイドライン』一般社団法人日本建築センター、2019 年

・関島康雄『キャリア戦略』経団連出版、2016 年、p148

・クリストファー・ラブロック、ローレン・ライト（小宮路雅博監訳）『サービス・マーケティング原理』白桃書房、2002 年、p104-108

・白井義男『サービス・マーケティングとマネジメント』同友館、2003 年、p56-57

・フィリップ・コトラー、トーマス・ヘイズ、ポール・ブルーム（白井義男監修・平林祥訳）『コトラーのプロフェッショナル・サービス・マーケティング』ピアソン・エデュケーション、2002 年、p37-38

・戸谷圭子『カスタマー・セントリックの銀行経営』金融財政事情研究会、2018 年、p101

・村松潤一『価値共創とマーケティング論』同文舘出版、2016 年

・金井壽宏・鈴木竜太『日本のキャリア研究』白桃書房、2013 年

・伊藤真・野田稔『あなたは、今の仕事をするためだけに生まれてきたのですか』日本経済新聞出版社、2015 年、p47

・藤原和博『エネルギーを奪う仕事、もらえる仕事』新潮社、1998 年
・ピーター・F・ドラッカー（上田惇編訳）『プロフェッショナルの条件』ダイヤモンド社、2000 年
・大前研一『ザ・プロフェッショナル』ダイヤモンド社、2005 年
・斎藤孝『プロフェッショナル宣言』星海社新書、2016 年

3. 不動産プロフェッショナル・サービスの基本プロセス

・日本マーケティング協会編・嶋口充耀・和田充夫・池尾恭一・余田拓郎『マーケティング戦略』慶応大学ビジネススクール、2000 年、p225-229、p172
・クリストファー・ラブロック、ローレン・ライト（小宮路雅博監訳）『サービス・マーケティング原理』白桃書房、2002 年、p294-297、p288、p325
・白井義男『サービス・マーケティングとマネジメント』同友館、2003 年、p35-36
・デービッド・マイスター（高橋俊介監修・博報堂マイスター研究会訳）『プロフェッショナル・サービス・ファーム』東洋経済新報社、2002 年、p126-137、p183-186、194-195
・浅井慶三郎『サービスとマーケティング（増補版）』同文館出版、2003 年、p225-227、p234
・日本マーケティング協会編・和田充夫他『マーケティング・ベーシックス』同文館出版、2001 年、p182-183
・フィリップ・コトラー、トーマス・ヘイズ、ポール・ブルーム（白井義男監修・平林祥訳）『コトラーのプロフェッショナル・サービス・マーケティング』ピアソン・エデュケーション、2002 年、p272-274
・戸谷圭子「A model for meashuring co-related value」『MBSReview（明治大学ビジネススクール紀要）№ 11』2015 年
・村木信爾「不動産評価プロフェッショナルのためのサービス・マーケティングの基礎」『月刊 不動産鑑定』2006.10 月号から 2007.2 月号連載
・村木信爾「業務用不動産仲介プロフェッショナル・サービスにおける価値共創」日本マーケティング学会カンファレンス オーラルペーパー（2020 年 8 月）

4. 成長に必要な要因とは

・金井壽宏『仕事で「ひと皮むける」〜関経連「ひと皮むけた経験」に学ぶ〜』光文社新書、2002 年
・デービッド・マイスター（高橋俊介監修・博報堂マイスター研究会訳）『プロフェッショナル・サービス・ファーム』東洋経済新報社、2002 年、p202、p158、p172、p206-212、p243
・野中郁次郎・紺野昇『知識経営のすすめ』ちくま新書、1999 年
・ナレッジコラボレーション研究会『中堅社員のためのナレッジ活用法』工業調査会、2001 年

5. 不動産仲介サービスの分類と特徴

・シティユーワ法律事務所 麻生裕介弁護士（第二種金融商品取引法業協会 28 年度研修）「不

動産信託受益権取引の流れと実務」

6．不動産仲介における価値共創のプロセス
・村上輝康・新井民夫・JST 社会技術研究開発センター『サービソロジーへの招待』東京大
学出版会、2017 年、p215-219（戸谷）、p223-224（戸谷）、p147-150（丹野・戸谷）

第二部　実務編

第 2 章　価値共創プロセスの実践

Ⅰ．商品化プロセス

・クリストファー・ラブロック、ローレン・ライト（小宮路雅博監訳）『サービス・マーケティ
ング原理』白桃書房、2002 年、p193、p137
・伊藤邦雄『コーポレートブランド経営』日本経済新聞社、2000 年、p123、178、p324-325
・スティーブ・バロン、キム・ハリス（澤内隆志他訳）『サービス業のマーケティング』同
友館、2002 年、p316
・フィリップ・コトラー、トーマス・ヘイズ、ポール・ブルーム（白井義男監修・平林祥訳）
『コトラーのプロフェッショナル・サービス・マーケティング』ピアソン・エデュケーショ
ン、2002 年、p321
・デービッド・マイスター（高橋俊介監修・博報堂マイスター研究会訳）『プロフェッショ
ナル・サービス・ファーム』東洋経済新報社、2002 年、p105-107

Ⅱ．案件生成プロセス

・フィリップ・コトラー、トーマス・ヘイズ、ポール・ブルーム（白井義男監修・平林祥訳）
『コトラーのプロフェッショナル・サービス・マーケティング』ピアソン・エデュケーショ
ン、2002 年、p175-176、p232-235
・デービッド・マイスター（高橋俊介監修・博報堂マイスター研究会訳）『プロフェッショ
ナル・サービス・ファーム』東洋経済新報社、2002 年、p21、p215
・近藤隆雄『サービス・マーケティング（第 2 版）』生産性出版、2010 年、p205-216
・クリストファー・ラブロック、ローレン・ライト（小宮路雅博監訳）『サービス・マーケティ
ング原理』白桃書房、2002 年、p262-267 p149-161、p352、p369
・ハリー・ベックウィス（阪本啓一訳）『インビジブル・マーケティング』ダイヤモンド社、
2001 年、p83-85、p17-27、p158-175、p186-195、p217
・近藤隆雄『サービス・マーケティング（第 2 版）』生産性出版、2010 年、p94-98
・ディック・コナー、ジェフ・ダビッドソン（是枝伸彦訳・了戒卓訳）『コンサルティング・
セールスの技術』ダイヤモンド社、2000 年、p182、p287
・浅井慶三郎『サービスとマーケティング（増補版）』同文館出版、2003 年、p211
・カール・アルブレヒト、ロン・ゼンケ（和田正春訳）『サービス・マネジメント』ダイヤ
モンド社、2003 年

Ⅲ．契約成就プロセス

・齋藤理・長島・大野・常松法律事務所「フォワードコミットメント型取引について」『ARES
不動産証券化ジャーナル Vol.42』p62

・弁護士法人みずほ中央法律事務所・司法書士法人みずほ中央事務所ウェブサイト

第3章　投資用不動産の仲介・コンサルティング

・公益社団法人日本不動産鑑定士協会連合会監修・鑑定評価基準委員会編著『要説 不動産
鑑定評価基準と価格等調査ガイドライン』住宅新報社、2015 年

第三部　イノベーション編

1．情報通信技術（ICT）、人工知能（AI）の進化の影響

・谷山智彦「不動産テックの展開領域」（第 25 回国土審議会土地政策分科会企画部会資料）

・「不動産テック業界 カオスマップ」リマールエステート株式会社

・村木信爾「業務用不動産流通プロフェッショナル・サービスのオープン・イノベーション
『MBSReview（明治大学ビジネススクール紀要）№ 11』2015 年

2．不動産仲介サービスの新しい展開

・バート・ヴァン・ローイ、ポール・ゲンメル、ローランド・ヴァン・ディードンク（白井
義男監修）『サービス・マネジメント』ピアソン・エデュケーション、2004 年、p298-300

おわりに～プロフェッショナルとしてのキャリアを歩む～

・エドガー H. シャイン（金井壽宏訳）『キャリア・アンカー』白桃書房、2003 年、p95-96

・松尾睦『経験からの学習』同文舘出版、2006 年、p182-183

・高橋俊介『キャリア論』東洋経済新報社、2003 年、p71-72、p104、p163

・J．D．クランボルツ・A．S．レヴィン（花田光世・大木紀子・宮地夕紀子訳）『その幸
運は偶然ではないんです！』ダイヤモンド社、2005 年

・デービッド・マイスター（高橋俊介監修・博報堂マイスター研究会訳）『プロフェッショ
ナル・サービス・ファーム』東洋経済新報社、2002 年、p246-255、p264-269

・野田稔『組織論再入門』ダイヤモンド社、2005 年、p81 他

・金井壽宏・鈴木竜太『日本のキャリア研究』白桃書房、2013 年、p64、p44

・鈴木竜太『組織と個人』白桃書房、2002 年、p12

・クリストファー・ラブロック、ローレン・ライト（小宮路雅博監訳）『サービス・マーケティ
ング原理』白桃書房、2002 年、p371、p374

・デービッド・マイスター（高橋俊介監修・博報堂マイスター研究会訳）『プロフェッショ
ナル・サービス・ファーム』東洋経済新報社、2002 年、p55-56

・山本寛『働く人のキャリアの停滞』創成社、2016 年、p18、p122-123

・金井壽宏『働くひとのためのキャリア・デザイン』PHP 新書、2002 年、p149、p114-115、
p211

・関島康雄『キャリア戦略』経団連出版、2016 年、p160-163、p29-32
・森本千賀子『35 歳からの人生を変える転職』秀和システム、2016 年、p20、p64
・野田稔・ミドルマネジメント研究会『中年崩壊』ダイヤモンド社、2008 年、p245
・藤原和博『エネルギーを奪う仕事、もらえる仕事』新潮社、1998 年
・植島啓司『偶然のチカラ』集英社新書、2007 年
・富山和彦『有名企業からの脱出』幻冬舎、2016 年
・福島創太『ゆとり世代はなぜ転職を繰り返すのか？』ちくま新書、2017 年
・三輪卓巳『知識労働者のキャリア発達』中央経済社、2011 年
・村木信爾「組織における CRE 戦略の達成度を測るベンチマークについて」『MBSReview（明治大学ビジネススクール紀要）№ 10』2014 年
・村木信爾「不動産プロフェッショナルのキャリア形成について」『MBSReview（明治大学ビジネススクール紀要）№ 10』2019 年

索　引

【著者紹介】

村木　信爾（むらき　しんじ）

不動産鑑定士、不動産カウンセラー、不動産コンサルティングマスター、FRICS（英国王立チャータード・サーベイヤーズ協会）、米国ワシントン大学 MBA

1981 年京都大学法学部卒。同年住友信託銀行（現三井住友信託銀行）入社後、不動産鑑定、仲介、管理、海外不動産等、各種不動産業務に携わる。

現在、大和不動産鑑定㈱シニアアドバイザー、明治大学ビジネススクール兼任講師（元特任教授）、村木プロパティサービスイノベーションラボ（PROSIL）代表、㈱門倉組顧問。

国土審議会土地政策分科会不動産鑑定部会専門委員、不動産鑑定士試験論文式試験委員、国土交通省、東京都等、国や地方自治体の委員を歴任。

2021 年 3 月、国土交通省「不動産鑑定評価における ESG 配慮に係る評価に関する検討業務」報告書を座長として取りまとめた。

・著作：『借地権割合と底地割合―権利割合の本質と実務への応用』（共著）判例タイムズ社、『CRE（企業不動産）戦略 実践のために―ガイドラインと手引き―』（共著）住宅新報社、『ホテル商業施設物流施設の鑑定評価』（編・共著）住宅新報社、『ヘルスケア施設の事業・財務・不動産評価』（共編著）同文館出版、『ファミリービジネス MBA 講座』（共著）同文館出版、など多数。

不動産プロフェッショナル・サービスの理論と実践
仲介取引における価値共創のプロセス

2022年6月20日　発行

著　者　　村木 信爾 ©

発行者　　小泉 定裕

発行所　　株式会社 清文社

東京都文京区小石川1丁目3−25（小石川大国ビル）
〒112-0002　電話03（4332）1375　FAX03（4332）1376
大阪市北区天神橋2丁目北2−6（大和南森町ビル）
〒530-0041　電話06（6135）4050　FAX06（6135）4059
URL https://www.skattsei.co.jp/

印刷：藤原印刷㈱

ISBN978-4-433-77432-5